BuddhAll

All is Buddha.

BuddhAll.

BuddhAll

BuddhAll

龍樹讚歌集密意

談錫永 主編

邵頌雄 著譯

Nāgārjuna Saṃstuti

本書說龍樹讚歌，亦總說龍樹教法之密義。

目　錄

總序

一　説密意

本叢書的目的在於表達一些佛家經論的密意。甚麼是密意？即是「意在言外」之意。一切經論都要用言説和文字來表達，這些言説和文字只是表達的工具，並不能如實表出佛陀説經、菩薩造論的真實意，讀者若僅依言説和文字來理解經論，所得的便只是一己的理解，必須在言説與文字之外，知其真實，才能通達經論。

《入楞伽經》有偈頌言 ——

由於其中有分別　名身句身與文身
凡愚於此成計著　猶如大象溺深泥[1]

這即是説若依名身、句身、文身來理解經論，便落於虛妄分別，由是失去經論的密意、失去佛與菩薩的真實説。所以在《大涅槃經》中，佛説「四依」（依法不依人、依義不依語、依智不依識、依了義不依不了義），都是依真實而不依虛妄分別，其中的「依義不依語」，正説明讀經論須依密意而非依言説文字作理解。佛將這一點看得很嚴重，在經中更有頌言 ——

1　依拙譯《入楞伽經梵本新譯》，第二品，頌172。台北：全佛文化，2005。下引同。

彼隨語言作分別　　即於法性作增益
以其有所增益故　　其人當墮入地獄[2]

這個頌便是告誡學佛的人不應依言說而誹謗密意，所以在經中便有如下一段經文——

> 世尊告言：大慧，三世如來應正等覺有兩種教法義（dharma-naya），是為言說教法（deśanā-naya）、自證建立教法（siddhānta-pratyavasthāna-naya）。
>
> 云何為言說教法之方便？大慧，隨順有情心及信解，為積集種種資糧而教導經典。云何為觀修者離心所見分別之自證教法？此為自證殊勝趣境，不墮一異、俱有、俱非；離心意意識；不落理量、不落言詮；此非墮入有無二邊之外道二乘由識觀可得嚐其法味。如是我說為自證。[3]

由此可知佛的密意，即是由佛內自證所建立的教法，只不過用言說來表達而已。如來藏即是同樣的建立，如來法身不可思議、不可見聞，由是用分別心所能認知的，便只是如來法身上隨緣自顯現的識境。所以，如來法身等同自證建立教法，顯現出來的識境等同言說教法，能認知經論的密意，即如認知如來法身，若唯落於言說，那便是用「識觀」來作分別，那便是對法性作增益，增益一些識境的名言句義於法性上，那便是對佛密意的誹謗、對法性的損害。

這樣，我們便知道理解佛家經論密意的重要，若依文解字，便是將識境的虛妄分別，加於無分別的佛內自證智境上，

2　同上，第三品，頌 34。

3　同上，第三品，頁 151。

將智境增益名言句義而成分別，所以佛才會將依言說作分別看得這麼嚴重。

二　智識雙運

由上所說，我們讀經論的態度便是不落名言而知其密意，在這裡強調的是不落名言，而不是摒除名言，因為若將所有名言都去除，那便等於不讀經論。根據言說而不落言說，由是悟入經論的密意，那便是如來藏的智識雙運，亦即是文殊師利菩薩所傳的不二法門。

我們簡單一點來說智識雙運。

佛內自證智境界，名為如來法身。這裡雖說為「身」，其實只是一個境界，並非有如識境將身看成是個體。這個境界，是佛內自證的智境，所以用識境的概念根本無法認知，因此才不可見、不可聞，在《金剛經》中有偈頌說 ——

若以色見我　以音聲求我
是人行邪道　不能見如來

色與音聲都是識境中的顯現，若以此求見如來的法身、求見如來的佛內智境，那便是將如來的智境增益名言，是故稱為邪道。

如來法身不可見，因為遍離識境。所以說如來法身唯藉依於法身的識境而成顯現，這即是依於智識雙運而成顯現。經論的密意有如如來法身，不成顯現，唯藉依於密意的言說而成顯現，這亦是依於智識雙運而成顯現。如果唯落於言說，那便有如「以色見我，以音聲求我」，當然不能見到智境，不能見到經論的密意。不遣除言說而見密意，那便是由智識雙運而見，這在《金剛經》中亦有一頌言（義淨譯）——

應觀佛法性　即導師法身
法性非所識　故彼不能了

是即不離法性以見如來法身（導師法身），若唯落識境（言說），即便不能了知法性。所謂不離法性而見，便即是由智識雙運的境界而見，這亦即是不二法門的密意，雜染的法與清淨的法性不二，是即於智識雙運的境界中法與法性不二。

然而，智識雙運的境界，亦即是如來藏的境界，筆者常將此境界比喻為螢光屏及屏上的影像，螢光屏比喻為如來法身，即是智境；法身上有識境隨緣自顯現，可比喻為螢光屏上的影像，即是識境。我們看螢光屏上的影像時，若知有螢光屏的存在，那便知道識境不離智境而成顯現（影像不離螢光屏而成顯現），因此無須離開影像來見螢光屏（無須離開言說來見密意），只須知道螢光屏唯藉影像而成顯現（密意唯藉言說而成顯現），那便可以認識螢光屏（認識經論的密意）。這便即是「應觀佛法性，即導師法身」，也即是「四依」中的「依義不依語」、「依智不依識」、「依了義不依不了義」。

簡單一點來說，這便即是「言說與密意雙運」，因此若不識如來藏，不知智識雙運，那便不知經論的密意。

三　略說如來藏

欲知佛的密意須識如來藏，佛的密意其實亦說為如來藏。支那內學院的學者呂澂先生，在〈入楞伽經講記〉中說——

> 此經待問而說，開演自證心地法門，即就眾生與佛共同心地為言也。
>
> 自證者，謂此心地乃佛親切契合而後說，非臆測推想之言。所以說此法門者，乃佛立教之本源，眾生入道之依處。[4]

由此可見他實知《入楞伽經》的密意。其後更說 ——

> 四門所入，歸於一趣，即如來藏。佛學而與佛無關，何貴此學，故四門所趣必至於如來藏，此義極為重要。[5]

所謂「四門」，即《入楞伽經》所說的「八識」、「五法」、「三自性」及「二無我」，呂澂認為這四門必須歸趣入如來藏，否則即非佛學，因此他說 ——

> 如來藏義，非楞伽獨倡，自佛說法以來，無處不說，無經不載，但以異門立說，所謂空、無生、無二、以及無自性相，如是等名，與如來藏義原無差別。[6]

佛說法無處不說如來藏、無經不載如來藏，那便是一切經的密意、依內自證智而說的密意；由種種法異門來說，如說空、無生等，那便是言說教法，由是所說四門實以如來藏為密意，四門只是言說。

呂澂如是說四門——

---

4 《呂澂佛學論著選集》卷二，頁 1217，齊魯書社，1991。下引同。

5 同上，頁 1261。

6 同上。

前之四法門亦皆說如來藏，何以言之？八識歸於無生，五法極至無二，三性歸於無性，二空歸於空性，是皆以異門說如來藏也。

這樣，四門實在已經包括一切經論，由是可知無論經論由那一門來立說，都不脫離如來藏的範限。現在且一說如來藏的大意。

認識如來藏，可以分成次第 ——

一、將阿賴耶識定義為雜染的心性，將如來藏定義為清淨的心性，這樣來理解便十分簡單，可以說心受雜染即成阿賴耶識，心識清淨即成如來藏心。

二、深一層次來認識，便可以說心性本來光明清淨，由於受客塵所染，由是成為虛妄分別心，這本淨而受染的心性，便即是如來藏藏識。本來清淨光明的心性，可以稱為如來藏智境，亦可以稱為佛性。

三、如來藏智境實在是一切諸佛內自證智境界，施設名言為如來法身。如來法身不可見，唯藉識境而成顯現。這樣，藉識境而成顯現的佛內自證智境便名為如來藏。

關於第三個次第的認識，可以詳說 ——

如來法身唯藉識境而成顯現，這個說法，還有密意。一切情器世間，實在不能脫離智境而顯現，因為他們都要依賴如來法身的功能，這功能說為如來法身功德。所以正確地說，應該說為：如來法身上有識境隨緣自顯現。當這樣說時，便已經有兩重密意：一、如來法身有如來法身功德；二、識境雖有如來法身功德令其得以顯現，可是還要「隨緣」，亦即是隨著因緣而成顯現，此顯現既為識境，所依處則為如來法身智境，兩種境界雙運，便可以稱為「智識雙運界」。

甚麼是「雙運」？這可以比喻為手，手有手背與手掌，二者不相同，可是卻不能異離，在名言上，即說二者為「不一不異」，他們的狀態便稱為雙運。

如來法身智境上有識境隨緣自顯現，智境與識境二者不相同，可是亦不能異離，沒有一個識境可以離如來法身功德而成立，所以，便不能離如來法身而成立，因此便說為二者雙運，這即是智識雙運。

如來法身到底有甚麼功能令識境成立呢？第一、是具足周遍一切界的生機，若無生機，沒有識境可以生起，這便稱為「現分」；第二、是令一切顯現能有差別，兩個人，絕不相同，兩株樹，亦可以令人分別出來。識境具有如是差別，便是如來法身的功能，稱為「明分」，所謂「明」，即是能令人了別，了了分明。

智境有這樣的功能，識境亦有它自己的功能，那便是「隨緣」。「隨緣」的意思是依隨著緣起而成顯現。這裡所說的緣起，不是一般所說的「因緣和合」。今人說「因緣和合」，只是說一間房屋由磚瓦木石砌成；一隻茶杯由泥土瓷釉經工人燒製而成，如是等等。這裡說的是甚深緣起，名為「相礙緣起」，相礙便是條件與局限，一切事物成立，都要適應相礙，例如我們這個世間，呼吸的空氣，自然界的風雷雨電，如是等等都要適應。尤其是對時空的適應，我們是三度空間的生命，所以我們必須成為立體，然後才能夠在這世間顯現。這重緣起，說為甚深秘密，輕易不肯宣說，因為在古時候一般人很難瞭解，不過對現代人來說，這緣起便不應該是甚麼秘密了。

這樣來認識如來藏，便同時認識了智識雙運界，二者可以說為同義。於說智識雙運時，其實已經表達了文殊師利法門的「不二」。

四　結語

上來已經簡略說明密意、智識雙運與如來藏，同時亦據呂澂先生的觀點，說明「無經不載如來藏」，因此凡不是正面說如來藏的經論，都有如來藏為密意。也即是說，經論可以用法異門為言說來表達，但所表達的密意唯是如來藏（亦可以說為唯是不二法門），因此我們在讀佛典時，便應該透過法異門言說，來理解如來藏這個密意。

例如說空性，怎樣才是空性的究竟呢？如果認識如來藏，就可以這樣理解：一切識境實在以如來法身為基，藉此基上的功能而隨緣自顯現，顯現為「有」，是即說為「緣起」，緣起的意思是依緣生起，所以成為有而不是成為空。那麼，為甚麼又說「性空」呢？那是依如來法身基而說為空，因為釋迦將如來法身說為空性，比喻為虛空，還特別聲明，如來法身只能用虛空作為比喻，其餘比喻都是邪說，這樣一來，如來法身基（名為「本始基」）便是空性基，因此在其上顯現的一切識境，便只能是空性。此如以水為基的月影，只能是水性；以鏡為基的鏡影，只能是鏡性。能這樣理解性空，即是依如來藏密意而成究竟。

以此為例，即知凡說法異門實都歸趣如來藏，若不依如來藏來理解，便失去密意。因此，本叢書即依如來藏來解釋一些經論，令讀者知經論的密意。這樣來解釋經論，可以說是一個嘗試，因為這等於是用離言來解釋言說，實在並不容易。這嘗試未必成功，希望讀者能給予寶貴意見，以便改進。

談錫永

2011年5月19日七十七歲生日

別序

談錫永

一

漢藏兩地佛家對龍樹論師都很推重，然而其所推重及其評價卻大有不同。漢土視龍樹論師只是中觀家，亦只談「緣生性空」，所以唯識學人便只判其為初地菩薩，傳播彌勒學的無著論師則是三地菩薩；藏土推龍樹論師為「第二佛」，亦即釋迦教法的最高承繼者，其所傳為究竟如來藏思想，同時亦是觀修密乘的大成就者。他說的「緣生」、他說的「空」，都依究竟義而說，所以是甚深秘密的教法。

漢土中觀家亦說緣起法甚深秘密，可是卻說不出個所以然，只見他們讚歎甚深而所說則淺，因此，稍加玄義來說「緣生性空」便立即受到推崇。近年印順法師所說的「緣生性空」，便具足玄義，他以「無自性的緣起」為世俗，以「緣起的無自性」為勝義，學人推崇此說為二諦相融，不落一邊。本書作者將之總結為一條公式：無自性＝空＝緣起。當然我們也可以另列一條公式：緣起＝空＝無自性。一但列成公式，那玄義便立即消失，因為那只是文字遊戲，絲毫不覺得有甚麼甚深秘密。

藏土大中觀家則不然，他們說緣生，分次第來說，有列為三種緣生，有列為四種緣生，亦即有三重緣起、四重緣起或五重緣起，由緣起建立為「有」，是故才稱為「緣生」。緣起重重超越，當高次第的「緣生有」被建立時，低次第的「緣生有」即受遮撥，這樣便比近代漢土中觀家所說的「緣生」深密得多。還不止這樣，有兩點建立絕非近代漢土中觀家所知。

首先，緣起的最高層次是相礙緣起，它的建立符合「四理」（yukti-catuṣṭayam），傳入漢土後，亦被建立為「四重二諦」的最後一重。關於相礙緣起，筆者所說已多，這裡不想重覆，簡括來說，即是一切法的顯現，必須依「任運」然後才能「圓成」，所謂「任運」，便即是對種種相礙的適應，是故其所相礙即便是緣，於能適應一切所須適應的相礙時，便成「無礙」，這說法，符合釋迦的經教，適合瑜伽行派的義理，亦適合中觀的義理，是故無諍，除非是不依教法，亦不依宗義，妄起諍論。

其次，是對於「空」的建立。依釋迦教法，必須說「本性自性空」才是究竟。所謂「本性自性空」，是以如來法身性為本性，一切法依如來法身而隨緣自顯現，一如一切鏡影，依鏡而隨緣自顯現，若說鏡影以鏡性為本性，則可以說，一切法以如來法身性為本性。釋迦施設如來法身性為空，所以一切法的自性便是空性。在《大寶積經・無邊莊嚴會》中，便特別用一品文字來說明這旨趣，其實此旨趣於經中無處不見，即使在小乘經中亦可見此「本性自性」的說法。

由此兩點即知前者是緣生的深密，後者是性空的深密，若對此一無所知而妄談緣生性空甚深秘密，那便是依隨聖者的言說而說，其實不知其義，一如鸚鵡學舌。

說到這裡，便可知近代漢土中觀家實在將龍樹低判，連他們自已也覺得龍樹不高，所以才判為初地。奇怪的是，既然只是初地，何以又可以演示佛法的甚深秘密，這矛盾，近代漢土的中觀家與唯識家似乎都沒有發現，他們十分簡單，龍樹論師只能說他們定義的「緣生性空」，一超越這範圍便立即受否定。所以龍樹許多論著都受否定，論金丹的論受否定，論觀修密法的論受否定（客氣一點便說另有一個「密乘龍樹」），他們絕不知道，龍樹之所謂「金丹」，即是無上瑜伽密所修的「唯一明點」，他說金丹的論，其實就是修唯一明點的密語；亦不知道龍樹觀修無上瑜伽密，若論宗派，可以說是「瑜伽行中觀」。不過，其實連「瑜伽行中觀」亦受他們否定，他們認為「瑜伽行中觀」是錯誤地將唯識與中觀結合，而二者根本不可能結合，所以「瑜伽行中觀」派學人完全錯誤。

現在，邵頌雄君依藏傳無上瑜伽教法、依印度傳承瑜伽行中觀教法，也可以說是依文殊師利菩薩的不二法門、依釋迦二轉法輪所說的甚深般若波羅蜜多、依釋迦三轉法輪所說的如來藏教法，通過龍樹論師所造的八首讚歌，顯明龍樹教法所說的甚深秘密。其中有一些說法，可能受到只接觸近代漢土中觀、唯識的學人懷疑，甚至認為這只是密乘的說法，那麼，他們便可以在禪宗教法、華嚴教法、天台教法中找到與邵頌雄君相同的說法，也即是說古代漢土學人對龍樹並無低判，對釋迦教法並無誤解，低判與誤解，只是近代學人的「發明」，這「發明」得以流行，便是「依人不依法」、「依說不依義」之故，所以近代真的是現代佛法已經進入末法時代的法滅時期。

二

龍樹的讚歌是用來唱的，行者唱熟了這些讚歌，於觀修時便有抉擇與決定的依據。若依梵文，則不但有格律，還有嚴格的音韻，現在繙譯出來，格律與音韻都已經消失，那便只是不一定用來歌唱的頌文而已。不過這亦不得已，筆者嘗試用意譯來附和音韻格律，有時甚至因為平仄問題，將一個詞改為法異門的詞，但這種意譯頗有人不以為然，他們認為繙譯很簡單，只須每個字都譯出來便是，這原則，用於由梵譯藏，可以；用於由梵譯漢或由藏譯漢則不可以，因為譯出來的頌文一定不能朗誦，更不要說歌唱了。

頌文可以唱為讚歌，這見於歷史記載，多羅拿他（Taranātha）的《印度佛教史》說，與阿闍梨提婆同時，有龍樹弟子龍召阿闍梨，法名如來賢（Tathāgatabhadra），七次應召到龍宮去說瑜伽行中觀法門，他寫的如來藏讚歌（Tathāgatagarbhastotra），在南方許多城市連小孩子都識歌唱。由這歷史引證，許多我們認為只是讚頌的頌文，其實都是觀修用的讚歌。近代西方學者研究，於龍樹時代，《入楞伽經》雖然可能尚未完全結集，但經中的偈頌卻早已傳播，所以龍樹的論著才可能引用這些偈頌。研究者依此認為，《入楞伽經》的偈頌品，便可能是這些流傳偈頌的結集，其結集甚至可能比經文還早，而且相信這些偈頌有相當一部份是讚歌體裁。

可以唱的讚歌跟偈頌有分別，一如漢土宋代的詞，跟詩有分別，詩雖然可唱，但詞則有詞譜，可以用音樂來和唱，所以詩與詞的分別，便有如頌與讚歌的分別。

現在且說龍樹的讚歌，邵頌雄君直譯，因為意譯怕人挑剔，筆者尊重他的意見，其實筆者認為，甚至不防打破五字一句、七字一句、九字一句的限制，完全用宋詞的體格來繙譯，可能更加合適讚歌的原意，那就當然是意譯，其中甚至有少數是譯者自行造詞，只須不失其密意即可。這樣的繙譯，若與邵君的直譯合看，可能一時成為雙壁。不過這已經是題外話了。

說到讚歌本身，八首讚歌其實可以分為兩組 ——

第一組是：《出世間讚》說七地現證境界；《無可喻讚》說八地證智境界；《不思議讚》說九地證智境界；《勝義讚》說十地證智境界。

此中七地是過渡，所以說為遠行地，用道名言來說，是由般若波羅蜜多的境界，過渡至深般若波羅蜜多的境界。現證般若，可以不離識境未入智境而修，但深般若則不然，必須識境與智境雙運而作觀修，所以便須由識境過渡入智識雙運，這過渡，龍樹即說為「出世門」。

八地以上為清淨地，所謂清淨，即是盡離世間的名言句義、離戲論、離分別，離作意而作觀修，這亦便正是甯瑪派的觀修心髓，也即是大圓滿道之所為。龍樹依次第稱之為「無可喻」、「不思議」、「勝義」，那便是由八地至十地的證智次第。

讀者對七地的《出世間讚》必須精讀，了知其密意，然後讀其後三首讚歌才能次第悟入：智識雙運界無可比喻、不可思議、是為勝義。亦必須如此理解，才知道龍樹密意的甚深秘密，絕非通途所說的「緣生性空」那麼簡單。

第二組是：《心金剛讚》說有情本具法身心金剛，由此修入極無分別，此中要留意龍樹說的「心所」、「心性」、「自心」，知其密意，即能知如何由識境過渡入智識雙運境。

其次為《超讚嘆讚》，說如來智悲雙運菩提心。然而這智悲雙運非如通途所理解的智悲，讚歌說如來證智可依說空而證，所以要說空，即是為了除去世間見，因此能了知佛所建立的空（本性自性空），即能盡除世間名言句義，離分別而入八地，再依此交替觀修，即能超越菩薩地入無學道。此中所說的「菩提心」，便亦即「大圓滿」。

下一首為《三身讚》。菩薩至十地，已能分別現證法、報、化三身，但卻必須現證三身無分別始為究竟，所以這首讚歌，即由如來法身及法身功德說三身無分別，所以讀這首讚歌，對於法、報、化三身的區別不必太作意，了知三身無分別才是重點，此中的要害，其實是說法身與法身功德無分別。說一個人與這個人的功能無分別，應該是很容易的事。例如說教師張三與他教書的功能無分別，自然理所當然，可是一說到如來與如來功德，由於報身佛與化身佛都由如來功德顯現而成，那就容易令人迷惑，他們可能認為：普賢王如來、無量壽佛、釋迦世尊，三者怎能說為無有分別呢？那便須從功德的顯現來說。正由於有如來法身功德，才可能顯現報身的無量壽佛、化身的釋迦世尊。

最後一首為《法界讚》。讚法界其實亦是讚如來法身與如來法身功德。如來法身是佛內自證智，建立為法身，亦可以建立為法界，因為身、智、界三無分別，此是釋迦之所說。所以這首讚歌可以跟《三身讚》合讀，這樣就能澈底理解智悲雙運菩提心、如來藏、深般若、不二法門種種法異門，同時能悟入甯瑪派大圓滿道法、薩迦派道果法之大手印果、噶舉派的大手印法門，亦能由此而知覺囊派的他空，實在是一個觀修次第，這次第是建立如來法身之外的一切法空，如來法身實有，無此次第，則不能直接悟入殊勝的勝義世俗菩提心雙運。

讀八首讚歌而知此脈絡，當別有趣味。

三

本書作者邵頌雄君，用分析的方法來解釋龍樹的密意，所以將龍樹之說空，着重其說空的功能（空用）。這即是說，顯明說空的目的是甚麼，很簡單，就是寂滅一切戲論，入極無分別。因此作者有此總結 ——

> 依月稱及清辯的註解，龍樹所說「空」，其體性絕無分別智；其境相為真如實相；其功用為寂滅一切戲論。換言之，寂息戲論而證無分別智，由是現見緣生諸法實相（無生），是為建立「空」的旨趣。

所以作者即建立空性為無分別、空相是真如、空用是寂息戲論，這樣一分析，便容易明白龍樹的密意了，他的密意很簡單，即依釋迦三轉法輪教法，亦即依如來藏教法，將佛內證智境建立為空性，因此智境上隨緣自顯現的一切世俗法，當然為空性，一如水月，當然為水性；鏡影當然為鏡性。這樣一來，便不須諍論，可以寂息一切外加的概念與定義，簡簡單單，將一切法自性歸為本性（一如將一切鏡影的自性歸為鏡性）。由此而見一切行相顯現，無非都是任運圓成的自顯現，是即空性的性、相、用俱足，於此即能離一切世俗名言句義，現見真如相，證無分別智。

凡真理必然簡單，若須左牽右扯，那便是找尋一些概念來支持自己的理解，這就必然不真實。讀龍樹的讚歌亦須簡簡單單地悟入其密意，倘若深文周納，又可能對龍樹的讚歌生出種種誤解，最通常的做法是斷章取義，用以證成自己的宗義，倘若無法證成，便說這讚歌可疑，未必是龍樹的作品，又或者說這不是「中觀龍樹」所造，可能是「密乘龍樹」所造，因為他有如密乘論著頂禮妙吉祥童子。

說到這裡，筆者要說的話已經說完，然而無一閒話，行文亦非有意挑剔其他宗派，只是說出讀讚歌時要注意的地方，若覺行文有所冒犯，那便只是誤會，不必因此結怨。最後，本書作者引用黃家樹先生的文章來對近代中觀家作批判，筆者原請他另行舉例，因為黃居士是我的朋友，但邵君認為這是他所見的最好例子，不肯改動，筆者只能尊重他的意見，若有冒犯，亦請黃居士見諒。

自序

初次接觸龍樹的《四讚歌》，已是二十多年前。那時候，於多倫多大學跟從 Leonard Priestley 教授學習中觀，其中一課所用的課本，為 Chr. Lindtner 編校的 *Nagarjuniana*（多年後改版為 *The Master of Wisdom*）。此書研究的，除了《四讚歌》中的《出世間讚》和《不思議讚》，還有《菩提心釋》、《七十空性論》等，都不是傳統漢土佛教熟悉的龍樹論著。當時學過之後，只覺奇怪何以大部分論著都無漢譯，後來再讀一些香港與台灣流行的中觀論著，始知漢土對龍樹思想的認知，實與印藏佛教的中觀傳規，相差極大，所以一直希望能對印藏承傳的中觀思想，有系統地作深入研究。

其後着手整理龍樹的讚歌集，已是於談師門下研習《法界讚》後之事。那段期間，亦因為從談上師處學習《楞伽經》，而啟發筆者再次翻閱與此經關係密切的《四讚歌》。其後把讚歌繙譯出來，再讀甘露庫（Amṛtākara）的《四讚歌總釋》（*Catuḥstavasamāsārtha*），更深切體會到上師一直強調由實修觀點來治佛學的重要。甘露庫提出以菩薩七與八地至十地來配合《四讚歌》，的確解決了許多解讀上的疑問。例如，《出世間讚》多番抉擇「壞滅」的體性、《無可喻讚》屢次提到「意生身」，若不連結七地與八地的證量來理解，便感惘然，或覺頌文重覆。由此亦可窺見，把經教配合實際修持，其實是印度佛家的傳統。

如此解讀，亦容易掌握論旨而作通篇理解。今時不少論述龍樹思想的著作，往往落得支離破碎，如論「二諦」，便舉《中論》「**若人不能知，分別於二諦，則於深佛法，不知真實義**」等句來發揮；又如說「緣起」與「空性」，則必以「**眾因緣生法，我說即是空，亦為是假名，亦是中道義**」作釋。然而，所釋卻僅依漢譯文字作消文解義，而不顧前文後理、法義脈絡。究竟龍樹是在甚麼前提下，討論「二諦」？「緣起」與「空性」的關係，於「**眾因緣生法**」一頌的梵本原意，又究為何？如此等等，都為不少佛學論著所忽略。本書導論部分，於介紹印度早期大乘思想與龍樹的關涉時，亦特別舉出《中論·觀四諦品》的一些論頌，釐清其梵文本義及論頌間的前後脈絡，以指出斷章取義之弊。對於本書各部讚歌，亦盡量顧及全論的整體性來作闡釋，冀讀者能多加留意。

導論中提到瑜珈行派及如來藏思想的論著，雖然於龍樹造論的年代，還未成論或結集，但思想本身卻都淵源有自，全都於《阿含》等早期結集的經中找到，而且不少還是龍樹思想的重要組成部分。佛法於釋迦在世時已燦然大備，後世因應時代與根器，對其中各別思想更作詳解廣釋，而成宗派或思想的發展。然而，若只見後世的發展，取着於名相而漠視思想的本質，則容易流於對佛法割裂和曲解。例如「中觀」與「瑜珈行」，若淺化為「空」、「有」二宗，即難免視之如水火不容，然實際而言，凡大乘佛法必抉擇「中道」，亦必以瑜伽行為觀修方便，而其所現證之本淨心性，亦即如來藏。如是近代所謂的「大乘三系佛教」，都是佛法不可或缺的部分，亦是龍樹思想的基石。

因此，欲理解龍樹，便不能單靠「緣起無自性故空」這類口號式的思維，來放諸所有論著、所有論頌，而必須對緣起與空性的抉擇、菩提心的建立、觀修的方便、心性的決定等，都有認知。印度中觀宗的歷代論師，註釋龍樹諸論時，都不對境、行、果任何一方面偏廢；西藏的「大中觀」，就是依着這樣的印度傳承，來發揮龍樹思想的密意。本書即是朝着這個方向，為讀者對龍樹的讚歌集闡明其深密。

邵頌雄

乙未四月

導論

導論

佛家以「有說、有修、有證」為其傳統。作為開展大乘佛教先驅的龍樹菩薩（Nāgārjuna，二世紀），不但著作豐盛而有「千部論主」之譽，且亦有修行證量，佛門向來都尊他為地上菩薩。其著作，亦以引導行者抉擇、觀修、決定及現證諸法實相為本懷。然而，傳入漢土的龍樹論著，歷來僅有十餘種；至於論義，則多依理論邏輯來作解讀，而與大乘修行脫節，更遑論言及論中密意。

龍樹的「讚歌集」，於印藏兩地的中觀宗（Madhyamaka）都深受重視，並視之為了義言教，唯此等讚歌，大都從未傳入漢土。本文欲說龍樹讚歌，須先辯明龍樹所建立的空性，以及總說龍樹教法之密意。

為此，本文先於第一、二節闡釋龍樹讚歌密意的依據，於第三、四節始正說龍樹讚歌。

一、緣起・空性・中道

近代漢土對龍樹思想的瞭解，出現了嚴重的偏頗，以及過度的低矮化。常常看到的就是把龍樹的偈頌，經過一輪理論包裝，便歸結為「一切事皆無有實自性，因為無自性，故說為空」這樣的一套抉擇模式。這套模式其實對《中論》（*Mūlamadhyamakakārikā*）甚為損害。

《中論》其實是論中觀，以觀修為主旨，對別別法義提出如何抉擇與決定，此如因緣、去來、六情、五陰等等。若依照上述歸結的模式，便根本無觀修可言。於此不妨以論中的「歸敬偈」為例，以作說明：

《中論》開首說觀因緣，用「八不」來說，所謂「不生亦不滅、不常亦不斷、不一亦不異、不來亦不出」[1]，依現今模式，就被解釋為「生、滅、常、斷、一、異、來、去」等皆無實自性，故為龍樹所否定。由是對「生滅」、「常斷」、「一異」、「來去」即不需作出分別。真諦譯師（499-569）曾譯出龍樹弟子羅睺羅跋陀羅（Rāhulabhadra）的《中論》疏，惜已佚失，唯較他稍晚的嘉祥大師吉藏（549-623），則曾引用當時尚為流傳的真諦譯本，謂羅睺羅跋陀羅「釋八不乃作常樂我淨四德明之」[2]。如是點破《中論》由「八不」演明的，實為具足涅槃四德的法身境界，便不是公式化以「八不」為同一層次、同一手法來否定「生滅」等具實自性的解讀所能悟入。事實上，印度論師闡釋《中論》「八不」的傳統，從來都沒有脫離次第抉擇的觀修來作理解，此即後來傳入西藏佛教的「四大因」（gtan tshigs chen po'i bzhi）抉擇，以「金剛屑因」（rdo rje gzegs ma'i gtan tshigs）抉擇「不生不滅」、以「破有無生因」（yod med skye 'gog gi gtan tshigs）抉擇「不常不斷」、以「離一異因」（gcig du bral gyi gta tshigs）抉擇「不一不異」、以「大緣起因」（rten 'brel chen po'i gtan tshigs）抉擇「不來不去」。[3]阿底峽尊者（Atiśa，980-1054）於其《菩提道燈釋難》（*Bodhimārgapradīpa-pañjikā*）便曾指出四大因的次第抉擇，乃源自龍樹、提婆（Āryadeva）、清辯

1 以下所引《中論》論頌，都依鳩摩羅什譯，T1564。

2 T1842，頁40。

3 Richard Sherburne, S.J. *A Lamp for the Path and Commentary* (London: George Allen & Unwin Ltd.)，頁157。

（Bhāvaviveka, c. 550-578）、月稱（Candradīrti, c. 600-650）、寂天（Śāntideva，八世紀）等一直傳至他的上師菩提賢（Bodhibhadra，約十一世紀）的甘露傳承，極其珍重。[4]

以上還只涉及次第抉擇「八不」而言，實際上尚有觀修配合。其內容，一如《入楞伽經》（*Laṅkāvatāra*）中〈集三萬六千一切法品〉中所說「菩薩摩訶薩成大修行者法門」之「四法」：一）觀察自心所現（svacittadṛiśavibhāvanatā）；二）遠離生住滅想（utpādasthitibhaṅgadṛṣṭivivarjanatā）；三）善見外境無有（bāhyabhāvābhāvopalakṣaṇatā）；四）求得內自證聖智相（svapratyātmaryajñānadhigamā-bhilakṣaṇatā）。[5]簡言之，由「觀察自心所現」，行者悟入外境諸法非實有「生滅」，而僅為心識戲論把自心所現之緣生法分別為「生滅」而已；其次「遠離生住滅想」，行者由上一次第之證之「不生不滅」，乃進一步悟入內識體性之「不常不斷」，猶如大瀑水流無斷無盡（不斷），然亦不可執之為「我」（不常）；更者，由上來基礎，乃可依止「善見外境無有」，離內外而覺知諸法如陽燄、如夢境、如幻化，由是無所謂「一異」之分別想，故說為「不一不異」；最後，行者「求得內自證聖智相」，如實而見諸法唯心自現、唯依心性而成顯現、唯依法身而成色身顯現，任運圓成，無所從來亦無所去，如實而證入「不來不去」。

這套教法傳承，於藏傳甯瑪派（rNying ma pa）則配合實際法門，而成「四重緣起」的觀修，近年由談錫永上師通過其譯著廣弘[6]，以「四大因」即為四重觀修，由次第超越而得究

4 參釋如石《《菩提道燈》抉微》（台北：法鼓文化，1997），頁193。

5 見談錫永譯《入楞伽經梵本新譯》（台北：全佛文化，2005），頁78-80。

6 參見談錫永《四重緣起深般若》等「大中觀系列」叢書，悉由台北全佛文化事業有限公司出版。

竟。然而漢土推斷「無自性空」的僵化模式已成通行說法，故對於四重觀修便反而生疑。生疑者從來不會想一想一律說之為「無實自性」，何以說能作為觀修所須的抉擇與決定？

此外，「無實自性故空」的模式闡述，亦牽涉到對「緣起」（pratītyasamutpāda）的定義：於說諸法「無實自性」（niḥsvabhāva）的同時，亦說一切法悉依緣而生起，由是都為「空性」（śūnyatā）。這樣一來，本來活活潑潑的龍樹思想，便如是被矮化為這樣的一條僵化而簡陋的公式：

無自性 = 空 = 緣起

這道公式，現時幾乎成為解讀龍樹偈頌的萬應金鑰。依着公式，任誰捧着龍樹的任何論著，甚至不需理會前文後理，亦不需理會遮破的對象、觀照的行境，總之隨意挑一句偈頌，皆能循此公式，照解如儀。可不是嗎？對《中論》的「觀因緣」、「觀去來」、「觀六根」、「觀五陰」、「觀染與染者」、「觀生住滅」、「觀作者」、「觀梵我」、「觀有無」、「觀業」、「觀因果」，以至「觀十二因緣」、「觀涅槃」等等，都一律抉擇為「空」，原因簡單，以「因緣」、「去來」、「六根」等，皆無實自性、皆是緣生故。何以「空」亦復空？因為「空」亦無自性故；何以「**涅槃與世間，無有少分別；世間與涅槃，亦無有分別**」？也說是因為輪涅二者皆無實自性、畢竟性空。——傳說謂龍樹天聰奇悟，受戒出家後僅花九十天時間，已通達小乘三藏義理，由是而起驕慢；至後來入龍宮得大乘法典，始知佛法之甚深浩瀚，依之研讀修習良久，才得深入無生，體味佛法無上精要。然而，以龍樹之資，尚需九十天才得通達小乘義理；此中所謂「無實自性故空」的「金鑰」，卻似令聽者頓時便得了悟大乘佛學的心髓，是為合理否？

說「一切法緣起無實自性，故皆為空」，也衍生出學界流行對「緣起」與「性空」所作的統一觀，亦即「緣起即性空」、「因為性空，是故能緣起」，而架起所謂「離有離無」、「即有即空」、「空有無礙」的中道觀，並由是安立「二諦」：以「無自性的緣起」為世俗、以「緣起的無自性」為勝義。

《中論》「觀四諦品」裏面廣受傳誦的一首偈頌，即常被引用作為此種「緣起無自性故空」詮釋的根據：

眾因緣生法　我說即是空
亦為是假名　亦是中道義　（24.18）

對此偈頌最常見的曲解，就是說：一切的緣生法，佛陀都說為空性；此等緣生法亦僅是假名建立而已。如是以空性排除對「有」的執着、以假名排除對「無」的執着，是即說為佛家大乘的「中道」。由此更進一步，乃以「眾因緣生法，我說即是空」為勝義諦、「眾因緣生法，亦為是假名」為世俗諦，二諦雙運，是即為「中道義」。[7]

---

7 此間解讀，可以黃家樹《中觀要義淺義》（加拿大：安省佛教法相學會，2002）對《中論》選頌的詮釋為例。他依從流行的說法，於書中說：

> 這首偈徹底建立了空義，如《唯識三十頌》建立唯識一樣。這幾句可說是《中論》的中心所在。前面四句因為有三個「是」字，所以有人稱之為「三是偈」。...
>
> … 空諦 ——「我說即是空」， 假諦 ——「亦為是假名」，而中道是義兼空假 —— 一切法的性質不實在，但又有它的作用和名義。因此，一切法是非有非無的。能夠這樣不落有無二邊，就是處於中道。...
>
> 所以「眾因緣生法」是說所有法都是因緣所生，都是空。... 說「一切不實在」，就會有人以為沒有辦法成立事事物物了。所以在偈中第二句表明勝義的立場 ——「空」之後，第三句就顯示俗諦的立場 ——「亦為是假名」，補上這一句，使道理站得更穩。... 所以，一句是勝義諦，一句是世俗諦，只有兩個諦。
>
> 「亦是中道義」—— 能夠在領會空的同時，知道有假名，就得到中道。（頁158-164）

如此詮釋龍樹偈頌，既易於理解，且用詞對仗工整，把《中論》裏面有關「緣起」、「空性」、「二諦」、「中道」等主要思想脈絡皆囊括在內，故於過往幾十年間，成為了漢土理解大乘中觀思想的主流。再進一步來說，依着這種思維方式，甚至對大乘經籍也可以解釋得「頭頭是道」。譬如，《金剛經》中著名的「甲，非甲，是名為甲」，便正好以「勝義」的「緣起無自性」來解釋「非甲」、以「世俗」的「無自性緣起」來解釋「是名為甲」，如是二諦雙運而顯「中道」。

然則何以說此為「曲解」？

筆者不難想像彼等維護箇中闡述龍樹思想套路的學人，對於非議者，大概會氣直理壯的問：難道緣生法不是性空的嗎？汝豈非否定緣生諸法只是假名安立的世俗法？空性所表徵的，不就是空掉實有的自性？

我們且從廣狹兩方面來重新審視這種質疑。

先由狹義而言：對於上引的《中論》偈頌，筆者試化繁為簡、化工整的口號式排比句為符號，然後再作如下的分析——

姑且以X代表「實有自性」；以Y代表「緣生法」；以Z代表「空性」。那麼，當我們說「一切法無實自性，因為都是緣生法，所以一切法空性」時，實際上等於說：一切事物都沒有X，是故都是Y；而這些沒有X的Y，就說為Z。

有趣的是，「Y」的定義，無非就是對「X」的否定；而所謂「Z」，也只不過是從另一個角度去說明：一切事物的本質就是沒有「X」的，這即是再一次肯定對「Y」的定義。這樣來看，此中翻來覆去的，都不過是否定「X」的存在而已。

可以說，若果以哲學或邏輯的角度來批判這種詮釋，便顯得不堪一擊：天下哪有這麼庸人自擾的思想，用迂迴曲折的「邏輯」，以否定「X」來成立「Y」，然後再用「Z」來定義「Y」？

因此，這套模式之所謂「無自性緣起」和「緣起無自性」，聽來箇中分別似乎很玄，但其實不就是「『Y』的無有『X』」和「無有『X』的『Y』」？學人是否真的以為就此思維便已能確立到所謂究竟真理（「勝義」）和世間真理（「世俗」）？

受困於這種模式的人，恰恰就是這樣，當以否定「X」來成立「Y」時，就說「無自性緣起」；當用「Z」來定義「Y」時，就說「緣起無自性」。那到底抉擇出一些甚麼呢？決定出一些甚麼呢？你怎能說前者是「世俗」，後者是「勝義」？此譬如說：沒學問的阿甲；又說：阿甲沒學問。你能找得出兩句話的層次分別麼？

若認為上來的批判，不過是出於詮釋上的分歧，那麼，如果我們審視偈頌原來的梵文，則便可看清楚誤解龍樹的解讀，只能算是對鳩摩羅什（334-413）的漢譯依文解義而已，若理解什譯不當，則依文解義便也難免出錯。

事實上，什公所譯此句，雖不能說是「錯譯」，但其誤導的成份卻也不少。此所謂「三是偈」，第二句說眾因緣生法「即是」空，繼而第三句說「亦為是」假名，最後一句再說「亦是」中道義。這樣鋪派「即是」及往後的兩個「亦是」，讀起來容易令人以為整句的「主語」（subject）就是「眾因緣生法」，也就是說，眾因緣生法即是空、亦是假名、亦是中道義。

如是依「三是」句式來解此頌，肇始於承繼鳩摩羅什「關中舊說」而成立三論宗的吉藏，由是成為了漢土解讀龍樹此頌的主流。嘉祥吉藏於其《中觀論疏》率先提出：

> 依長行就「三是」義釋者：…「因緣生法」是畢竟空，所以然者，若有自性，則不從因緣，既從因緣生，即是無自性，所以「是空」；「亦為是假名」者，示第二「是」，明因緣生法亦是假名，所以稱假者，前明「因緣生法，我說是空」，然因緣既無不有，今亦不空，非空非有，不知何以目之，故假名說有，亦假名說空。「亦是中道義」者，示第三「是」，明因緣生法亦是中道：因緣生法無有自性故空，所以非有，既其非有，亦復非空，非有非空，故名「中道」。然小乘之人，不知「三是」，即有「三失」，謂失空、失假、失中。… [8]

由此註疏，乃奠定了天台宗「三諦」思想的基礎，以「即空即假即中」為「一實諦」。

然而，此句的梵文原文其實為：

> yaḥ pratītyasamutpādaḥ śūnyatāṃ tāṃ pracakṣmahe/
> sā prajñaptir upādāya pratipat saiva madhyamā/

依梵文，很明顯此偈前半句的「主語」為眾因緣生法，然後半句的「主語」sā 則是聯繫前半句的「空性」而言。[9]

---

8 T1824，頁152。

9 sā 是 sa 的陰性，可以譯為「其」，因此上文說「我說即是空」，由 sā 連接，下文便應該是說「其亦是假名」，即謂「空亦是假名」。參吳汝鈞〈龍樹之論空假中〉，收《佛教的概念與方法》（台北：商務，1988），頁75-97。

此中值得注意的是，後半句提及的「假名」，所指涉的，並不是一般依文解義認為什公譯本所作的「亦為是」乃說「眾因緣生法」而言，而是專指「空性」。也因此，上引以黃家樹先生為例的一類解讀，謂偈頌中「眾因緣生法，我說即是空」是說「一切不實在」而「表明勝義的立場」，而「亦為是假名」則是「顯示俗諦的立場」、「不要以為『不實在』，就連名相、形態、作用都沒有了。有了這一件事，就有名字，有形態，有作用，世間便由此建立」這樣的理解，基本上就是一種跟梵本原意違背的錯解。此偈頌並不是一方面說因緣法都是空，而另一方面又說這些因緣法都是具有形態作用的假名，由是建立所謂「非有非無」、「勝義世俗並融」的中道。依據梵本（以及西藏譯本），此偈的意思是說：

> 一切緣生法都是空性，然所謂「空性」，只不過是假名建立而已，即此是為「中」的觀行。

原文後半句的「madhyamā」，乃「中」的意思，而「pratipat」則具修行、奉行、隨順、趣向等含義。是故這裏其實有「對『中』的修習」的意趣，英譯本《中論》亦有譯此為「the practice of the middle way」[10]者。若此處譯作「中道」，其義實未周，容易誤解為一種理論上體會非有非無的中庸之道，與觀修無關。

鳩摩羅什的譯句，若稍作更張，或可改譯為「眾因緣生法，我說即是空；空唯是假名，如是趣於中」，說「趣於中」便已跟觀修聯繫，是則更合梵本原意。什公譯本所附的青目

10 見 Nancy McCagney，*Nāgārjuna and the Philosophy of Openness* (New York: Rowman & Littlefield Publishers Inc., 1997): 202。

釋，其實已說得明白，謂「假名」乃指「空」而言[11]，因此什公不可能對此有何誤解，然可能其座下為緇譯潤文者，為令偈頌讀來更鏗鏘及易於流通，便改作「三是」句式。

由於天台宗沿習吉藏的這種「三是」詮釋來建立其「三諦」說，因此近代漢土如印順法師等人的一些《中論》註疏，便對天台宗極力批評，認為龍樹只說「二諦」，而「三諦」的建立則是穿鑿附會、「**大有問題**」，且「**欺盡天下人**」[12]。筆者卻認為這類批判值得商榷。天台宗從來未曾標榜「三諦」說是對龍樹《中論》的勝解。我們的着眼點不應放在「二」或「三」的數字分別之上。天台宗的傳統，兼重教理與觀行，非僅有理論的施設。所謂的「三諦」說，我們應該理解為天台祖師深入《法華》（*Saddharmapuṇḍarīka*）、《大般涅槃》（*Mahāparinirvāṇa*）、《金光明》（*Suvarṇaprabhāsa*）等經的止觀境界而得啓發，依吉藏的「三是」解建立出「圓融三諦」作為方便，由是樹立與之配合的「一心三觀」，所謂：

> 一念心起，即空即假即中者，若根若塵，並是法界、並是畢竟空、並是如來藏、並是中道。…非三而三、三而不三，非合非散而合而散、非非合非非散，不可一異而一異。…
>
> 圓頓止觀相者，以止緣於諦，則一諦而三諦，以諦繫於止，則一止而三止。譬如三相在一念心，雖一念而有三相，止諦亦如是。而止之法，雖一而三，

---

11 青目釋云：「眾因緣生法，我說即是空。何以故？眾緣具足和合而物生，是物屬眾因緣，故無自性，無自性故空。空亦復空，但為引導眾生故。以假名說。離有無二邊故名為中道。」（T1564，頁33）

12 見印順《中觀論頌講記》（台北：正聞出版社），頁474-5。

> 能止之心，雖三而一也。以觀觀於境，則一境而三境，以境發於觀，則一觀而三觀，如摩醯首羅面上三目，雖是三目而是一面，觀境亦如是。…[13]

雖有批評謂天台的詮釋是「具有圓融手眼」的作家「圓機對教，無教不圓」的說法，但對於只重理論方法分析而不顧修持配合的作家眼中看來，實也難以體會天台「三諦」建立之所重，在於「一心三觀」、「一念三千」等觀行，是故只見台宗的「三諦」說不合《中論》意趣，便加以鞭撻。其實天台對所緣境抉擇為「空」、「假」、「中」同時，都已非依據《中論》而發揮，而是依大乘佛經的「實相觀」來作演繹，建立教行並重的體系。是故不宜僅依對一己《中論》的理解而妄加批判。

話雖如此，印順對天台的責難，尚可理解為本着對《中論》的文意使然，即使未有觀行境的考量，亦算是言有所本。反而令人錯愕的，卻是黃家樹居士一類的闡述，一方面既重彈印順批判天台的舊調，且挪用其對「二諦」的建立，但另一方面對此偈頌的詮釋，卻是沿用吉藏與天台的「三是」句解，把「眾因緣生法」作為全偈的唯一主語。印順的「二諦」與吉藏、天台相違，卻可以同時引用，箇中的邏輯為何，實在令人費解。也許解頌的人，每以為頌文的法義已昭，而懶得去深究其原文或原意，便隨文直解，而此解又剛好能配合其對二諦的定義，由是便以之為「正解」。由此例來看，正好讓我們了解到對佛典的研讀，不能盲目依賴古代譯師的譯文，而不與尚存的梵本或藏譯校勘對讀，也不宜對一些詮釋背後教理觀行的傳

13 見《摩訶止觀》，大正・四十六，頁8及25。

統或架構，一無所知。此如陳寅恪對鳩摩羅什譯本的評論所言：

> 鳩摩羅什繙譯之功，數千年間，僅玄奘可以與之抗席。 然今日中土佛經譯本，舉世所流行者，如《金剛》、《心經》、《法華》之類，莫不出自其手，故以言普及，雖慈恩猶不能及。所以致此之故，其文不皆直譯，較諸家雅潔，應為一主因...... 蓋羅什譯經，或刪去原文繁重，或不拘原文體制，或變易原文。[14]

話題撐遠了，我們尚需討論的問題是：何以此偈所說就是佛家大乘的究竟「中道」？這是否即是說對一切事物，否定它們具有實自性，然後給這些被否定具實有自性的事物一個定性，叫做「空」，這就是最究竟的「中道」真理？這樣的「大乘佛法」，是否太也膚淺？

還有，何以說「空」是假名，便是配合諸法皆為緣生的「中道」？按照上舉黃家樹那一類的解讀，理論上反而容易理解，因為給出了緣生法既無有自性、但亦有假名功用的兩面。但是原頌所說，卻是雙重的遮破：先遮諸法具實自性，而說之為「空」；繼而再遮「空」為真實，所謂「空亦復空」，而說之為假名而已。若如是，當如何理解偈頌中所許的「中道」？

對此問題，我們不能只就此偈頌來找出題解，實在需要就廣義來作審視，放眼於整個〈觀四諦品〉來看頌義的前文後理。

---

14 陳寅恪〈童受《喻鬘論》梵文殘本跋〉，收《金明館叢稿二編》（香港：三聯書店，2001），頁 234-239。

此品原題為「觀聖諦品」（Āryasatya-parīkṣā），辯破對「空」的邪解，復於遮破對「空」種種計執的同時，亦建立起「空」的正解。必須知道這品的主題，才能討論品中諸偈頌。

本品以外人對大乘空觀的責難來開展，外人以為「空性」破壞佛陀的根本教法，且壞世俗法：

若一切皆空　無生亦無滅
如是則無有　四聖諦之法　（24.1）

以無四諦故　見苦與斷集
證滅及修道　如是事皆無　（24.2）

以是事無故　則無有四果
無有四果故　得向者亦無　（24.3）

若無八賢聖　則無有僧寶
以無四諦故　亦無有法寶　（24.4）

以無法僧寶　亦無有佛寶
如是說空者　是則破三寶　（24.5）

空法壞因果　亦壞於罪福
亦復悉毀壞　一切世俗法　（24.6）

按照現今流行的「中觀」思想，對此等問難的應答，不外就是謂佛法僧三寶皆空，因為三寶都無實自性，然而三寶卻都有其名字及功用，是故並非壞於罪福因果；又或說三寶皆空者，所謂「空」也不過是名字而已，非以虛無為真實。此類的答辯，卻都落於理論概念上的爭拗，與修持和現證「中道」無關。而且，問難者的意思是，像大乘所說一切皆空的話，那是否也在否定佛陀所說教法為真實？既然四聖諦非實在，那麼自然也沒有依之證得的真實果位，如是即否定能得果的僧眾為真實，也質疑說法的佛陀為真實。更且，若一切法空，因果亦空。如是即壞作為佛家基柱的建立，如何還能說之為「佛法」？難道一句話說「所謂『空』者不過假名而已」，又或說「三寶與因果雖空而皆有其名字與功能」便可釋疑？

我們且看看龍樹的回應。他劈頭的一句，就是：

> 汝今實不能　知空空因緣
> 及知於空義　是故生苦惱　（24.7）

鳩摩羅什所譯此句，亦有不妥。梵本此句，原作：

> atra brūmaḥ śūnyatāyāṃ na tvaṃ vetsi prayojanam/
> śūnyatāṃ śūnyatārthaṃ ca tata evaṃ vihanyase//

其意為：於此，我等回答說，汝實不解「空性之功用」（śūnyatāyaṃ prayojanam）、「空性」（śūnyatā）及「空性義」（śūnyatā-artha），故受困惑。

比較而言，梵本所說的「空性之功用」，羅什譯作「空因緣」，易令人以為這是指佛陀慈悲說「空」此大乘深法的「因緣」（nidāna）。然則，何謂「空性之功用」？

其實此中「śūnyatāyāṃ prayojanam」一詞，既可以譯作「空性之功用」，亦可作「空性之目標」，或「空性之需要」、「空性之理趣」等。參考清辯及月稱的《中論》註疏，則似乎以「空性之功用」為妥，筆者於此簡稱之為「空用」。兩位中觀論師齊皆決定「空用」在於寂滅一切戲論（prapañca）。

換言之，大乘建立「空性」此教法的目的，就是為了引導學人寂滅一切戲論。此如月稱於《淨名句論》（*Prasannapadā*）所言，「空用」可依《中論・觀我法品》「業煩惱滅故，名之為解脫；業煩惱非實，入空戲論滅」(18.5) 一句來理解，並謂教授「空性」的目的，就是令種種戲論無餘寂息（upaśama）；問難者計度空性為虛無，則是在糾纏於戲論的境界再作增上，是即不知「空用」。[15]此外，清辯於《般若燈論》（*Prajñāpradīpa*）亦謂「空用」者為「除滅一切戲論之性相」[16]，與月稱同。

至於「空性」，月稱則引用《中論》同一品另一偈頌來說明：「自知不隨他，寂滅無戲論，無異無分別，是則名實相」（18.9）。順着上文把「空用」闡釋為寂息戲論，於此月稱乃接着說，「空性」本身即是對諸法實相的「自知」，於實相中一切戲論寂滅。然則如何現證實相？此實相唯由自覺直證與法性無異的無分別境界而知，非隨其他概念可知。[17]此即以「空性」為現證離戲論、離分別實相的證智（而不是依概念定義之為「無實自性」）。這與清辯於《般若燈論》的解說同一

---

15 參 Mervyn Sprung, in collaboration with T.R.V. Murti and U.S. Vyas, trans., *Lucid Exposition of the Middle Way: The Essential Chapters from the Prasannapadā of Candrakīrti* (Boulder: Prajna Press, 1979): 228-9。

16 T1566，頁26。此引波羅頗蜜多羅譯，但其實此譯本不論於龍樹原頌或者是清辯疏釋，都頗有缺漏。如此句提及「空用」、「空性」、「空義」的偈頌，什公譯尚作「汝今實不能，知空空因緣，及知於空義，是故生苦惱」，而波羅頗蜜多羅本作「汝今自不解，空及於空義，能滅諸戲論，而欲破空耶」，則不但只論及「空」與「空義」，且偈頌下半句的譯文已脫離原文。註文說「空者，能滅一切執着戲論」，對勘藏譯本，此應作「空用者，除滅一切戲論之性相」：

stong pa nyid kyi dgos pa ni spros na thams cad nye bar shi ba'i mtshan nyid do//

清辯《般若燈論》註釋此品的英譯，見 Malcolm David Eckel, *A Question of Nihilism: Bhāvaviveka's Response to the Fundamental Problem of Mādhyamika Philosophy*, Ph.D. Dissertation, Cambridge University, Massachusetts, 1980。

17 Sprung (1979): 229.

意趣，他說「空性者，乃離一切取着性相而緣空性之智慧」[18]，也就是自覺之離戲論無分別智（nirvikalpa-jñāna），同樣不是依分別概念來定義「空性」。然而須知，此無戲論分別之智，卻非獨立且絕對的存在，只是一個心識境界，否則即幾同建立之為具實自性；反之，此如《般若經》所言「色不異空、空不異色；色即是空、空即是色」，「空性」亦與緣生諸法相即不異，故行者證入空性境界，並不與緣生諸法相異。

以是之故，對於「空性義」（於此簡稱為「空義」），月稱便把「空性」連繫到「緣起」，謂「空義」即「緣起義」，但指出「空義」不是「無有義」。於此所引用作例子的《中論》偈頌，即是前引「眾因緣生法，我說即是空」（24.18）一句。但這不是近代漢土對中觀的理解那樣依簡單邏輯而將「緣起」與「空性」二者連上等號，亦不以「無有自性義」作為「空義」。所謂「空義」，其梵文「śūnyatā-artha」中的「artha」一詞，一如其藏譯「don」，實語帶雙關，既有「意義」的涵義，亦可指「外境」而言。因此，《淨名句論》的意思是說：由自覺戲論寂息的無分別，現證之諸法實相，即如實現見一切依緣而起之法。我們再讀月稱對《中論》歸敬偈的解說，對「緣起義」與「空義」的關係便更為清楚——月稱說：「諸聖者觀見緣起如實而住，即寂息能言說與所言說、能相與所相等戲論。於此種種戲論寂息之際，就是所謂緣起即戲論寂息之義」[19]。於清辯的註疏，對「空義」的解釋更為直接，

18 stong pa nyid ni 'dzin pa thams cad dang bral ba'i mtshan nyid stong pa nyid la dmigs pa'i ye shes so//

19 yathāvasthita-pratītyasamutpāda darśane sati āryāṇāmabhidheyādhilakṣaṇasya prapañcasya sarvathōparamāt / prapañcānāmupaśamōsminniti sa eva pratītyasamutpādaḥ prapañcopaśama ityucyate //
又，由此可知，凡經論說緣生法都是空性，便應該依此而理解，不能理解為「因為緣生，所以性空」。

「空義者，即真如之性相」[20]，是即無分別智所緣的真如境界。雖然月稱與清辯，一說「空義」為「緣起」，另一則說「空義」為真如，似有相違，但其實由無分別智直觀緣起諸法的實相，也便即是真如，兩者實無衝突，只是着眼點的側重各異而已。更周詳的說法，所謂由證智境界照見緣起，其義實指依此境界照見緣起諸法為無生，此如《六十正理論》（*Yuktiṣaṣṭikākārikā*）所言：

許諸法緣生　猶如水中月
非真亦非無　不由彼見奪

…

由誰了知彼　謂見緣起生
緣生即不生　一切智所說[21]

是故，龍樹分三周而說「空」之偈頌，雖說是對問難者的駁斥，但其用意，亦是把全論針對不同論題、以各種方便展示的「空性」說，依體性（svabhāva）、境相（guṇa）、功用（vṛtti）三科[22]，而加以歸納 —— 所謂「空性」者，即為體性；「空義」者，即為境相；「空用」者，即為功用。月稱的註疏，特別引用論中偈頌為例來說明三者，即有顯示此三種「空」義，實在在可見於《中論》各品。

---

20 stong pa nyid kyi don ni de bshin nyid kyi mtshan nyid do // 波羅頗蜜多羅的漢譯本，漏譯此句。

21 依任杰譯。後頌談錫永曾依梵本改譯為：「誰能遍知彼，謂見緣生者，緣生即不生，勝智者宣說」(parijñā tasya keneti pratītyotpādadarsanāt / pratītya jātaṃ cājātam āha tattvavidāṃ varaḥ/)

22 有關體、相、用的梵文，參見 William H. Grosnick, "*The Categories of T'i, Hsiang, and Yung*: Evidence that Paramārtha Composed the *Awakening of Faith*," *Journal of the Association of Buddhist Studies*, vol. 12, no. 1 (1989): 65-92。

在此作一小結：依月稱及清辯的註解，龍樹所說「空」，其體性為無分別智；其境相為真如實相；其功用為寂滅一切戲論。換言之，寂息戲論而證無分別智，由是現見緣生諸法實相（無生），是為建立「空」的旨趣。

此中的說法，其實處處與《中論》的論說呼應。此如《中論》開首的歸敬偈，即稽首讚禮「善滅諸戲論」的諸佛，許之為「諸說中第一」；又例如「觀如來品」所說：「如來過戲論，而人生戲論；戲論破慧眼，是皆不見佛」（22.15）。

然則，何謂「戲論」？

簡言之，「戲論」（prapañca）者，乃指於諸法作增益減損的分別思維和語言，也就是依凡夫的概念與名言而對種種法所作的增上，由是而遮蔽真如實相。[23]月稱、清辯、安慧（Sthiramati）等印度論師，都認為「戲論」即是對言詮的取著。《中論・觀我法品》有頌言：「業惑滅解脫，業惑從分別；分別從戲論，入空而寂滅」（18.5）[24]，復言：「諸法實相者，心行言語斷，無生亦無滅，寂滅如涅槃」（18.7），也可間接為我們道出所謂「戲論」，就是見諸法有生有滅的「心行言語」。二頌對讀，可見由戲論而有分別（vikalpa），復由分別而起業與煩惱，如是即成輪迴；反之，由依止「空」此大乘教法而得寂息戲論，由是而滅業與煩惱，是即為解脫。此即謂，「戲論」乃流轉輪迴的根本患，唯由正觀空性始得寂息。

由此引伸，外人曲解「空」而對之批判為破壞三寶、破

23 參萬金川《詞義之爭與義理之辨：佛教思想研究論文集》（台北：正觀出版社1998）：25-92。

24 鳩摩羅什譯失此頌原意，什譯作「業煩惱滅故，名之為解脫；業煩惱非實，入空戲論滅」。

壞世俗，即在於持着「無」等戲論邊見來理解「空」，「是故生苦惱」。龍樹於《迴諍論》（*Vigrahavyāvartanī*），對實有論者、正理學者、阿毗達磨論者等的遮破，也同樣可理解為對不同戲論的辯破。

各種衍生分別的「心行言語」之戲論，中觀宗總納為「有」、「非有」、「有非有」、「非有非非有」四邊，故云離戲論必須離四邊。近代流行定義「空性」為「無實自性」，不但與《中論》依「空用」、「空性」、「空義」來建立此教法的意趣相去極遠，而且這樣的概念化、口號式的理論定義，硬將「無自性」、「空」等標籤外加於諸法，不也就是另一種的戲論建立？僅依這類標籤，如何能由觀修而現證無生亦無滅、心行言語斷的緣起實相？

藏傳甯瑪派的近代論師不敗勝海（Mi pham rgya tsho, 1846-1912），於註疏《中論》此偈頌時，亦加上一句：「汝所謂之『空性』，實未能通達能寂息邊見戲論自性之（空）用，而將此用誤解為僅遮破『有』邊，根本未曾了知其真實之用。我等於此所說之見地，卻非如此。」不敗尊者此中所說，乃針對噶丹派（dGe ldan pa）的「唯空見」（stong rkyang）而言[25]。然而，近代漢土對空性的認知，其實也犯上同一錯誤，僅僅遮破諸法「有」自性，便以此定義為「空性」。這樣的處理，極其量亦只能算是遮破了四邊戲論中的一邊而已。若說：「既辯破了『有』邊，『無』邊亦自然不能成立，如是『有非有』與『非有非非有』亦便同時遮破」，則此只能說是粗陋的言詮推論，本身即為「戲論」，絕非觀修的抉擇與決定。

25 參不敗尊者《決定寶燈》（*Nges shes rin po che'i sgron me*），漢譯見談錫永註譯《決定寶燈》，台北：全佛文化，2009。

將「空性」定義為一輪邏輯推理而得的結論，肯定與《中論》原來的論旨背道而馳。因此本節開首乃說「近代漢土對龍樹思想的瞭解，出現了嚴重的偏頗，以及過度的低矮化」。

由於「空性」僅為一種引導學人現證離戲論分別以自證諸法實相的方便建立，因此龍樹緊接下來的三句頌，便明言：

諸佛依二諦　為眾生說法
一以世俗諦　二第一義諦　（24.8）

若人不能知　分別於二諦
則於深佛法　不知真實義　（24.9）

若不以俗諦　不得第一義
不得第一義　則不得涅槃　（24.10）

此幾句頌，可能字面意思似乎易解易懂，近代不少佛學論著及法師居士講經時，都特別喜歡引用。但就筆者所見，此等引述，往往都是從《中論》憑空截取這幾句偈頌，而鮮有顧及其上文下理，更不會考慮何以龍樹於說過「汝今實不能…」一頌駁斥問難者後，即立刻引入「二諦」的討論。而且，對於偈頌中所指的「世俗諦」與「勝義諦」（「第一義諦」）為何，亦莫衷一是。有等認為「世俗諦」即指「緣起」、「勝義諦」則指「空性」，以上引黃家樹一書為例，當中便有說到「我們所見的事物，都由眾緣所成，並無實體，這些我們知見的事物，就是世俗諦；當我們從緣生的事物眾，覺悟到百份之百無自性，那時，便說是證悟勝義諦」[26]。然而，若已假定「空性」是由於「一切法無常，所以無實自體，也就是無實自性。

26 黃家樹《中觀要義淺說》，頁153。

無自性，無自體，所以說是『空』」[27]這樣推敲而得來的結論，且謂「『緣起』、『性空』、『中道』是同一理的不同說法」[28]，那又如何能將同一個概念分成「世俗」與「勝義」？

其實若瞭解上來對「空用」、「空性」、「空義」的建立，則應於此體會到，所謂「空」，並非勝義諦。勝義諦者，唯是「心行言語斷」、「自知不隨他」、過諸戲論的無分別智境界；證入此勝義智境，須依「空」此教法之「功用」。因此，「空」就是引導行者證入「勝義」的「世俗」建立。[29]

說「空」為「世俗」，不是慣了近代解讀大乘經論模式的學人所能接受，但《中論》的論義，確為如此。上引三頌的頌義就是說明，諸佛依「勝義」、「世俗」二諦而為眾生說法，若不了知二者的建立，則不能悟入佛法的甚深真實義；此中，「空」為世俗諦的建立，依其功用（「空用」）能令學人離諸戲論、證入無分別智（「空性」）的實相境界（「空義」），是即為勝義諦。若不證得勝義，則不得涅槃。

依此論義，乃有下來緊接的兩句偈頌：

不能正觀空　鈍根則自害
如不善咒術　不善捉毒蛇　（24.11）

世尊知是法　甚深微妙相
非鈍根所及　是故不欲說　（24.12）

此處明白可見，討論的主題仍是環繞着「空」而言。在

---

27 上揭書，頁46。

28 上揭書，頁47。

29 此可留意，若只局限於心識建立的戲論境界，則可以說世間為世俗、超越戲論之空性為勝義。相比上文所言，此為較下次第的抉擇。

此之前的三句頌，不是平白無端的岔開一筆，忽然說及「二諦」，而是向問難者表明，所謂「空」者，非可執實為真實的「勝義諦」，不過是一種方便的世俗建立。如是依着「空用」、「空性」、「空義」來理解，才是「**正觀空**」，否則「空」的教法只會令學人自害，如捉蛇者不善治蛇之咒術而為之噬咬。因此，世尊才不欲說此甚深微妙的大乘法。

此〈觀聖諦品〉的偈頌至此為止，已為批判及曲解「空」者，有條不紊地道出大乘之「空」是如何成立的。由於「空」亦僅為世俗建立，是故大乘行者並無犯上「着空」的過失；然而，此等所謂「過失」，於「**正觀空**」時實不存在：

> **汝謂我着空　而為我生過**
> **汝今所說過　於空則無有**　（24.13）

再下來的一頌，卻是「三是偈」與「二諦偈」之外，最受曲解的另一頌：

> **以有空義故　一切法得成**
> **若無空義者　一切則不成**　（24.14）

現今流行對此句的解讀，一般都是說：因為有「空」的義理，所以一切法才得成就；若無「空」的義理，一切法就不可成就；也就是說，一切法由因緣和合而成，而緣起即「空」，是故無有自性的一切法才可以依緣成就。

此解說中，其實有一盲點是論說者不自覺地犯上的，那就是當中的思路，一直是兜圈盤旋、自圓其說。可不是嗎？首先，一方面把「空性」定義為「緣起無實自性」，另一方面又肯定一切法都是緣起的、無自性的，那當然歸結到一切法都是空性；然後於此，又再一次說因為有空的義理，一切法才能成就。理論好像很圓滿，以為是有着嚴謹的因明邏輯而證成，但理路上其實是「自欺欺人」，因為所有的論點，都是環繞着既定的定義來發揮的。假設有外道先肯定一切事物皆由造物主所造、又肯定一切事物有造物主性，那麼他們也一樣可以改此頌為「有造物主故，一切法得成」。那就是，先立結論，然後才依結論論證。

其次，若比較梵本，亦可見得這種解說，不過是依着鳩摩羅什的譯本來依文解義。梵本此句作：

sarvaṃ ca yujyate tasya śūnyatā yasya yujyate/
sarvaṃ na yujyate tasya śūnyaṃ yasya na yujyate//

此中「yujyate」一字，不是成就或成立的意思，而是指「應理」、「合理」。是故此句的原意是：

若「空性」應理，則一切皆應理；若「空性」不應理，則一切皆不應理。

波羅頗蜜多羅譯的《般若燈論》，此句作：「**若然於空者，則一切皆然；若不然空者，則一切不然**」，比鳩摩羅什譯，可說是更貼近梵本原意。原頌並非說「因為有『空』的義理，所以種種事物（『**一切法**』）都得以成就」，而是謂此中所說的「空用」、「空性」、「空義」若為應理的話，則一切教法悉皆應理——偈頌中的「**一切**」（而不是什公譯本所說的「**一切法**」），實指佛陀的教法，非指種種事物[30]——否則，

30 Mark Siderits 與 Shoryu Katsura 依梵本合譯的英譯《中論》，註解部份主要依據月稱釋。對於此頌所說「**一切**」，即有特別提到：「By "all" is here meant the central teachings of Buddhism, which the opponent claimed the Madhyamaka doctrine of emptiness jeopardized.」見 Mark Siderits and Shoryu Katsura, trans., *Nāgārjuna's Middle Way: Mūlamadhyamakakārikā* (Boston: Wisdom Publications, 2013): 276。

例如四諦、見諸法如幻、無生、離戲論等教法，都不應理。[31] 此說正是回應此品開首問難者的責難，謂「空性」說破壞佛法僧與世俗。如此解讀，方能連貫此品的文理，否則如流行的解法，則龍樹先批評問難者不能「知空空因緣，及知於空義」，然後便無端搬出幾句有關「二諦」的偈頌，再回過頭來又批評不能正觀空者為「鈍根」、當會如不善咒術而捉蛇者般「自害」；此後，卻又好像欲以邏輯證成唯有「空」義才能讓一切事物得以成立。如是思路極為紊亂，焉可算作龍樹的本懷？

龍樹由此決定「空」教法應理，並反責詰難者以戲論見來定義「空」，然後將此具分別之「空見」加於大乘教法之上。這樣的做法，猶如盜馬之人坐於盜回來的馬上，卻反指他人盜馬（是為月稱註釋所舉之喻）。如此曲解「空」，其出發點不過是維護「有」等邊見，但依此觀點來見諸法，則必然決定諸法具有自性，如是即違反緣起、因果，是即破壞世俗一切，恰是問難者對「空」教法的批判：

汝今自有過　而以回向我
如人乘馬者　自忘於所乘　（24.15）

---

31 此可參考清辯的註疏，此云：「此謂『正見空』者，何等為『一切皆然』？謂有起等。云何『然』耶？謂有無等及眼等，皆自體空，如幻丈夫，丈夫自體空。何以故？一切藉眾緣聚集為體故。云何為體？體謂苦也。云何為苦？謂此起者名苦，見苦等行名為苦諦。云何為集？謂起苦因者名集。復次集者，謂從此起苦故名集，若見集等行名為集諦。滅苦因者名之為滅，見滅等行名為滅諦。為得滅苦因方便故，而名為道。若見道等行名為道諦，彼聖諦如是有故其法得成，以自然智覺，於一切行故乃名為佛隨順聲聞說者。如經言：佛告諸比丘，如是苦者，我於往昔不聞諸法中，得眼起智起明起覺起，是等諸體自體皆如幻故，第一義中見無起等，名見聖諦。如《文殊道行經》說：佛告文殊師利，若見一切諸法無起，即解苦諦；若見一切諸法無住，即能斷集；若見一切諸法畢竟涅槃，即能證滅；文殊師利，若見一切諸法無自體，即是修道。以是義故。摩訶衍中聖諦道理得成；道理成故，智慧得成；智慧成故，一切皆可然。若誹謗空者，如上偈說。若不然空者，一切皆不然。」T1566，頁125-126。

若汝見諸法　決定有性者
即為見諸法　無因亦無緣　（24.16）

即為破因果　作作者作法
亦復壞一切　萬物之生滅　（24.17）

至此，龍樹才舉出所謂的「三是偈」，以「緣起」、「空」來樹立大乘之「中道」：

眾因緣生法　我說則是空
亦為是假名　亦是中道義　（24.18）

認識了此品的文理為基礎，當可深入此偈頌的法義：

依緣而起的一切法，從佛陀的圓滿證智境中看來，都是「空」的；但此所謂「空」，不過是假名而已，亦即是一個代號。此代號所代表的，是由離諸戲論（「空用」）的無分別智（「空性」）觀照的真如實相（「空義」）。亦即是說，於真如境界中，對緣起諸法，不作增減、不起生滅等諸戲論想，且離能所、名言，如實而見，這才是對大乘「中」義的實踐和現證。此如幻師見幻人、如智者見陽燄，非於緣起層面堆砌戲論邊見以建立「空」，而是不落於緣起以見其實相。

對於此第18頌，龍樹或即總括《阿含》中《第一義空經》的義理而造。此經云：

> 如是我聞：一時佛住拘留搜調牛聚落。爾時，世尊告諸比丘：我今當為汝等說法，初中後善，善義善味，純一滿淨，梵行清白，所謂「第一義空經」，諦聽善思，當為汝說。云何為「第一義空經」？諸比丘，眼生時無有來處、滅時無有去處，如是眼不實而生，生已盡滅，有業報而無作者。此陰滅已，異陰相續，除俗數法。耳鼻舌身意，亦如是說，除

> 俗數法。俗數法者，謂此有故彼有、此起故彼起，如無明緣行、行緣識，廣說乃至純大苦聚集起。又復此無故彼無、此滅故彼滅，無明滅故行滅、行滅故識滅，如是廣說，乃至純大苦聚滅。比丘，是名「第一義空法經」。佛說此經已，諸比丘聞佛所說。歡喜奉行。[32]

此中所說佛陀現證的「第一義空」，純一滿淨，其境界形容為「眼生時無有來處、滅時無有去處，如是眼不實而生，生已盡滅，有業報而無作者」，是即有如《中論》歸敬偈所言「不生亦不滅」、「不來亦不出」。此為離戲論的證智境界，若以「假名」（「俗數法」）說之，則為「第一義空」，所觀照者，即為「緣起」（「謂此有故彼有、此起故彼起，如無明緣行、行緣識，廣說乃至純大苦聚集起。又復此無故彼無、此滅故彼滅，無明滅故行滅、行滅故識滅，如是廣說，乃至純大苦聚滅」）。如是，始為「善義善味」的中道。值得留意的是，經文中是先道出智者所見諸法「無來無去」的第一義空境界（亦即《中論》的八不境界），然後才以「假名」空來說依此境界而觀照的「緣起」，卻非從諸法皆緣起而說無實自性故「空」。此即如《入楞伽經》之先說「佛內自證趣境」，然後依此境界觀照一切緣生法。

於《六十正理論》，龍樹其實亦已多說此義，唯不受重視而已。例如論中說：

> 聖者於諸法　智見如影像
> 於彼色等境　不墮事泥中[33]

---

32 T335，頁92。

33 依任杰譯。

此謂聖者於諸法，實由其證智境界而見，而所見色等境，非見為實有自性，而是「空」如影像。如是照見依緣而起之諸法實為無生，是故不墮於執有實事之泥沼中。

如此理解「緣起」、「空」、「中道」，才能把龍樹的思想跟佛經接軌。若一句「緣起無自性故空」就了，何須經籍中的各種譬喻、各種觀照境界，以及有關三身、菩提心、如來藏等教法？

二、龍樹空觀・瑜珈行・如來藏

龍樹於《中論》其實亦已明說，不可執取「空」為「見」（dṛṣṭi），此如〈觀行品〉所言：

> 大聖說空法　為離諸見故
> 若復見於空　諸佛所不化　（13.8）

此句梵文，說明勝者（Jina）乃為離諸見（sarvadṛṣṭi）而說「空性」（śūnyatā），然若執取空性見（śūnyatadṛṣṭi），則無可調伏。[34]此即《寶積經》所言：

> 復次，迦葉，非無人故名曰為空，但空自空。前際空、後際空、中際亦空。當依於空，莫依於人。若以得空便依於空，是於佛法則為退墮。如是，迦葉，寧起我見積若須彌，非以空見起增上慢。所以者何？一切諸見，以空得脫；若起空見，則不可除。

34 śūnyatā sarva*dṛṣṭīnāṃ* proktā niḥsaraṇaṃ jinaiḥ/ yeṣāṃ tu śūnyatādṛṣṭis tān asādhyān babhāṣire//

所謂以空為「見」，即是對「空」作概念化的認定，亦即依於一些簡單邏輯推演而確立的言詮定義，如說「一切法都無有實自性，唯依緣而現起，是故乃說為『空』」這類對「空」的定義，即是為「空」所定的概念，其即為「見」。

如何可離戲論而見諸法真實，由是不以「空性」為見？此即上一節引龍樹《中論·觀四諦品》依「空用」、「空性」、「空義」而說空，依「空」的教法作抉擇與決定，納於學人次第離戲論分別的觀行境中，而不以之作為一概念定論。如此依三科而說「空」，除上一節所說可理解為體性、境相、功用三者以外，其實亦可視之如藏傳佛教對學佛過程之總歸為「基」（gzhi）、「道」（lam）、「果」（'bras bu）三者的意趣：此即以無分別智（「空性」）為「基」、以離一切戲論（「空用」）為「道」、以現證真如實相（「空義」）為「果」，如是作為一切大乘修學的根本。

是故，龍樹的空觀，非依概念而確立諸法「無實自性」，否則只是於諸法外加「無實自性」的標籤，與承許諸法「有實自性」者，僅五十步與百步之別。復引《寶積經》的說法：

> 如是迦葉，菩薩欲學是《寶積經》者，常應修習正觀諸法。云何為正觀？所謂真實思維諸法。真實正觀者，不觀我、人、眾生、壽命，是名中道真實正觀。復次，迦葉，真實觀者，觀色非常亦非無常，觀受想行識非常亦非無常，是名中道真實正觀。

所謂「中觀」（中道真實正觀），並不是落於「有」、「無」等四邊而見諸法而說一切法「有自性」、「無自性」，或「有常」、「無常」，而是「非有常亦非無常」、「非有自性亦非無自性」。如是離「有」、「非有」、「有非有」、「非有非非有」四邊戲論，真實而見諸法，始為「中道」。此中能覺者，為無分別智；所覺者，為緣起諸法之真如 —— 然此說「能覺」、「所覺」，僅是方便表述而已，於真實中，覺則無有能所，無分別智境與識境真如都成一味。

如此解讀，可說是龍樹中道或龍樹空觀的密意。此重密意，實亦見於《般若》等大乘經籍。此如《八千頌般若波羅蜜多經》（*Aṣṭasāhasrikā-prajñāpāramitā*）的說法，正是龍樹造《中論》之所依。經中說「如來真如即五蘊真如，五蘊真如即世間真如」[35]，於《中論》即說為「如來所有性，即是世間性；如來無有性，世間亦無性」（22.16）、「涅槃與世間，無有少分別，世間與涅槃，亦無少分別；涅槃之實際，及與世間際，如是二際者，無毫釐差別」（25.19-20）；又如經云「當知一切如來、應、正等覺，皆依般若波羅蜜多，證一切法真如究竟，乃得無上正等菩提」，此中「證一切法真如究竟」即《中論》之「空義」、「乃得無上正等菩提」即「空性」、而「皆依般若波羅蜜多」亦即「空用」。兩者說法一致，唯所用名言不同而已。

由此可見，龍樹《中論》實為闡釋般若法門而造，而非確立「諸法緣起是故性空」的理論之作；所謂「空」者，即是「般若波羅蜜多」，即是「真如」，即是「無分別智」，唯言說的角度和側重有所不同而已。

此間的說法，亦為瑜伽行派（Yogācāra）所重。無著（Asaṅga）的《攝大乘論》即有頌言：

35 此依玄奘譯，《大般若波羅蜜多經》第四分，見 T220，頁 813。

諸菩薩所緣　不可言法性
是無分別智　無我性真如
諸菩薩行相　復於所緣中
是無分別智　彼所知無相
…
如虛空無染　是無分別智
解脫一切障　得成辦相應
如虛空無染　是無分別智
常行於世間　非世法所染

其後的註釋，且謂：

> 般若波羅蜜多與無分別智，無有差別，如說菩薩安住般若波羅蜜多非處相應，能於所餘波羅蜜多修習圓滿。云何名為非處相應修習圓滿？謂由遠離五種處故：一、遠離外道我執處故；二、遠離未見真如菩薩分別處故；三、遠離生死涅槃二邊處故；四、遠離唯斷煩惱障生喜足處故；五、遠離不顧有情利益安樂住無餘依涅槃界處故。

近世學人往往因着「性空唯名」、「虛妄唯識」等判教，而視中觀與瑜伽行如水火之不相容。實際而言，撇開名相的執拗，兩宗其實都是發揚《般若經》的法門：兩者依不同方便，皆教授行者如何遠離自心的分別或戲論，由是如實直觀諸法真如，現起無分別智。

對於此段《攝大乘論釋》，印順法師有特筆解說，謂：

> 般若經中的安住般若，依龍樹菩薩說，是實相般若。實相是如如境，般若是如如智，智如冥一，即

> 智即如，即如即智，正指這融然一味的聖境，叫安住實相般若。安住這樣的般若波羅蜜多中，修習其餘的波羅蜜多，不唯布施持戒等五，連般若波羅蜜多（指智慧）都能修學圓滿。非處相應，就是無住或不住，奘譯大般若經作「應無所住為方便而修般若」。非住即是離戲論住，實即非住而住，無住就是無所得，表示不著。現在說非五種處而於般若相應，安住般若中，也就是無所住而住的意思。[36]

此段解說，卻令學人困惑。

首先，印順謂龍樹所說的「實相般若」，即是實相與般若相融、亦即如如境與如如智契合一味的境界。上引《般若經》謂「當知若一切如來、應、正等覺真如，若一切有情真如，若一切法真如，如是真如皆不相離、非一非異，非一異故，無盡、無二亦無二分，不可分別」，此即說如來現證真如之覺智，與凡夫有情之心真如，以及緣起諸法之真如本性，三者非一非異、無二無別，皆不相離。依本文上一節的討論，此「融然一味的聖境」，正正是方便稱為「空性」（「亦為是假名」）的境界。然而，印順對「空性」卻另作定義，僅以「無實自性」之概念而作確立。這其實是脫離了以所謂「實相般若」為骨幹來闡釋「空性」，而令不少學人執取「無實自性」之見來認識「空性」。

其次，印順總結安住般若的修學，為「無所住而住」。若依《金剛經》的說法，即是「諸菩薩摩訶薩應如是生清淨心：不應住色生心，不應住聲、香、味、觸、法生心，應無所

---

36 印順《攝大乘論講記》（台北：正聞出版社，1998），頁460。

住而生其心」[37]。鳩摩羅什此譯，一如上節談到的「三是偈」，都是漢土學人琅琅上口的優美譯文，且亦易令人引生玄想，例如歷代研究何謂「應無所住而生其心」的論著，便有不少。此句的梵文原文，比較平實，所說的是：

> 菩薩摩訶薩應如是生起無住心，是即生起不住任何處之心，應生起不住色之心，應生起不住聲、香、味、觸、法之心。[38]

此說菩薩摩訶薩，不生起住於色、聲、香、味、觸、法等所緣境之心，由是現起無住心（apartiṣṭhitaṃ citta）。是即學人於所見、所聞、所嗅、所嚐、所觸、所想，都不起分別心、都不依概念而取著，如是亦離能所、離諸戲論，而得現起於一切無住之如如智、如如境。依譬喻而言，此即謂見空性如虛空，見一切法如夢、幻、露、泡、影、電、雲等。換一個角度來看，此亦即以無分別智現觀諸法真如，不復生起住於內、外、色、聲等之分別心，此如如智與如如境「融然一味的聖境」，即方便名之為「實相般若」，亦可說之為「空性」。然而，若執持「無實自性故空」的解讀，卻正是把心住於簡陋邏輯的推論境界，是為「有所住而住」，與般若的修學背道而馳。

其三，是同一「智如一味」的境界，於《佛性論》中，即說為「如來藏」。論中的《如來藏品》所說「三藏義」，亦即所攝藏、隱覆藏及能攝藏，其中「所攝名藏」對「如如智稱

---

37 大正・八，頁 749。

38 bodhisattvena mahāsattvenaivam apartiṣṭhitaṃ cittam utpādayitavyam / yan na kvacitpratiṣṭhitaṃ cittam utpādayitavyam / na rūpapratiṣṭhitaṃ cittam utpādayitavyam / na śabdagandharasaspraṣṭavyadharma pratiṣṭhitaṃ cittam utpādayitavyam //

如如境」解說如下:

> 如來藏義有三種應知。何者為三。一所攝藏，二隱覆藏，三能攝藏。一、所攝名藏者，佛說約住自性如如，一切眾生是如來藏。言如者有二義。一如如智，二如如境。並不倒故名如如。言來者，約從自性來。來至至得，是名如來。……譬如水性，體非清濁，但由穢不穢故，有清濁名。……應得至，是二種佛性亦復如是。同一真如，無有異體。……一切眾生悉在如來智內，故名為藏。以如如智稱如如境故，一切眾生決無有出。如如境者，並為如來之所攝持，故名所藏。眾生為如來藏。……二隱覆為藏者，如來自隱不現，故名為藏。……三能攝為藏者，謂果地一切過恆沙數功德，住如來應得性時，攝之已盡故。[39]

當然，近代不少學者懷疑《佛性論》的真偽，認為不是世親菩薩所造，又或僅許其為真諦譯師所傳的如來藏。於此，我們且不牽涉到此論的真偽之爭，而僅就論中說「一切眾生悉在如來智內，故名為藏。以如如智稱如如境故，一切眾生決無有出」的法義而言，則甚合印順法師說為「智如冥一，即智即如，即如即智」的「實相般若」境界，唯法師忽視此境界即為「如來藏」，不依經教而對之另作定義為「真常唯心」。

而且，即使不依《佛性論》，所謂「如來藏」，佛典亦從未說之為「真常唯心」之本體；不論是如來藏經如《不增不減》、《勝鬘》，又或是論疏如《寶性論》等，咸皆以如來藏

39 大正・三十一，頁 795-796。

為「境界」。此如《不增不減經》所言：

> 爾時世尊，告慧命舍利弗：此甚深義乃是如來智慧境界，亦是如來心所行處。舍利弗，如是深義一切聲聞緣覺智慧所不能知、所不能見，不能觀察，何況一切愚癡凡夫而能測量？唯有諸佛如來智慧，乃能觀察知見此義。舍利弗，一切聲聞緣覺所有智慧，於此義中唯可仰信，不能如實知見觀察。舍利弗，甚深義者即是第一義諦，第一義諦者即是眾生界，眾生界者即是如來藏，如來藏者即是法身。[40]

經中明說「不增不減」此甚深義，乃如來現證的智境，亦是如來之心行，此亦如來的如如智與如如境「融然一味之聖境」，非依凡夫具戲論分別之心所能知。此「聖境」亦說為「第一義諦」（勝義諦），上一節討論《中論・觀四諦品》第8至10頌，已解釋「第一義諦」唯是「心行言語斷」、「自知不隨他」、過諸戲論的無分別智境界；此亦說為「眾生界」，因為「如來真如即五蘊真如，五蘊真如即世間真如」，非於眾生界以外另有一如來智境。這樣於眾生界具足如來之如如智與如如境融然一味的「聖境」，即名為「如來藏」，是亦即為「如來法身」。

正是因為「如來藏」為此契證諸法「空性」之如如聖境，於《勝鬘經》才有「如來藏智，是如來空智」的說法。經中闡釋此「如來空智」可有兩種，是為「空如來藏」與「不空如來藏」：

> 世尊，有二種如來藏空智。世尊，空如來藏，若離

40 大正・十六，頁467。

> 若脫若異一切煩惱藏。世尊，不空如來藏，過於恆沙不離不脫不異不思議佛法。世尊，此二空智，諸大聲聞，能信如來，一切阿羅漢辟支佛，空智於四不顛倒境界轉。是故一切阿羅漢辟支佛，本所不見，本所不得，一切苦滅，唯佛得證，壞一切煩惱藏。修一切滅苦道。[41]

是知所謂「空如來藏」與「不空如來藏」，都與本體無關，非如批判如來藏學說所以為此教法是「空」後再轉出一個「不空」的執實，又或僅許現象為「空」、然卻承許現象背後有一形而上的真實「不空」之本體。佛典中的解說，只是方便把兩種「空智」稱為「空如來藏」與「不空如來藏」，前者依空智現觀諸法而離一切戲論分別（「若離若脫若異一切煩惱藏」），而後者則依空智如實而見緣起諸法，亦即現見諸法真如、現證法界功德（「不離不脫不異不思議佛法」）。「空如來藏」與「不空如來藏」同時現證，即是以無分別智觀照諸法而離戲論，契入緣起諸法之如如境。

因此，不論是《般若》教法、龍樹空觀、瑜伽行派所說與虛空無異之無分別智，以及如來藏的兩種空智等等，皆義理一貫，實非如近代漢土流行的說法，把大乘教法截然割裂為三種矛盾且彼此相違的思想。此中的討論，意在指出中觀宗所說離戲論的「空性」境界、直觀緣起的「實相般若」，與瑜伽行派由超越唯識而證入的無分別智法性境，以至如來藏經論標舉的「空如來藏」與「不空如來藏」等兩種「如來藏空智」，其實都是說同一證智境界，唯言說施設角度上有不同的側重而

41 大正・十二，頁 353。

已。中觀宗所重，由各種辯證以令學人離戲論來抉擇諸法的如如體性；瑜伽行派所重，由觀修引導行者次第離分別證得離言法性。至於如來藏思想所重，則在於此證智境界的「本初清淨大平等性」。

然而，印順法師的理解，卻剛於此相反。他於《如來藏之研究》開首即如此說明：

> 『不增不減經』所說的法身（dharma-kāya），也是如來藏的別名。從這立場的宗依來說，與中觀家「以有空義故，一切法得成」不同；也與瑜珈家依虛妄分別的阿賴耶（ālaya）識為「所知依」不同。如來藏說有獨到的立場，富有「真我論」的特色。由於如來藏說以經典為主，所以重論的學派，如西藏學者，只承認大乘的「中觀見」與「唯識見」，而不承認「藏性見」的存在。[42]

就此印順為其專著所作的一段開場白，其實有不少值得商榷的地方。首先，把「瑜珈家」定義為「依虛妄分別的阿賴耶識為所知依」，已是規限瑜珈行派的思想為後期唯識學派的宗見，而置早期「瑜珈行古學」以無垢真如、無分別智、心真如等為「所知依」的說法於不顧。其次，此謂如來藏富有「真我論」的特色，則只為印順一向對如來藏的定義而已，與如來藏經論的說法無關。其三，說「以有空義故，一切法得成」為中觀家宗見，其實也是印順對「緣起性空」的個人理解，而論頌的本義，卻非如此，見本文上一節的討論。其四，由對中觀、瑜珈行、如來藏都另加定義的情況下，說三者「不同」，

42 印順《如來藏之研究》，頁 2。

也就不為出奇矣。最後，說西藏佛教為「重論的學派」，只承認中觀瑜珈而不承認如來藏，亦非恰當的判定。其實，西藏佛家各派皆經論並重，而主要學派中，除格魯派（dGe lugs pa）外，都以如來藏為了義教說，而即使格魯派亦非「不承認」如來藏，唯視之為不了義說，且認為強調眾生都有佛性可能引發行者不重現觀修。

或許我們可以先撇開「如來藏」此名相，而換一個角度來問：上來所說亦即如如境與如如智契合一味的實相般若境界，是否行者經修持而新得的智境，抑或是行者的雜染心識已本來具足此清淨境界？又，諸法真如，是否「本來清淨」？

有關此等詰問，其實《八千頌般若經》已有解答。經云：「善現，當知若一切如來、應、正等覺真如，若一切有情真如，若一切法真如，如是真如皆不相離、非一非異，非一異故，無盡、無二亦無二分，不可分別」、「善現，當知一切如來、應、正等覺，皆依般若波羅蜜多，能如實覺諸法真如、不虛妄性、不變異性。由如實覺真如相故，說名如來、應、正等覺」。由是，真如非為新得，一切法與一切有情，皆具足真如，而且亦與一切如來所覺知的真如，不可分別。由是，經中乃決定真如不虛妄、不變異，卻與虛妄而變異的一切世間有為法不相離。

此非《般若》的一家之言。同樣的說法，見於早期部派時代的佛典，如《雜阿含》第296經[43]：

> 如是我聞：一時，佛住王舍城迦蘭陀竹園。爾時，

43 此即《相應部》（*Saṃyutta Nikāya*）因緣品（*Nidāna Vagga*）第20經。英譯見 Bhikkhu Bodhi, trans., *The Connected Discourses of the Buddha: A Translation of the Saṃyutta Nikāya* (Boston: Wisdom Publications, 2000): 550-1。

> 世尊告諸比丘：我今當說因緣法及緣生法。
> 云何為因緣法？
> 謂此有故彼有，謂緣無明行，緣行識，乃至（緣生有老死），如是如是純大苦聚集。
> 云何緣生法？
> 謂無明、行……。若佛出世，若未出世，此法常住，法住、法界，彼如來自所覺知，成等正覺，為人演說，開示、顯發，謂緣無明有行，乃至緣生有老死。若佛出世，若未出世，此法常住，法住、法界，彼如來自覺知，成等正覺，為人演說、開示、顯發，謂緣生故有老病死、憂悲惱苦。此等諸法，法住，法定，法如，法爾，法不離如，法不異如，審諦、真、實、不顛倒。如是隨順緣起，是名緣生法，謂無明、行、識、名色、六入處、觸、受、愛、取、有、生、老病死憂悲惱苦，是名緣生法。[44]

於此分別「因緣法」與「緣生法」，其實即分別指緣起的現象與緣起的法則。緣起現象有生有滅，依緣而幻起種種輪轉現象；然緣起法則卻為常住，若佛出世、若未出世，皆是「法住」（dhammaṭṭhitatā）、法定（dhammaniyāmatā），而且「法不離如、法不異如」，「法如、法爾」，一切法的如如法性常住，為彼如來自所覺知。此中所說，即與《般若》中的真如無異。所言「第一義空」者，即是對此「若佛出世、若未出世，此法常住，法住、法界」的「自覺知」，「成正等覺」，是即同《般若》所言，「一切如來、應、正等覺，皆依般若波羅蜜多，能如實覺諸法真如、不虛妄性、不變異性」。

---

44 大正・二，頁84。

《楞伽》為「如來藏」的根本經之一，當中的〈如來常無常品〉，亦引用《雜阿含》此篇，以說明證智境界之「常」：

> 然而，大慧，由別義卻可說如來為常。何則？由現觀所證之智，如來即常。大慧，此智，為如來應正等覺現觀所起，故實為常。無論如來出世不出世，法性常住（sthitā-eva-eṣā-dharmatā），此（法性）可見於一切二乘外道所得覺中而為法決定（dharma-niyāmatā）、法住（dharma-sthititā）。此法住，非如虛空之空。是非凡愚及淺智者所能知。[45]

既然諸法真如本來如是，一切有情的心真如，又豈為例外？我們又怎可否定有情的雜染心亦具如如本性？

事實上，瑜珈行古學即循此「心真如」（citta-tathatā）或「法性心」（dharmatā-citta）的角度，來闡釋「如來藏」。此如《大乘莊嚴經論》（*Mahāyānasūtrālaṃkāra*）的〈隨修品〉所說：

> 已說心性淨　而為客塵染
> 不離心真如　別有心性淨

> 釋曰：譬如水性清淨而為客垢所濁，如是心性自淨而為客塵所染，此義已成。由是義故，不離心之真如別有異心，謂依他相說為自性清淨。此中應知，說心真如名之為心，即說此心為自性清淨。此心即是阿摩羅識。[46]

---

45 依談錫永《入楞伽經梵本新譯》，頁 188-9。

46 大正・三十一，頁 623。

所謂「不離心之真如別有異心」，也就是上引《雜阿含經》言「法不離如、法不異如」的意思，亦即《般若》所說「當知若一切如來、應、正等覺真如，若一切有情真如、若一切法真如，如是真如皆不相離、非一非異」。是故有情心恆具真如，自覺知者即說此心「自性清淨」，離客塵垢染。此本來清淨的法性心，於《大乘莊嚴經論》成論前後結集的大乘經籍，即名之為「如來藏」。如同論言：

一切無別故　得如清淨故
故說諸眾生　名為如來藏

釋曰。此偈顯示法界是如來藏。「一切無別故」者，一切眾生一切諸佛等無差別，故名為如；「得如清淨故」者，得清淨如以為自性，故名如來。以是義故，可說一切眾生「名為如來藏」。[47]

此外，《雜阿含》另有一經（1246經），同樣貫徹如來藏的義理：

如是我聞：一時，佛住王舍城金師住處。爾時，世尊告諸比丘：

如鑄金者，積聚沙土，置於槽中，然後以水灌之，剛石堅塊隨水而去，猶有麤沙纏結。復以水灌，麤沙隨水流出，然後生金猶為細沙黑土之所纏結。復以水灌，細沙黑土隨水流出，然後真金沌淨無雜，猶有似金微垢。然後金師置於爐中，增火鼓韛，令其融液，垢穢悉除；然其生金猶故不輕，不軟，

47 大正·三十一，頁604。

光明不發，屈伸則斷。彼鍊金師、鍊金弟子，復置爐中，增火鼓鞴，轉側陶鍊，然後生金輕、軟、光澤，屈伸不斷，隨意所作。釵、鐺、鐶、釧諸莊嚴具。如是淨心進向比丘，麤煩惱纏，惡不善業，諸惡邪見，漸斷令滅，如彼生金淘去剛石堅塊。復次、淨心進向比丘，次除麤垢，欲覺，恚覺，害覺，如彼生金除麤沙礫。復次、淨心進向比丘，次除細垢，謂親里覺、人眾覺，生天覺，思惟除滅，如彼生金除去塵垢細沙黑土。復次、淨心進向比丘，有善法覺，思惟除滅，令心清淨，猶如生金，除去金色相似之垢，令其純淨。復次、比丘於諸三昧，有行所持，猶如池水周匝岸持，為法所持，不得寂靜、勝妙，不得息樂，盡諸有漏；如彼金師、金師弟子，陶鍊生金，除諸垢穢，不輕，不軟，不發光澤，屈伸斷絕，不得隨意成莊嚴具。復次、比丘得諸三昧，不為有行所持，得寂靜、勝妙，得息樂道，一心一意，盡諸有漏；如鍊金師、鍊金師弟子，陶鍊生金，令其輕、軟、不斷、光澤，屈伸隨意。復次、比丘離諸覺、觀，乃至得第二、第三、第四禪，如是正受，純一清淨，離諸煩惱，柔軟真實不動。於彼彼入處，欲求作證，悉能得證。如彼金師陶鍊生金，極令輕、軟、光澤、不斷，任作何器，隨意所欲。如是比丘，三昧正受，乃至於諸入處，悉能得證。佛說此經已，時諸比丘聞佛所說，歡喜奉行。[48]

48 大正・二，頁 341。

於此詳引此經，說明佛家修道，乃如陶冶礦藏之金一樣：金已然具在，冶煉只為除去雜質。是即比喻依觀修以離戲論分別，令本來清淨的真如證智顯露的過程。此中所說，與《入無分別總持經》（*Avikalpapraveśa-dhāraṇī*）之掘寶喻無異[49]，所說亦同南傳《增支部》所說「**心極光淨，而為客隨煩惱雜**」的法義。所謂「心性本淨」，也就是說心性本來就是真如的狀態，卻為戲論等煩惱垢染，是亦即上引《大乘莊嚴經論・隨修品》之所言。

於此不妨整理一下以上的長篇討論：

行者依般若法門的空觀作觀修時的抉擇與決定，由是於緣起的一切法中離諸戲論（「空用」），同時發起自覺無分別智（「空性」），又同時現證諸法之如如性相（「空相」）。此諸法真如，若佛出世、若未出世，法住、法定、法如、法爾，法不離如、法不異如。對真如的證悟，離諸言詮，亦離能所，無有能證所證之分別，自覺之無分別智與真如境融然一味，即智即如。以此境界本來清淨而非新得，故名之為「如來藏」；對此境界的覺知，名之為「如來空智」；對此覺知的境界，就其不受戲論所染而言，名之為「空如來藏空智」，而就其對法界功德、緣起諸法而言，則名之為「不空如來藏空智」。所謂「如來藏」，不過是從一個特定的角度來導引行者認識如來智境的施設而已，本身絕非甚麼為適應神教文化而建立的梵我真常思想。

49 參談錫永、沈衛榮、邵頌雄，《聖入無分別總持經對勘及研究》，台北：全佛文化，2005。經中說大寶藏為巖石所覆，石下有四重寶，是為銀、金、雜寶及摩尼寶。掘四重寶即離所對治、離能對治、離真如相、離能證智相等四重分別之喻。

我們且再從另一角度探討龍樹的空觀與如來藏思想的關聯。

西方學者治佛學，對梵文原典的校勘極為着重，卻鮮有對佛教與當時印度其他宗教的關係憑空臆度而揑造理論。例如 Christian Lindtner 仔細比勘龍樹論著及諸大乘經籍的梵本，提出龍樹其實深諳其時尚未結集的《楞伽》偈頌，且多次於《中論》、《六十正理論》（*Yuktiṣaṣṭikakārikā*）及《四讚歌》（*Catuḥstava*）等論著中引用[50]，便是近代佛學研究中甚受注目的發現。Lindtner 還着眼於梵文偈頌的韻律，細加分析，總結謂不可能是《楞伽》的結集者挪用龍樹的論頌，而最適當的解釋，就是龍樹引用當時仍屬口傳的《楞伽》偈頌。我們且看看 Lindtner 找到的其中兩個例子[51]。首先，《中論・觀成壞品》所說的：

若謂以眼見　而有生滅者
則為是痴妄　而見有生滅[52]　（21.11）

Lindtner 指出其出處，即《楞伽・偈頌品》此句：

凡愚以其愚癡見　故說有生亦有滅
若由如實而見者　實既無生亦無滅[53]

又如《中論・觀業品》的偈頌：

---

50 見 Christian Lindtner, "The *Laṅkāvatāra Sūtra* in Early Indian Madhyamaka Literature," *Asiatische Studien* XLV (1): 1992, pp. 244-279。

51 復可參閱談錫永、邵頌雄《如來藏論集》（台北：全佛文化，2006）頁15-16 所列 Lindtner 曾舉的別些例子。

52 dṛśyate saṃbhavaś caiva vibhavaś caiva te bhavet/ dṛśyate saṃbhavaś caiva mohād vibhava eva ca//

53 sambhavaṃ vibhavaṃ caiva mohāt paśyanti bāliśāḥ/ na saṃbhavaṃ na vibhavaṃ prajñāyukto vipaśyati// 譯文引自談錫永《入楞伽經梵本新譯》，頁 235。

諸煩惱及業　作者及果報
皆如幻與夢　如炎亦如響[54]　（17.33）

此亦同樣出自《楞伽・偈頌品》：

煩惱業趣以及身　作者以及果報等
是皆如陽燄如夢　亦復有如尋香城[55]

於此僅錄此二為例，讀者比較龍樹偈頌與《楞伽》偈頌的梵文，當不難覺察兩者何其吻合。持平的結論，是謂龍樹造論之時，已有現時收於《楞伽・偈頌品》的偈頌流傳，而龍樹深知其重要，故於造《中論》論頌時引用。其後，當「如來藏」的名相得以確立、而如來藏諸經亦已結集時，即有結集者把尚流傳於口授的佛乘經教，彙集而成《楞伽經》。嚴格而言，雖然《楞伽》乃弘揚「如來藏」思想的重要契經，但若僅就龍樹所引諸頌而言，我們尚未可直接斷定龍樹的《中論》，具備後世說為「如來藏」的義理。

然而，專研龍樹《四讚歌》的學者 Drasko Mitrikeski，則發表了〈龍樹與如來藏：細讀《無可喻讚》的特色〉一文[56]，當中可讓我們窺探到龍樹與如來藏思想遠流的密切關係。Mitrikeski此文集中討論《無可喻讚》中第21及22頌，並引佛學巨擘 David Seyfort Ruegg 之語，謂當中的義理，實與「如來藏」無異。此二頌如下：

54 kleśāḥ karmāṇi dehāś ca kartāraś ca phalānī ca/ gandharvanagarākārā marīcisvapnasamṇibhāḥ//

55 kleśāḥ karmapathā dehaḥ kartāraś ca phalaṃ ca vai/ marīcisvapnasaṃkāśā gandharvanagaropamāḥ// 譯文引自談錫永《入楞伽經梵本新譯》，頁 263。

56 Drasko Mitrikeski, "*Nāgārjuna and the Tathāgatagarbha*: A Closer Look at Some Peculiar Features in the *Niraupamyastava*," *Journal of Religious History*, vol. 33, no. 2 (June 2009): 149-164.

法界無二故　乘根本無別
汝說之三乘　為令有情入　（21）

常堅固清淨　汝之法性身
勝者為化度　故汝說涅槃　（22）

論頌說聲聞、緣覺、菩薩等「三乘」，只是為令有情得入無二法界而作的方便說，根本實無有分別，此說法見於《妙法蓮華經》（*Saddharmapuṇḍarīka*），是亦即天台宗稱為「會三歸一」的旨趣。《法華經》的結集，比龍樹為早，而當中〈五百弟子授記品〉中的「衣珠喻」，跟後來才結集的《如來藏經》中的如來藏九喻，亦理趣一致。也就是說，如來證智之於凡夫，依「衣珠喻」的理解，可說為真如常住具雜染的心識中；這種後來稱為「如來藏」的思想原型，早於龍樹以前的印度佛教，已通過《法華經》而得以流通。龍樹既引用《法華》「會三歸一」的經旨，是即顯示其贊同此經「開權顯實」、常具如來智慧而為煩惱覆藏等思想。

另外，偈頌中許法界無二、法性身（dharmamayakāya）為恆常（nitya）、堅固（dhruva）、清淨（śiva）等說法，更是如來藏經典中常見。如《不增不減經》所言：

> 如來藏未來際平等恆及有法者，即是一切諸法根本，備一切法、具一切法於世法中，不離不脫真實一切法，住持一切法攝一切法。舍利弗，我依此不生不滅常恆清涼不變歸依，不可思議清淨法界說名眾生。所以者何？言眾生者，即是不生不滅常恆清涼不變歸依，不可思議清淨法界等異名。以是義

故，我依彼法說名眾生。[57]

是故，《無可喻讚》雖無提及「如來藏」的名相，但義理上兩者卻無差別。Mitrikeski繼而論證，龍樹此讚歌與《寶鬘論》（*Ratnāvalī*），同樣造於與當地小乘部派東山住部（Pūrvaśaila）淵源甚深的案達羅（Andhra），而《勝鬘》此如來藏經，正是由此地傳出，傳播的學人亦與東山住部關係密切。Mitrikeski 的考證，與 Alex Wayman 論證《勝鬘》於案達羅傳出的鴻文，正好互相呼應。[58]

對於東山住部的思想，我們可以借月稱《入中論》卷二中所引用該派的《隨順頌》來作討論：

若世間導師　不順世間轉
佛及佛法性　誰亦不能知
雖許蘊處界　同屬一體性
然說有三界　是順世間轉
無名諸法性　以不思議名
為諸有情說　是順世間轉
由入佛本性　無事此亦無
然佛說無事　是順世間轉
不見義無義　然說法中尊
說滅及勝義　是順世間轉
不滅亦不生　與法界平等
然說有燒劫　是順世間轉
雖於三世中　不得有情性

57 大正・十六，頁467。

58 Alex Wayman and Hideko Wayman, *The Lion's Roar of Queen Śrīmālā*. New York: Columbia University Press, 1974, pp. 1-3.

然說有情界　是順世間轉[59]

此即是說，東山住部認為證智境界中，法性離言且不可思議、不生不滅，是為「**佛本性**」，於中無有所謂「**滅**」、「**勝義**」、「**三界**」等，然為隨順世間，故方便依名言而說。此中法義，實與龍樹《中論》所說「空」、二諦等脈絡，甚為一致。當中說及的「**入佛本性**」，亦同樣具如來藏的意趣。是故，說《勝鬘》由東山住部傳出，不論如Mitrikeski從歷史、地理的角度而言，抑或如本文從義理的角度來論述，皆不無此可能。

由此，乃間接道出龍樹論著中隱含如來藏思想，其實並非如近代學術界想像般的不可能。若就義理而言，「如來藏」的法義原來就跟般若法門契合，甚至跟《雜阿含經》「第一義空」的說法，無有相違。是故，並非一定見有「如來藏」此名相的經論，才是闡述如來藏思想的佛家經典。《入無分別總持經》全經未提「如來藏」，卻是重要的如來藏經籍之一；《法華經》如是，龍樹的《無可喻讚》、《法界讚》、《三身讚》等亦如是。

此節討論，並非謂龍樹的空觀，等同如來藏學說。以上只是引導讀者依龍樹的論頌，細加抉擇「空」義，以「空」僅為般若法門的假名施設，其目的（prayojana，功用）為令行者藉此觀修得離戲論，由是現起無分別智、覺知諸法真如。因此，如來的證智境界，亦可假名為「空」。至於此與真如無異無別的證境，則為有情內識的心真如，恆常法住、法爾，故謂心性本淨，法界亦本性清淨（prakṛti-viśuddhatvat），一切垢染皆為

59 依法尊法師譯。

客塵而已，由是凡夫心亦具「法性身」（dharmamayakāya）。前者對「空」之抉擇，即後世判別為「中觀宗」思想；後者對證智境的抉擇，則屬「如來藏」的範疇。兩者非一非異。

近世卻以龍樹空觀與如來藏為相違相異的思想，原因主要出自對大乘佛教作「性空唯名」、「虛妄唯識」、「真常唯心」的三系判教。當中把中觀判為「性空唯名」，或多或少乃出自對「**眾因緣生法，我說即是空，亦為是假名，亦即中道義**」及「**以有空義故，一切法得成**」等《中觀》論頌的誤解，以為此論旨趣，在於一方面以「空」否定諸法實有自性，另一方面則強調由於空而得緣起的種種法悉有其假名、有其功能。若認為龍樹只能寫這類的「辯證」以定義「空」及「緣起」等，那當然與如來藏說格格不入，尤其「如來藏」亦已被標籤為深具外道梵我色彩的真常思想。在此論調下，龍樹更無可能造出《法界讚》這類富有如來藏意趣的論頌矣。

然而，若讀者細味上來討論而同意筆者剖析的話，則不難看見太虛大師所作「法性空慧」、「法相唯識」、「法界圓覺」的三系判教，其實更合印度大乘佛家的要旨。

三、龍樹的讚歌

龍樹菩薩所造的論著，漢土學人所認識的，都集中於《中論》、《十二門論》及《大智度論》，間或旁及《六十正理論》，都是依辯證為主，由抉擇緣起以建立中道觀的作品。此外，《親友書》（*Suhṛllekha*）雖有三種漢譯本[60]，但當中有

60 三種譯本：1）《龍樹菩薩為禪陀迦王說法要偈》，求那跋摩譯，T1672；2）《勸發諸王要偈》，僧伽跋摩譯，T1673；3）《龍樹菩薩勸誡王頌》，義淨譯，T1674。

關佛家觀修與行持的內容，對於尚清談、喜玄思的漢地佛教徒而言，則未如《中論》般受到歷代學人高捧視為佛家辯證思想之代表作，而予以頌揚讚嘆。

另一方面，由於《中論》有不少對佛家部派思想的辯破、以及對大乘見地的回護，要讀通此論，得須懂得分辨各各部派的主張，釐清哪些偈頌設為部派對大乘「空」見的責難、哪些是龍樹的答辯；此外，漢譯的頌體由於字數限制，間亦出現一些含義甚廣的偈頌，須遷就五字為半句的譯例而強行概括偈頌的原意，讀來不易理解。因此，整部漢譯《中論》，對不少學人而言，便如「有字天書」一樣，難以深入理解。也因此，《中論》便儼如一座高山，其高聳的山影完全遮蓋了龍樹的其他論著，重要如《七十空性論》，也是民國初年時才有法尊法師的譯本。

其實，龍樹除了有關辯證中道以及闡述修行等著作以外，尚寫有一些對諸佛證智、法界、勝義等虔伸景仰的讚歌，至今仍幾乎完全被漢地佛教學人所忽略。這些讚歌，僅《法界讚》曾有舊漢譯本，卻未為各宗論師所重視。而且不論是鳩摩羅什及僧肇等古代論師，抑或是近代專研龍樹或中觀宗的漢土學者，都未見論及龍樹讚歌的思想內容，完整的《四讚歌》譯本更是缺虞。

或有人以為，《中論》論義艱澀難明，且亦為龍樹的代表作，能讀通此論已足，何須更對這類讚歌多此一顧？

然若如是，那豈非說龍樹除《中論》以外的所有論著，都是多此一舉之作？

說此等為「讚歌」，因為此題材於印度的宗教文化裏面，跟《吠陀》（*Veda*）的讚歌可謂一脈相承，都是讓行人用以歌唱頌詠以伸敬仰的頌辭，那與《中論》、《六十正理論》等雖同為頌體的論著不同。「讚歌」非只用於研讀、辯明，而更重要的就是用於日常的修持。雖然佛家不鼓勵僧眾以婆羅門之唱誦朗讀經文，如《根本薩婆多部律攝》所言：「**若作婆羅門誦書節段音韻而讀誦者，得越法罪**」[61]，但佛陀卻許可學人以清淨唱讚讚嘆佛德、歌詠說法，「**若說法時，或為讚歎，於隱屏處作吟諷聲頌經，非犯**」[62]。由是，龍樹的讚歌，其實是用於實際觀修時的唱誦，以供行者抉擇及讚頌行境，從而生起決定見之用，只是所依的音韻律調，於今已經失傳。此傳統傳入西藏後，發展成「證道歌」（nyams mgur；梵名 dohā）或「金剛歌」（rdo rje gan sung；梵名 vajragīti），傳承至今。[63]於

61 T1458，頁575。

62 同上。

63 讚歌於西藏佛教的重要，除了密勒日巴尊者（Mi la ras pa, c. 1052-1135）等留下的著名證道歌外，我們從近代甯瑪派法王敦珠無畏智金剛（bDud 'joms 'Jigs bral ye shes rdo rje, 1904-1987）所造的一份儀軌中，亦可作窺見。法王於《壇城總集供養上師金剛薩埵成就利他事業法儀》，特別提到他於三十三歲那年的正月示疾。其時，大圓滿行人圖宿多杰造乃一百甘露食子為法王獻供。翌日破曉，法王夢一女子對其作歌，醒後猶能記其歌詞，法王於是記下。從此即得種種吉祥兆，而病亦尋癒。法王向談錫永上師傳授此儀軌時，囑將所記歌詞加入作供。行者須曼聲而頌，而作觀想，並修雙運。談上師將讚歌譯出如下，譯文鏗鏘押韻，以配合讚歌體裁：

冷養坑
嗡阿吽
真實法界顱器中　清淨本覺食子供
妙欲功德如虹霓　射六光華明晃動
此即驚人大誓句　不可思議呈妙用
向三根本會聚輪　無二等持境內供
大明點中懺罪犯　無生界內二執融
願我證入根本智　起醒覺於幻惑中
成就非凡勝事業　四智如如而不動
願證俱生究竟智　無願無相體性空
本淨青春童瓶身　願能解脫此身中

漢土，則有「梵唄」的傳入，自曹植寫出《魚山梵唄》後即有其獨特的發展，通常用作法會儀注的唱讚，性質與印度配合個人觀修的「讚歌」又有所不同。是故「讚歌」此佛典體裁及應用，對漢土學人而言，始終比較陌生。

月稱論師於其著作中[64]，列舉了八種龍樹著作，當中包括：一）《大乘寶要義論》（*Sūtrasamucchaya*）；二）《寶鬘論》（*Ratnāvalī*）；三）讚歌（*Saṃstuti*）；四）《中論》（*Mūlamadhyamakakārikā*）；五）《六十正理論》（*Yuktiṣaṣṭikā*）；六）《廣破論》（*Vaikalyaprakaraṇa*）；七）《七十空性論》（*Śūnyatāsaptati*）；八）《回諍論》（*Vigrahavyāvartanī*）。其中 saṃstuti 一類，雖未有詳細指出為何論，但西方學術界認為即指《四讚歌》（*Catuḥstava*）而言。法國學者 J. W. de Jong 乃佛學界中最先留意到龍樹著有讚歌類文字的學者，但未就其內容作出研究。

事實上，有關《四讚歌》由哪四部龍樹論著所組成，近代學者各有說法。最早研究《四讚歌》的法國學者 Louis de La Vallée Poussin，認為此四部應為《無可喻讚》（*Niraupamyastava*）、《出世間讚》（*Lokātītastava*）、《心金剛讚》（*Cittavarjastava*）及《勝義讚》（*Paramārthastava*）。[65] 此說法於二十年後的 1932 年，仍得義大利學者 Guiseppi Tucci 的同意及遵從，可說是代表了早期西方佛學研究對《四讚歌》的認知。Tucci且發表了他於尼泊爾找到的《無可喻讚》及《勝義讚》的梵本，加以校訂，是為《四讚歌》最早的梵本校

64 J. W. de Jong, "La *Madhyamakaśāstrastuti* de Candrakīrti", p. 48.

65 Louis de la Vallée Poussin, "Les Quartre Odes de Nāgārjuna", in *Le Muséon* (Paris: Nouvelle Serie 14，1913): 1-18.

訂。[66]

同一時期，印度的Prabhubai Patel則發表論文，認為四部讚歌除《無可喻讚》與《出世間讚》外，則應再添上《不思議讚》（*Acintyastava*）及《超讚嘆讚》（*Stutyatātastava*）兩部而成四。當時Patel尚未得知Tucci發現的梵本，還將他選定的四部讚歌由藏文譯本「還原」為梵文。[67]

其後，Tucci另外發現了一份校訂《四讚歌總義》（*Catuḥstavasamāsārtha*）[68]梵文原典的文章，由甘露庫（Amṛtākara）所造。Tucci於西藏發現的此份文獻，卻為斷片，當中尚存的註解，僅及《不思議讚》、《勝義讚》和《無可喻讚》。Tucci認為，缺了的一首，應為《出世間讚》，因為月稱及般若作慧的論著中，多有提及《出世間讚》為龍樹之作，由是推翻了自己之前支持 La Vallée Poussin 的說法。自此，《四讚歌》的組成，幾已定調為《不思議讚》、《無可喻讚》、《出世間讚》及《勝義讚》四部。Christian Lindtner 於1982年，依據他找到的四部梵本，當中都不約而同載有此中四論，是即為Tucci的說法作出最有力的辯護。而且，從幾份梵本文獻所見，四部讚歌都是依循《出世間讚》、《無可喻讚》、《不思議讚》及《勝義讚》的順序。[69]Lindtner且把找到的四種梵本詳加整理校勘。這些梵本的勘定，意義重大，尤其西藏譯

66 G. Tucci, "The Two Hymns of the Catuḥstava of Nāgārjuna," *Journal of the Royal Asiatic Society of Great Britain and Ireland* (London，1932): 309-325.

67 P. Patel, "Catustava," *Indian Historical Quarterly 8* (1932): 316-331, 689-705.

68 See G. Tucci, "*Catuḥstavasamāsārtha*", in *Minor Buddhist Texts I* (1956), pp. 235-246.

69 Chr. Lindtner, *Nagarjuniana: Studies in the Writings and Philosophy of Nāgārjuna*. Copenhagen: Akademisk Forlag, 1982.

本間有論頌缺譯或誤刻，例如《出世間讚》第15及16頌、《不思議讚》第13及25頌等，於藏譯本都為缺漏，幸有梵本補全。

由此可見，歷來與《四讚歌》有所關涉的論著，其實共有六篇，除 Lindtner 判定的四篇外，尚有《心金剛讚》和《超讚嘆讚》。筆者因此亦把後二論譯出，讓讀者作為參考。

從內容論旨、行文用語，以至印度歷代中觀論師的引用，近代西方學者咸皆認為此等論著，悉為龍樹所造。然而，所為「四讚歌」的名稱，則直至十世紀時般若作慧（Prajñākaramati）的《入菩薩行論釋難》（*Bodhicāryāvatāra-Pañjikā*）[70]，才首見引用。至於撰作《四讚歌總義》的甘露庫，則生平不詳，僅de Jong提過他的年代比月稱為晚。[71]現時學界，一般都把他當為十世紀時人。因此，最合理的看法，就是這些龍樹讚歌跟其他的理聚論，一直都於印度中觀宗內流傳，然直至九世紀前後，才有人將其中四部，合稱為「四讚歌」，而這四部論著於後來的中觀宗詮釋，還有次第之分，例如甘露庫的《四讚歌總義》，便把四篇論義配合菩薩修道，謂《出世間讚》為菩薩七地的讚歌，而《無可喻讚》則為八地、《不思議讚》為九地、《勝義讚》為十地。[72]其順序，與 Lindtner 發現的四種梵本一致。

此以菩薩各地來配合龍樹論義的詮釋，習慣僅視龍樹思想無非為強調「緣起是故性空」的學人可能覺得驚訝，以為拉

70 藏譯 *Byang chub kyi spyod pa la 'jug pa'i dka' 'grel*，收北京版 no. 5273。

71 de Jong, p. 12.

72 Drasko Mitrikeski, "Nāgārjuna's *Stutyatātastava and Catuḥstava*: Questions of Authenticity," in *A Journal for Greek Letters, Pages on the Crisis of Representation: Nostalgia for Being Otherwise,* vol. 14 (2010), p.183.

雜胡扯。但月稱的《入中論》，正正是依菩薩十地為綱，來闡釋《中論》要義。甚至漢地所傳的龍樹論著，也有一部《十住毘婆娑論》，也是詮釋《十地經》的論著。

如是以《四讚歌》作為對七至十地等菩薩清淨地的頌讚，觀點其實亦與藏傳佛教後來建立對龍樹諸論的概觀相近。龍樹的論著於西藏後弘期初，經由日稱（Pa tshab Nyi ma grags pa, 1055-1145?）等譯師移譯為藏文，並隨即有布頓寶成（Bu ston Rin chen grub, 1290-1364）等各各論師把不同類型的論著作系統歸納。當中最廣為各派接納的，是把龍樹論著分作三聚：一）「教言集」（gtam tshogs），闡釋諸法之廣大義；二）「中觀理集」（dbu ma rigs tshogs），闡釋二轉法輪的甚深義；三）「讚歌集」（bstod tshogs），闡釋三轉法輪的甚深義。[73]此分法，帶有《解深密經》解說三時教法的影子，並具抉擇後後較前前究竟的意趣。依此，藏傳佛教的判定，即以「讚歌集」比其他兩聚的龍樹論著都要究竟。其後，薩迦派（Sa skya pa）的釋迦持教（Shākya mChog ldan, 1428-1507）亦持相類的說法，謂「教言集」所說為廣大行，「理集」所說為斷除戲論之空性甚深見，而「讚歌集」所說則為依觀修而現證之空性。[74]至於噶舉派（bKa' brgyud pa）的福德獅子（Go rams pa bSod nams seng ge, 1429-1489）把三聚論著復作細分，其中對「讚歌集」更依基、道、果而分，以《心金剛讚》及《法界讚》屬對於「基」的讚頌，《有情了悅讚》及《般若波羅蜜多

73 見覺囊派福德賢（Ngyag pho ba bSod nams bzang po, 1341-1433）的《法界讚釋》（*dBu ma chos kyi dbyings su bstod pa'i rnam bzhag bdud rtsi'i nying khu*），TBRC no. W14074; Karl Brunnhölzl，*In Praise of Dharmadhātu*，p. 35。

74 見 Karl Brunnhölzl, *In Praise of Dharmadhātu*, p. 36。

讚》[75]等屬對於「道」的讚頌，而《三身讚》、《四讚歌》、《超讚嘆讚》等，則屬於對「果」的讚頌。[76]姑無論如何，藏傳佛教對龍樹讚歌的歸類，其與甘露庫《四讚歌總釋》相近之處，在於印藏兩地都認為這等讚歌內容，乃講解比《中論》等更為究竟的修行次第。

西藏丹珠爾（bsTan ’gyur）中，列為龍樹「讚歌」類的論著，其實多達十八種[77]，但當中不少都是託名之作。例如《般若波羅蜜多讚》，便已公認為羅睺羅跋陀羅（Rāhulabhadra）的著作；《八大聖地制多讚》則實為漢譯《佛說八大靈塔名號經》的藏文譯本；至於《聖文殊師利尊勝義讚》、《聖文殊師利尊慈悲讚》、《十二所作理趣讚》、《禮拜讚》、《出地獄讚》等，都從未有印度中觀論師引用。因此，近代學者亦鮮有認真研究這幾部論著。[78]

---

75 這兩部論，近代學界一般都認為不是龍樹的作品。

76 見 Karl Brunnhölzl, *In Praise of Dharmadhātu*, p. 38。

77 1)《法界讚》（*Chos dbyings bstod pa*）；2)《無可喻讚》（*dPe med par bstod pa*）；3)《出世間讚》（*’Jig rten las ’das pa’i bstod pa*）；4)《心金剛讚》（*Sems kyi rdo rje’i bstod pa*）；5)《勝義讚》（*Don dam par bstod pa*）；6)《三身讚》（*sKu gsum la bstod pa*）；7)《有情了悅讚》（*Sems can la mgu bar bya ba’i bstod pa*）；8)《般若波羅蜜多讚》（*Shes rab kyi pha rol tu phyin pa’i bstod pa*）；9)《不思議讚》（*bSam gnyis mi khyab bar bstod pa*）；10)《超讚嘆讚》（*bsTod pa las ’das par bstod pa*）；11)《無上讚》（*bLa ma med pa’i bstod pa*）；12)《聖文殊師利尊勝義讚》（*’Phags pa rje btsun ’jam dpal gyi don dam pa’i bstod pa*）；13)《聖文殊師利尊慈悲讚》（*rJe btsun ’phags pa ’jam dpal gyi snying rje la bstod pa*）；14)《八大聖地制多讚》（*gNas chen po brgyad kyi mchod rten la bstod pa*）；15)《八大聖地制多讚》（*gNas chen po brgyad kyi mchod rten la bstod pa*，此論與14）雖同名而內容則異）；16)《十二所作理趣讚》（*mDzad pa bcu gnyis kyi tshul la bstod pa*）；17)《禮拜讚》（*Phyag ’tshal ba’i bstod pa*）；18)《出地獄讚》（*dMyal ba nas ’don pa’i bstod pa*）。

78 Karl Brunnhölzl 於其 *In Praise of Dharmadhātu* 的附錄，則附載了《有情了悅讚》、《無上讚》、《聖文殊師利尊勝義讚》、《聖文殊師利尊慈悲讚》等諸篇的英譯（見頁 313-324）。

相對而言，引用《四讚歌》的印土中觀論著則甚多，包括月稱的《明句論》（*Prasannapadā*）及《入中論釋》（*Madhyamakāvatārabhāṣya*）、般若作慧的《入菩薩行論釋難》、獅子賢（Haribhadra，八世紀）的《現觀莊嚴論光明釋》（*Abhisamayālaṃkārāloka*）、遍照護（Vairocanarakṣita，十一世紀）的《入菩薩行論釋難》、 慶喜（Jayānanda，十一世紀）的《入中論註》（*Madhyamakāvatāraṭīka*）、俱生金剛（Sahajavajra）的《十真實註》（*Tattvadaśakaṭīka*）、阿底峽（Atiśa）的《菩提道燈釋難》（*Bodhipathapradīpapañjikā*）、慈護（Maitrīpa）的《真實寶鬘》（*Tattvaratnāvalī*）、清辯的《中觀寶燈》（*Madhyamakaratnapradīpa*）、寂護（Śāntarakṣita）的《成就真實》（*Tattvasiddhi*）、無比金剛（Anupamavajra，十一世紀）的《初學之燈》（*Ādikarmapradīpa*）等等。

比較特別的，是《法界讚》與《三身讚》兩部。近代學者大都傾向否定此二為龍樹所造。原因，是學界普遍認為龍樹時代不應出現如《法界讚》所展示的如來藏法義，而且那個時代的大乘教法亦應「發展」至只得法身與色身二身，而不該說及「三身」思想。例如，David Seyfort Ruegg[79]與劉震[80]探討《法界讚》的論文，都斷然否定此為龍樹的作品，然而另一邊廂，Chr. Lindtner 與 Karl Brunnhölzl 卻提出學人不宜倉卒否定此為龍樹造論的可能性[81]。事實上，引用此兩篇論著的印度論師也不在少數，例如清辯的《中觀寶燈論》、阿底峽的《中觀要

79 D. Seyfort Ruegg, “Le *Dharmadhātustava,*” in *Études tibétaines dédiées à la mémoire de M. Lalou* (Paris, 1971), pp. 448-71.

80 劉震〈《讚法界頌》源流考〉，《世界宗教研究》1（2014）：頁14-25。

81 Chr. Lindtner, *Master of Wisdom*, p.371; Karl Brunnhölzl, 130-152.

訣開寶篋》（*Ratnakaraṇḥodghāta-nāma-madhyamakakopadeśa*）及《現見法界歌》（*Dharmadhātudarśanagīti*）、寶作寂的《經集疏》（*Sūtrasamuccayabhāṣya*）、法自在（Dharmendra）的《真實心髓集》（*Tattvasārasaṃgraha*）、那諾巴（Nāropa）的《灌頂略說廣註》（*Sekoddeśaṭīka*）、智吉祥友（Jñānaśrīmitra，十一世紀）的《有相成就論》（*Sākarasiddhiśāstra*）等。

當然，我們需要留意，一部論著是否龍樹所造，不能因為曾有印度論師引用便以之證成。實際上，在沒有任何其他紀錄、手稿、外道批判等情況下，我們甚至無任何把握決定《中論》確實出自龍樹筆下；能作依賴的，只有印度佛家中觀宗的傳統說法。然而，反過來說，印度論師從未引用或提及的，卻也未必一定不是龍樹的作品，例如《大智度論》，K. Venkata Ramanan[82]及印順[83]，都曾有力地論證此為龍樹造論的可能性，雖則大部分其他學者都不作如是想[84]。如此大論，除精微闡釋《般若經》的法義外，還屢屢涉及對各小乘部派的批判、毘曇學說、梵語音譯、印度的地名人名等，在在顯示此論無疑為印度賢哲的作品。這樣的一部論著，即使並非龍樹所造，亦不失其重要性，然何以從來不見任何印度論師提及？我們是否就可因為缺乏論師提起便輕易蔑視此論？現存的文獻，尚未可提供一個合理的解釋。

因此，衡量一篇論著，不宜僅就有否印度論師引用而下

82 K. V. Ramanan, *Nāgārjuna's Philosophy as Presented in the Mahāprajñāpāramitāśāstra.*

83 印順述義、昭慧整理，《《大智度論》之作者及其繙譯》，台北：東宗出版社，1992。

84 例如 Lamotte 即認為此論是印度西北方說一切有部的論師所造。

任何定論。一篇多被印度論師援引的論著，不一定比一篇「不見經傳」的重要。而像《四讚歌》一類，雖多為中觀論師引用，但這說明的，無非只是謂月稱、獅子賢等中觀宗論師，都同意這些讚歌與《中論》的造論者為同一人、法義上亦未見有相違之處而已。同理，即使十世紀前沒有中觀論師談及《法界讚》和《三身讚》，但阿底峽、寶作寂等大師的引用，也說明了在他們眼中，此二論的法義與《中論》、《六十正理論》、《七十空性論》等闡明的「空性」觀，毫無相悖的地方。值得留心的，其實是如何從這些論師的引用，來審視我們對「龍樹思想」的認識。—— 例如，當我們覺得《法界讚》近乎如來藏思想的學說、似與《中論》的學說有所衝突時，那我們應該堅持一己的看法、認為阿底峽等尊者錯解龍樹，抑或客觀細讀他們的論著，反觀自己的詮釋是否與印度中觀宗的傳統家風有所偏離？

我們且循此角度談談《法界讚》及《三身讚》的一些背景資料，於下一節才再細論各部讚歌的法義。

《法界讚》共有兩個舊漢譯本：一）《百千頌大集經地藏菩薩請問法身讚》，由不空金剛（Amoghavajra）於765年譯出；二）《讚法界頌》，則為施護（Dānapāla）譯於十一世紀初。此外，三階教經籍《示所犯者瑜伽法鏡經》中的《地藏菩薩讚嘆法身觀行品》，亦見有《法界讚》的讚頌四句[85]，而《示所犯者瑜伽法鏡經》已於712年譯出，比不空金剛的譯本還要早上五十年。

85 見劉震〈《示所犯者瑜珈法鏡經》與《讚法界頌》〉，收《大喜樂與大圓滿 —— 慶祝談錫永先生八十華誕：漢藏佛學研究論集》(北京：中國藏學出版社，2014)，頁 794-803。

至於梵本，學界向來都只知那諾巴於其《灌頂略說廣註》引用讚歌中的第18至23六句頌，直至最近才由上海復旦大學的劉震教授於布達拉宮所藏的貝葉經中慧眼識見一份殘本，並加以整理校勘。[86]

在此之前，有關《法界讚》的研究，就主要為月輪賢隆的幾篇論文[87]，以及 David Seyfort Ruegg 的一篇[88]。劉震在此等研究的基礎上，對《法界讚》的源流，作出如下的總結：一）雖然不少印度論著，如清辯的《中觀寶燈論》、寶作寂的《經集論》、法因陀羅的《真性心髓集》等都有引用《法界讚》，但都是十世紀後之事。而且，就引文中所見，以及與《百千頌大集經地藏菩薩請問法身讚》等相較，當時的偈頌序列，仍未有定本，與我們現在所見者不同。此外，較早的漢譯本如《百千頌大集經地藏菩薩請問法身讚》及《示所犯者瑜伽法鏡經》，都以此等偈頌為地藏菩薩的請問偈，而非說為龍樹所造。因此劉震乃認為，《法界讚》最初本為一部密乘經典的一部分。此密乘典籍移譯為漢文，即為《百千頌大集經地藏菩薩請問法身讚》。過三百年後，於印度才有編者從中選出101頌，而冠名之為 *Dharmadhātustava*，其後再由施護譯為《讚法界頌》。[89]

---

86 Zhen Liu, *The Dharmadhātustava, A Critical Edition of the Sanskrit Text with the Tibetan and Chinese Translations, A Diplomatic Transliteration of the Manuscript and Notes*. Beijin-Vienna: China Tibetology Research Center & Austrian Academy of Sciences，即將出版。

87 月輪賢隆〈龍樹菩薩の讚法界頌と百千頌大集經地藏菩薩請問法身讚と，西藏文の "Dharmadhātu Stotra" とに就て〉，《龍谷學報》第 306 號，1933 年，頁419–444；第307號，頁 516–543；〈法界讚內容考〉，《龍谷學報》第308號，1934年，頁 29–51。

88 Seyfort Ruegg, David. "Le dharmadhātustava de Nāgārjuna." *In Études Tibetaines: Dediées à la Mémoire de Marcelle Lalou (1890-1967)*, 448-71. Paris: Librairie d'Amũrique et d'Orient, 1971.

89 劉震〈《讚法界頌》源流考〉，《世界宗教研究》1（2014）：頁 14-25。

劉震的意見，固然是基於文獻學的考慮。事實上，即使清辯的《中觀寶燈論》引用了《法界讚》的7句讚頌（91-96頌及101頌），而清辯乃六世紀時人，但仍改變不了學界普遍認為《法界讚》不可能早於十世紀成論的看法，因為現時幾已論定《中觀寶燈論》乃託名之作，當中不少內容都涉及較清辯為晚的宗見和引文。其他的中觀論師，如提婆、羅睺羅拔陀羅、佛護、月稱、蓮華戒等論著中，也的確未曾提過此論。

然而，若說《法界讚》為從《百千頌大集經地藏菩薩請問法身讚》輯錄出來、另作流通之作，最大的漏洞，其實亦見於劉震的論文之中。劉教授說：

> 梵本《讚法界頌》的發現，證實了過去對其格律的推測：由101個隨頌律（Anuṣṭubh，或稱 Śloka）詩節組成，這樣的詩歌稱為百頌體（Śataka），而每個隨頌律的詩節有四句，每句八個音節。[90]

問題是：哪個看法較為合理：一）原論是八世紀已有漢譯本的《百千頌大集經地藏菩薩請問法身讚》，二、三百年後，才有人從其梵本中擇取其首100頌，改讚頌法身為法界，而成《法界讚》，並以之託名龍樹；還是，二）原論為《法界讚》，依照傳統的百頌體而寫，後來有密乘行者以其法義究竟且直接簡明，可用之於實際觀修以作抉擇，由是配以相關密乘觀想的一些通則，把論中的法界觀行契合實際修持，直至後世論師才恢復其原來面目於中觀宗內流通？

兩種說法，前者對於何以從《百》論中節錄出來的一百句頌，剛好論義圓滿，而且文體格式又剛好符合百頌體，實在

90 劉震〈《讚法界頌》源流考〉，頁18。

難以自圓其說。反觀佛家文獻，歷代大多是後世對一些經論作增補，而鮮有截取其中部分而另名流通。是故雖然兩說都只為學術忖測，也都各有論據，但筆者卻傾向認為前說牽強，尤其當我們着眼於《百》論的內容，其實雜燴而不成篇，若說如此一篇論著而得中觀宗人垂青，選取論中上半而獨立成章，還託名祖師龍樹而其後廣為引用，於道理上似乎說不過來。

《百》論中多出來的35頌，其理是以行者內心的本住法界（如來藏）為基，而作種種化現（「遍滿而流出」），或八臂三目、或持弓執箭，都是「無上之法身」法爾幻現的「俱胝日光身」（以日喻法身、日光喻報身），如是二者雙運，是即勝義菩提心，其所流出者，是為智悲雙運的境界（「般若」與「勝喜」），由是而成現證法界究竟平等的「平等王」，對無量有情皆慈悲以作調伏、令得成熟：

一切瑜伽者　大瑜伽自在
佛影皆變化　遍滿而流出

或有八臂者　三目熾盛身
彼皆瑜伽王　普遍而流出

皆以慈悲手　勝喜執持弓
射以般若箭　皆斷細無明

以大力昇進　執持智慧棒
一切無明轂　普遍皆碎壞

強力諸有情　金剛熾盛身
調伏有情故　則為金剛手

自為作業者　示現種種果
教誡如教理　變為平等王

飢渴猛熾身　能施諸飲食
常患諸疾者　則為善醫王

魔王於營從　魔女於莊嚴
菩薩作親友　能施菩提場

由如日月形　彼光皆悅意
流出如電光　照曜俱胝剎

由以一燈故　遍照皆得然
若一燈滅盡　一切皆隨盡

如是異熟佛　示現種種光
一化現涅槃　餘佛示歸寂

一亦無滅度　日光豈作暗
常現於出沒　示現剎土海

於無智暗世　能淨智慧眼
往於俱胝剎　矜愍化有情

彼皆不疲倦　由彼大慈甲
一切於神足　瑜伽皆彼岸

皆觀時非時　令彼得流轉
剛強於諂曲　暫時而棄捨

無量調有情　頓作令清淨
無量佛變化　頓時得暫變

於三界海中　而擲調伏網
舒展妙法網　普遍令成熟

則以調伏網　普遍令成熟
普遍令舉出　於中漂流者

則如千有情　普遍令度已
度已令覺悟　妙法不生疑

世尊妙法鈴　普遍令得聞
由此振聲故　除落煩惱塵

增上無明人　令淨於一時
以日光明威　破壞眾翳瞙

隨從暗煩惱　及餘罪身者
令彼作利益　積漸令清淨

彼彼人現化　安住如水月
煩惱攪擾心　不見於如來

如餓鬼於海　普遍見枯竭
如是少福者　無佛作分別

有情少福者　如來云何作
如於生盲手　安以最勝寶

云何而能見　無上之法身
俱胝日光身　光網以圍遶

諸天以少善　不能而得見
上次於大天　云何而得見

彼色不能見　諸仙離煩惱
天修羅梵等　云何餘少慧

然以佛威力　清淨自心故
能見如是類　獲得一切盛

有情福端嚴　佛住彼人前
光明照耀身　三十二勝相

彼如是丈夫　當見如大海
不經於多時　即得智如海

世尊彼色身　安住於多劫
能調可調利　趣於戒種類

廣壽大瑜伽　少壽何因故
多人俱胝餘　示現增減壽

無量俱胝劫　以命命增長
因緣皆無盡　獲得無盡果

若有相應顯此理　唯身以慧作分析
彼人生於淨蓮花　聞法所說無量壽

此即有如密乘上師為《法界讚》補上的一段為行人解說如何以論義配合修持的註解。施護以其論題為《百千頌大集經地藏菩薩請問法身讚》，而論中卻從未出現過地藏菩薩問法，則可能是先有三階教試圖偽造《示所犯者瑜伽法鏡經》一經，而抄用了當時尚未譯為漢文的《法界讚》內幾句讚頌，用之於經中地藏菩薩問法的段落；而當幾十年後，不空把《百千頌大集經地藏菩薩請問法身讚》譯出時，由於《示》經已為人所知，是故縱然論中內容與地藏菩薩毫無關係，不空此漢譯本亦用上了「地藏菩薩請問法身」的論題；至於此已夾雜了密乘修觀論義的版本，其梵文原題為何，實已不得而知。

至於《三身讚》，舊漢譯本《佛三身讚》[91]於994年譯出，由法賢（即天息災）主譯、法天證梵文、施護證梵義。三位譯師從印度攜來佛經梵本，在宋太宗的支持下，興建譯場，

91 T1678.

為自唐代約811年開始中斷的譯經事業，重新復興。來自印度的三位譯師約與阿底峽尊者同時，而當中施護譯出《法界讚》、法賢譯出《三身讚》，此亦道出了印度佛教於十世紀時對龍樹中觀的認知。

還可以留意的，是法賢除了他的《佛三身讚》譯本，尚為此論立一梵音譯本，題為《三身梵讚》[92]。無獨有偶，西藏噶舉派的廓譯師童吉祥（'Gos gZhon nu dpal, 1391-1481）於編著《青史》（*Deb ther sgnon po*）時，開首即引用了《三身讚》全部論頌，還特意先以藏文字母錄其梵文音譯以示莊重。我們今天還有保存了此論的梵本，也得向廓譯師致意。然而兩者的共通處，其實說明了筆者上來的推論：此讚歌其實是用於修持時唱詠讚誦，因此才有音譯的需要。

藏傳大藏經中，還有一篇傳為龍樹對其《三身讚》的自釋論[93]，但釋文僅屬消文一類，歷來未受論師特別重視。

復需指出，龍樹歿後約一百年間，瑜伽行派的根本「彌勒五論」之一的《現觀莊嚴論》（*Abhisamayālaṃkāra*）中，提出了「自性身」（Svābhāvikakāya）此名相。自解脫軍（Vimuktisena，六世紀初）的第一部《現觀莊嚴論》釋論開始，即把「自性身」等同「法身」，以自性身/法身為離諸戲論分別的無為智境，而報化二色身則為由此智境法爾現起的大悲功德，落於有為世間隨緣示現。由是，瑜伽行派的傳統說法，就是如此的「三身說」。然而，八世紀末的論師獅子賢

92 T1677.

93 《三身讚釋》（*sKu gsum la bstod pa zhes bya ba'i rnam par 'grel pa*），P2016。英譯見 Karl Brunnhölzl, *Straight from the Heart: Buddhist Pith Instructions* (Ithaca: Snow Lion Publications, 2007), pp. 20-21。

（Haribhadra）卻銳意提出「四身說」，認為「自性身」與「法身」不同，且強調只有「自性身」為無為法，而「法身」、「報身」、「化身」都屬有為法。如此改動，牽涉到對「法身」體性的根本抉擇，且亦由於此列法身作有為法的抉擇，而令「如來藏」的本義亦為隱沒。獅子賢的「四身說」，不但令他的弟子佛智足（Buddhajñānapāda）感到困惑，認為難以相信此說出自乃師之手，其他的印度論師如寶作寂（Ratnākaraśānti，約11世紀）、無畏作護（Abhayākaragypta，約十二世紀）等亦批評甚厲。當解脫軍與獅子賢的論著傳入西藏後，復引起另一輪的爭辯，尤以薩迦派（Sa skya pa）福德獅子（Go ram pa bSod nams seng ge, 1429-1489）與格魯派（Ge lugs pa）宗喀巴（Tsong kha pa, 1357-1419）之間的筆戰最烈，前者主傳統的「三身說」，後者則以「四身說」為宗見。[94]由此亦可理解，既然格魯派定義「法身」為有為法，難怪對「如來藏」亦僅視為方便說，另以應成見為究竟，而且對於依「離分別」為道以令本具如來藏顯露的藏傳教派，宗喀巴亦大加鞭撻，認為「**凡無分別，皆說是修甚深空義毘缽舍那，純粹支那堪布修法**」、「**若謂任隨分別何事，一切分別皆繫生死，故無分別住是解脫道。若如是者，則於和尚派，亦無少過可設**」。[95]

有關這些讚歌的法義，於下一節再作討論。至於國外對各部讚歌的研究論著羅列於附錄，以供學人參考。

94 參 John J. Makransky, *Buddhahood Embodied* (Albany: State University of New York Press, 1997)。

95 宗喀巴著，法尊法師譯《菩提道次第廣論》（洛杉磯：美國大覺蓮社，1989），頁 389 及 535-536。

四、讚歌的法義

西藏各派論師，都常引用如下的一句讚頌：

不可言思般若波羅蜜　不生不滅之虛空體性
各各自覺本智之行境　敬禮三世如來之佛母[96]

傳統的說法，謂此讚頌出自羅睺羅拔陀羅（Rāhulabhadra）的《般若波羅蜜多讚》（*Prajñāpāramitāstotra*）。然而，查《般若讚》的梵本與藏譯，均不見此頌。然不論如何，此頌為西藏行人所熟知，各派日修儀注亦常見此句。論頌以「**三世如來之佛母**」，來形象化比喻「**各各自覺本智之行境**」而作敬禮，並點出住此行境中，行者即得現證真如，亦即不生不滅之虛空體性，是為不可言思的般若波羅蜜多。

由此，乃可重申本導論第一節所言，所謂「不生不滅」等體性，不是依靠我們邏輯推斷，謂「『生』無有實自性，是故『不生』」等言思計度而得來的結論，而是自覺本智觀照諸法時的真實境界。「不生不滅」如是，「空性」如是，「緣起」亦如是。也可以說，「**各各自覺本智之行境**」是為勝義，一切落於言說的形容，如「不生不滅」、「不來不去」等，皆為世俗。我們通過世俗之所指來作次第觀修，直證離諸言思戲論的勝義。但我們卻不可能單靠世俗落於戲論的邏輯思維，以有分別的言說境界來推斷得出勝義。這一點，本來於《中論》、《七十空性論》等理聚論中已清晰表達，但近代的學說

96 依劉立千譯而據藏文略作修訂，見《大圓滿虛幻休息論妙車釋等合編》（北京：民族出版社，2000），頁 2。此頌藏文原為：smra bsam brjod med shes rab pha rol phyin/ ma skyes ma 'gag nam mkha'i ngo bo nyid/ so so rang rig ye shes spyod yul ba/ dus gsum rgyal ba'i yum la phyag mtshal lo//

卻有所歪曲，而竟成為了顯學，如是原來的論義反而變得隱晦不明。

決定「真如」和「空性」等為離戲論之本智行境，實廣見於龍樹的各部讚歌。例如《不思議讚》的開首一頌，便謂：

凡諸種種緣生事　悉皆說為無自性
無等不思議本智　無可譬喻我頂禮

此即明確指出，說種種緣生事為「無自性」，實為無可與之相等的不可思議本智的行境，而不是我們落於戲論分別的心識境界所作邏輯推衍而得之結論。同論復言：

汝依真實智而言　無斷滅亦無恆常
情世間事皆為空　許之猶如陽燄等

所謂「斷滅」與「恆常」，無非都是識境的戲論計度而然。於真實智的行境而言，則一切皆見為「空」。此理於《出世間讚》亦復重申：

是故汝於諸種趣　悉由計度而生起
由遍智而於生起　說為無生亦無滅

此無生無滅的行境，超過一切語言境界，是故無可比喻思量。佛典中凡說此真實境界者，不論說為「真如」、「實際」等，都只是假施設而已。因此《勝義讚》開首，即有頌云：

無生亦復無所住　極為超過世間喻
無有言語之行境　如何敬禮怙主汝
真如義之行境中　姑亦無論其為何
依於世間之施設　我亦恭敬作禮讚

即使是「空」，亦同樣只是假施設，不可以之為「勝義」。因此，「空」只是用以引導行者捨離戲論邊見的權宜安立。《勝義讚》即是如是強調所謂「空」亦為增益：

為令捨除一切見　是故怙主乃說空
然而此亦為增益　實非怙主之所許
非許空抑或不空　兩者悉非汝所喜
是汝大說之行止　於彼應無有諍論

如是連「空」亦不執為見，其實與上一節所引《中論》論頌「大聖說空法，為離諸見故；若復見於空，諸佛所不化」的說法一致，但於《勝義讚》特別指出的「無有諍論」，則可是為龍樹讚歌的特色。這是因為相比龍樹的「中觀理集」諸論而言，「讚歌集」並沒有糾纏於辯破外道或小乘部派對大乘教法的曲解，而是通過直接指出大乘中道的要義，而讚禮此「無生亦復無所住」的證境。因此，借用《解深密經》的言說，《中論》等理集論「惟為發趣修大乘者，依一切法皆無自性、無生無滅、本來寂靜、自性涅槃，以隱密相轉正法輪，雖更甚奇，甚為希有，而於彼時所轉法輪，亦是有上、有所容受，猶未了義，是諸諍論安足處所」，而讚歌集則「普為發趣一切乘者，依一切法皆無自性、無生無滅、本來寂靜、自性涅槃，無自性性以顯了相轉正法輪，第一甚奇，最為希有，於今世尊所轉法輪無上無容，是真了義，非諸諍論安足處所」。由此乃可理解，何以西藏論師參照《解深密》的三轉法輪說法，而把龍樹的三集論著亦作相類的次第建立。事實上，「中觀理集」與「讚歌集」兩者，於法義上並無二致。此即如二轉法輪與三轉法輪亦非演說不同之教理，唯闡述的角度則有所偏重，以二轉法輪重於般若照見的諸法真如，而三轉法輪則重於行者自心本具的真如法性。前者尚依客觀現象而作抉擇、觀修、決定，從而現證真如，現覺般若；後者則直指自心，由捨棄能取所取而成本覺。龍樹諸論亦然如是，「中觀理集」所說，為依「諍論」與辯證以顯大乘教法之要義，故依二轉法輪；而「讚歌集」則直指行者內心現證極離戲論之本智行境，故依三轉法輪。於《勝義讚》甚至有一頌說：

捨離種種生與滅　抑且離邊復離中
無有外境以執持　於具力汝敬頂禮

如是直指本智行境，連離邊的「中」亦不執，究竟離諸戲論，是亦為理集諸論中所未見。有所執持者，即是心有所住。由是，故有上引《金剛經》的一段，說「菩薩摩訶薩應如是生起無住心，是即生起不住任何處之心，應生起不住色之心，應生起不住聲、香、味、觸、法之心。」這正是捨離戲論的修習，是即為「空用」。通過這樣離分別的觀修，行者才能對「無有言語之行境」作出「無生亦復無所住」的決定。此即謂證智的過程，就是離一切見、離種種分別的過程。

因此，若依藏傳佛教的道次第而言，「中觀理集」可理解為抉擇（nges pa）及決定諸法體性的導論，而行者經過觀修（bsgom pa）且現證諸法體性以後，即可依「讚歌集」對行境作究竟決定（nges shes），由是而得究竟現證（rtog pa），於是本覺決然生起，此可說為盡離二取、證無分別。

以此論說為基礎，我們便可以理解到，何以印、藏論師對於《法界讚》、《三身讚》等被視為龍樹作品，會毫無異議，甚至多作援引，且視之較「中觀理集」諸論更為究竟，反而近代學者卻多有疑問。其原因，多與學界把龍樹曲解為只是一個重邏輯推論的哲學家有關。亦正因為這個理由，不少學者對於龍樹的讚歌都不屑一顧，認為這些短短的頌歌，重要性顯然不及《中論》、《七十空性論》等長篇著作；而《法界讚》等涉及近乎如來藏思想的論著，則更不可能是出自龍樹手筆。這裏面，還牽涉到對「如來藏」思想的曲解。

其實所謂「如來藏」，亦不過是行者對自心體性作一究竟決定，再經觀修，於是對證覺、對覺智、對現證法身及其功德等，即成一無可猶疑的現證境。近世許如來藏為具梵天思想的本體、為「場所哲學」等等，都是脫離佛家經教與修持，唯據自己的世智辨聰，為如來藏另立定義。此如自己先以牛為馬，然後說此馬非馬。

或許，與其我們再一次為如來藏建立定義，不如先反過來看看，否定如來藏思想其實也在否定了什麼：

- 否定如來藏，即是否定法身是無為（asaṃskṛta），而是經修持而逐漸建立的有為果；
- 否定如來藏，即是否定法身自然具足十力等功德[97]；
- 否定如來藏，即是否定有情心識也具有真如，也就是否定瑜珈行派所謂的「心真如」（citta-tathatā）、同時否定小乘《增支部》、大乘《般若經》皆共許的「心性本淨」（prakṛti-citta-prabhāsvaratā）；
- 否定如來藏，即是否定佛所證智為「自然智」，亦即否定本智為「法爾」、離二取、離名言建立、由是極無分別，且離功用。

97 此如《增一阿含經》所言：「如來體者，金剛所成，十力具足，四無所畏，在眾勇健。」（T125，頁 554）

如此四重否定，都違逆佛家經教。何以故？因為不論是大乘小乘的證果，其實都不認為是「新得」的證境。涅槃、真如、法性、法界等等，於一切經籍中，都說是「無為」的，非由甚麼因緣或條件的聚合而成。而且，真如遍法界一切、法身亦恆時周遍法界，除非我們否定此諸法體性，否則不可能說有情心性不具真如，又或抉擇有情的雜染心不具清淨無為的本性。《般若波羅蜜多經》即有如下對法身與真如的抉擇：

> 善男子，一切如來應正等覺不可以色身見。夫如來者即是法身。善男子，如來法身即是諸法真如法界，真如法界既不可說有來有去，如來法身亦復如是無來無去。[98]

《般若經》如是以法身等同真如法界，即是把法身抉擇成無為法。以其無為故，法身不動且無變異，更非依因緣而有；以其非「先有後無」或「先無後有」，且超越我們識境的時間概念（戲論），故說為恆常；以其等同真如、離諸戲論，故說為清淨。這就顯然是法爾如是。

有關此中對真如的抉擇，讀者可參考耿晴教授一篇精到的論文，題為〈法身為真如所顯 —— 論《能斷金剛般若波羅蜜多經釋》對於法身的界定〉[99]。文中耿晴比較世親《金剛經》釋論的兩種漢譯[100]與藏譯[101]，以及Tucci發現此論的梵本手

98 T6: 1068.

99 刊於《臺大佛學研究》第二十六期（2013）:1-56。

100 菩提流支譯《金剛般若波羅蜜經論》(T1511)、義淨譯《能斷金剛般若波羅蜜多經論》(T1513)。

101 Shes rab kyi pha rol tu phyin pa rdo rje gcod pa bshad pa'i bshad sbyar gyi tshig le'ur byas pa (P5864).

稿[102]和其他的《金剛經》梵本[103]，論述法身的體性。於中特別指出，世親的《能斷金剛經釋》與《攝大乘論釋》，都有段落把真如等同法身，而耿晴認為：「一旦將法身等同於真如，則由於一切眾生都被真如遍滿、都分享真如，則必然的結論就是一切眾生都具有法身，如此則與如來藏思想認為一切眾生都是如來藏的想法完全呼應。」[104]

實際而言，世親於《攝大乘論釋》，即如是定義如來藏：

> 自性清淨者，謂此自性本來清淨，即是真如自性，實有一切有情平等共相，由有此故說一切法有如來藏。[105]

此篇論文還提到，佛家經論為強調此本來清淨之自性不動且不變異，是故用上prabhāvita（所顯）一詞，以表達「法身是無為的，因此與法界、真如是同義語。當成佛時，法身從未揭露的狀態成為揭露的狀態。然而在這個過程中被改變的是客塵煩惱被消除，法身本身完全沒有任何改變，因此說佛法身藉由真如而開顯」。[106]

---

102 Giuseppe Tucci, *Minor Buddhist Texts Parts I & II* (Roma: Instituto Italiano per il Medio ed Estremo Oriente, 1956), pp. 5-171.

103 Gregory Schopen, "The Manuscript of the Vajracchedikā Found at Gilgit," in L.O. Gomez and J.A. Silk, eds., *Studies in the Literature of the Great Vehicle: Three Mahāyāna Buddhist Texts* (Ann Arbor: Centers for South and Southeast Asia, 1989), pp. 89-139; Paul Harrison and Shōgō Wantanabe, "Vajracchedikā Prajñāpāramitā," in Jens Braavig, et al., eds., *Buddhist Manuscripts in the Schøyen Collection*, vol. III (Oslo: Hermes Academic Publishing, 2006), pp. 89-132.

104 見耿晴文頁13-14，註 3。

105 見玄奘譯《攝大乘論釋》，T1597: 344。

106 見耿晴文頁13-14，註 3。

是故，一切有情現證菩提的過程，就是令本具的法身顯露而不更受客塵煩惱所障蔽的過程。《心金剛讚》便有頌云：

一切趣之種種見　甚或微少之修持
是皆為心之網罩　此說如如之教授
捨離妄分別之心　妄分別心之所願
輪迴唯是分別性　無有分別即解脫

此即《大乘莊嚴經論》所言：

此雜染清淨　由有垢無垢
如水界金空　淨故許為淨

其釋論云：

空性差別略有兩種，一雜染，二清淨。此成染淨由分位別，謂有垢位說為雜染，出離垢時說為清淨。雖先雜染後成清淨，而非轉變成無常失。如水界等出離客塵，空淨亦然，非性轉變。

此中舉例，謂如污水經過濾而得淨水、如經冶煉而得純金、如雲散而見晴空等，都在在指出，所得之「果」非為新成，亦非經性質轉變而有，非由污水、雜金、雲天，新生淨水、純水、晴空。就如所謂「諸法空性」一樣，非於破壞諸法之後生一空性、亦非諸法以外另有空性待新生而成。上引《雜阿含》第1246經及《入無分別總持經》，所說亦是同一義理。

然而，否定如來藏為佛家思想的學者，何以一方面肯定《般若》所說「色不異空、空不異色，色即是空、空即是色」，另一方面卻又反對「雜染心不異清淨心、清淨心不異雜染心，雜染心即是清淨心、清淨心即是雜染心」？《不增不減經》，此即說為「甚深義者即是第一義諦，第一義諦者即是眾生界，眾生界者即是如來藏，如來藏者即是法身」。何以這樣說的如來藏，就是具「梵天色彩的外道思想」，而說「色空相即」，則是大乘中道的甚深見地？

《大乘莊嚴經論》復言：

> 已說心性淨　而為客塵染
> 不離心真如　別有心性淨[107]

釋論云：

> 譬如水性自清而為客垢所濁，如是心性自淨而為客塵所染，此義已成。由是義故，不離心之真如別有異心，謂依他相說為自性清淨。此中應知，說心真如名之為心，即說此心為自性清淨。此心即是阿摩羅識。

此說心的本性清淨（prakṛti-prabhāsvara），即是說心本具的真如體性。佛家的修道過程，無非就是令此本淨心性自然顯露出其本來面目而已。如是以尚為雜染所垢的心性為「心真如」，以遠離諸垢的心性為「本智」、「法身」，非離心真如別有清淨心，此中「轉依」亦非性轉變，僅為本性之顯露，亦即「分位差別」而已。如此對心性、法身的決定與現證，即說為「如來藏」。此中何來「非佛家思想」之有？如硬要謂「如來藏」為梵我本體，那麼《般若》所說的「諸法空性」也一樣是梵我本體，《雜阿含》所說的「此法常住，法住、法界」亦同樣是梵我本體矣，顯然此非應理。

107 T1604: 623.

上引耿晴教授一文，提到如是令本性清淨顯露的過程，即《能斷金剛經論釋》所言之「聖人皆從真如清淨所顯」。耿晴亦指出，《解深密經》也同樣用上「所顯」（prabhāvita）一詞，謂「是一切法勝義諦故，無自性性之所顯故。由此因緣名為勝義無自性性。」此即提醒我們，這重抉擇並非瑜珈行派的一家之言，而無着、世親所演者，無非即是《般若》之密義。若以《中論》的語言來說，此中的義理，即是依「空性」教法之功用以「善滅諸戲論」的過程。

在此基礎上，《能斷金剛經論釋》再進一步把法身抉擇為「菩提」（bodhi）：

> 言菩提者，即是法身，此是無為性故，名為自性。是故此二是得彼之因，非是生因。[108]

有情本具無為法身，即本具菩提，是亦即是「如來藏」矣。此需留意，所言「菩提」者，譯言為「覺」，亦即是起本智時之用（生起「本覺」）。因此，如來法身除等同真如外，同時亦具智的自性，是即世親於《能斷金剛經論釋》所言：「真法身是智自性」、「法身者是智相身」。此中強調菩提法身如來藏，為證得無上正等正覺之因，卻非「生因」，故不為批判佛教的「場所哲學」所駁，亦與梵我（Brahma）思想不同。

我們再看看《三身讚》如何敬禮法身：

> 非一亦非多　大殊勝利益自他之基
> 非事非無事　難證自性一味如虛空
> 無染復無動　寂靜無等周遍無戲論
> 自證諸勝者　法身無可譬喻我頂禮

108 T1513: 877.

此謂法身「非一亦非多」，已離凡夫對一多之戲論；法身為「大殊勝利益自他之基」，即說其為現起大殊勝利益自他的因，卻非生因；法身「非事非無事」，即說法身非有非非有，既不可決定之為實事，亦不可言其為無有；法身「自性一味如虛空」，即謂法身中無有色與空、能與所、我與他等之分別，而是都成一味，猶如虛空；法身「無染無動」，即說其清淨與恆常；此外，讚頌中亦說法身體性「寂靜」、無有與之相等且無可譬喻，周遍一切而離戲論，都是以上所曾言及的；最後，說法身「自證」，也就是上來謂「言菩提者，即是法身」之意。是故《楞伽》乃說如來藏為如來內自證智境。

由此論述，耿晴復引《能斷金剛經論釋》另一段落：

> 若言彼法性相平等故，無不平者即無能度所度。云何如來說脫有情耶？為除此難，故起後文將顯何義？頌曰：
>
> 法界平等故　佛不度眾生
> 於諸名共聚　不在法界外
>
> 凡名有情者，於彼蘊處由名共蘊，不在法界之外，即此法界其性平等，是故曾無有一眾生可是如來之所度脫。[109]

此謂無有有情於法界之外，以法身真如遍一切有情故。是即再一次肯定，所謂「法身」者，其實與「真如」、「菩提」、「如來藏」無異。可以說，世親於其《金剛經》的釋論中，發揚了何謂「金剛」的密義，讀者亦可依此密義來讀龍樹

109 T1513: 883.

的《心金剛讚》。

如此說來，便與以上第二節所說「如如境」與「如如智」融然一味的空性境界，即法身、法界、如來藏等，無有分別。耿晴還特別援引《金光明經》的《三身品》來說明此理：

> 善男子，云何菩薩摩訶薩了別法身？為欲滅除一切諸煩惱等障、為欲具足一切諸善法故，惟有如如、如如智，是名法身。[110]

復言：

> 何以故？離法如如、離無分別智，一切諸佛無有別法。[111]

此中的說法，便保留於藏傳甯瑪派（rNying ma pa）對如來藏的抉擇。不敗尊者（Mi pham rgya mtsho，1846-1912）於其《獅子吼廣說如來藏》（*bDe gshegs snying po'i stong thun chen mo seng ge'i nga ro*）中，便明確指出：

> 獲得上師竅訣之具緣者，對空性界（stong pa'i dbyings）及光明智（'od gsal ba'i ye shes）之無違雙運義，心生信意，其心即能安住於殊勝甘露精華，亦即安住於消除現與空之任一偏執境界。[112]

所謂「空性界及光明智之無違雙運義」，也就是如如境與如如智之融然一味。

---

110 寶貴闍那堀多自譯之一品，與曇無讖及真諦譯之餘品，合成《合部金光明經》，T664，頁 363。

111 同上。

112 見談錫永譯，收《如來藏二諦見：不敗尊者說如來藏》（台灣：全佛文化，2007），頁 139。

於此，我們可以整理以上的討論。

所謂「空性」者，其實是令行者捨離戲論分別的方便。由此教法方便所證得的行境，名為「真如」，而能證真如的，則是「無分別智」。這些名相，卻都是世俗施設，各有側重。實際而言，現證境界中，並無「空性」、「真如」、「無分別智」的分別，而都成一味。此一味的境界，超過一切心行言說，或形容之為「出世間」、「不可思議」、「無可喻」、「勝義」等，又或說之為「法身」、「法界」等，都是龍樹讚歌敬讚的「對象」。然此等卻無非皆是方便施設而已。

由於這是還就我們具戲論的言說識境而對離戲論智境的勉強形容，因此難免有所偏重：雖然這些名相都是指涉「智如一味」的證智境界，但當說及「空性」、「真如」時，傾向偏重說所證之境；說及「無分別智」、「法身」時，傾向偏重說能證之智；說及「如來藏」時，強調法身無為、非新得、本具於有情雜染心時，由是乃有所謂「在纏位名如來藏、出纏位名法身」的說法；說及「法界」時，則較為着重能證智與所證境無分別、以及法身與其法爾現起之色身無分別的一味境界，此即《三身讚》最後一頌說之三身無別的唯一境界：

脫三世間行　諸事自性平等如虛空
清淨而寂靜　行者證自性真實勝寂
難以得現證　難察自他利遍證無相
離繫唯一身　勝者無等樂身我頂禮

《法界讚》表達的，便是有情雜染心中本具「心法界」的實相。

《法界讚》於自十世紀以後，甚受印藏兩地中觀論師的關注。不但引用其論頌的印度論著甚多，即於藏土，專為此論而寫的釋疏亦有不少。然而，施護的譯本《讚法界頌》於漢土則一直未受重視，而不空譯的《百千頌地藏菩薩請問法身讚》亦同樣乏人問津。這可能與漢土學人對龍樹學的認識，一直都局限於《中論》、《大智度論》那類以辯證空性為主的思想有關。

千禧年初，談錫永上師認為施護譯本中「**法界理凝然**」、「**法界理亦然**」等譯句過於空泛，整體上也未能道出此論的論旨，直言「**譯得十分糟糕，滿篇堆砌模棱兩可的陳腔濫調**」，是故乃重譯此論，附於其《四重般若深般若》中有關「如來藏」一節之後。談上師此譯，與其繙譯《辨法法性論釋》、《寶性論》等幾近逐字對譯（literal translation）的做法不同，而採取彈性較大的意譯。不難看出，其出發點除了令讚頌隱密的法義昭顯外，亦為做到譯文押韻鏗鏘，以配合「讚歌」文體的原意。也可以說，讀談上師的《法界讚》譯本的同時，也是在聆聽他依自宗甯瑪派的見地闡述是論的「密意」。

然而，譯本出版後，互聯網上有討論區，卻就談譯中一些譯句展開辯論。當中圍繞着的，是《法界讚》裏面的第3頌。此頌，談譯作：

> **乳中本固有酥油　以其混和故不見**
> **此如不見法界現　以其混同煩惱纏**

評論的要點，在於牛乳中是否已「**本固有酥油**」。難者認為這是「數論外道」的見地，屬「因中有果論」。由此引伸，還有對於論中之「酥油」，實指「空性」抑或是「如來藏」之爭拗。

筆者未及請教劉震教授有關此頌的梵文原文，但就談譯所依的藏譯本而言，此頌原為：

> ji ltar ’o ma dang ’dres pas/ mar gyi snying po mi snang ba/ de bzhin nyon mongs dang ’dres pas/ chos kyi dbyings kyang mi mthong ngo//

若將之逐字對譯，可得下來的譯句：

> 此如混雜牛乳中　酥油精華乃不現
> 如是與煩惱混纏　法界故亦不能見

藏語中的mar，即是酥油；而mar gyi snying po，直譯為酥油的精華，也可譯作醍醐，如《大涅槃經》所言：「譬如從牛出乳，從乳出酪，從酪出生酥，從生酥出熟酥油，從熟酥出醍醐」[113]，所指的就是從牛奶提取不同濃度乳脂的過程。《法界讚》此頌其實不難理解，是謂醍醐因混於牛乳中而不現（唯經攪拌則可令牛乳與醍醐分開）。談上師意譯之為「乳中本固有酥油」，不過是道出了牛奶中本來就有乳脂，實無需無限上綱地說之為「因中有果」。所謂「酥油」，既不即是「空性」、亦非即是「如來藏」，僅為譬喻，比作行者內心本具法界（心真如）。此與《如來藏經》中所說穀糠中實等喻，並無二致。當然，若不認同如來藏為佛家思想的究竟義者，對此必有異議。可是，說「乳中本固有酥油」與說「色中本固有空性」、「諸法本固有真如」，有何不同？凡色法必具空性，凡空性不離色法；同理，於牛乳中必能找到酥油，而酥油則不離牛乳。《如來藏經》中，甚至以庵摩羅果之種子為喻，所說的，其實

113 T375: 691.

都是同一道理：若本來不具種子，則不可能結出庵摩羅果；牛乳中如果沒有乳脂，也不可能提取出酥油、奶油、黃油等；諸法若本來不具空性，行者也不可能體悟到「**色不異空、空不異色，色即是空、空即是色**」的境界。同理，若行者心本來不具真如、法界，也不可能證得大乘佛典所許的證智果。

當然，牛乳卻無非是「有為法」。若我們以此有為法所成之喻，不以之作為指月之指，反而過度詮釋，埋首研究牛乳是否「固有」酥油，又或以因果關係來理解牛乳與酥油，是皆完全失卻用喻之意矣。竊談上師之意，應是藉酥油混牛乳之喻，突出行者心「本具」法界，而因混與煩惱纏而不覺。就此而言，說「**乳中本固有酥油**」雖非把原頌逐字對譯，但卻把讚頌的隱密義發揚出來。

類似有關此頌的爭拗，其實還可有許多。究其原因，主要還是難者先對如來藏別作定義而視之為與空性教法相違的見地。以是之故，筆者於本書乃再次重譯《法界讚》，但就逐字對譯，且附上藏譯的羅馬對音以及兩種舊譯對勘，雖然笨拙，卻可讓學人從比對中瞭解讚頌的基本頌義，由此再詳讀談譯，始能深入體會得到上師慈悲演示的密意。

五、結論

抉擇「空性」，乃大乘修學中最重要、最基礎的一環。對「空性」的抉擇不同，也就衍生出截然不同的修道和證果。

歸納佛家宗派對「空性」的抉擇，大可分為兩種：

一者，認為「空性」就是「無自性」，而且見諸法以無自性的狀態剎那剎那變化，也就是見諸法緣起。是故，「空性」=「無自性」=「緣起」。由於決定一切法皆無自性，是故心亦無自性。這個「空性」的心，無有所謂本具的覺性，而是遇戲論即成雜染、離戲論則成清淨。因此，修道的過程，就是改造現有的凡夫心，通過積集智慧資糧、福德資糧，令行者心能積得足夠智慧以離諸戲論、證達諸法空性，並有圓滿福德資糧以具十力、四無畏等功德以作大悲事業、普渡有情。

二者，以「空性」為無分別智與真如相融無二的境界，此境界無為，一切事物皆依此無為體性隨緣建立。凡夫由戲論分別所覆障，而住於虛妄的戲論境界中，許事物有「自性」、或為「常」為「斷」等，由是不見諸法及自心的本然（如如）狀態。因此，修道的過程，就是捨離這種概念化（戲論）的思維，令本然的心性顯露。行者心性本來就是無為的「空性」境界，即本已具足真如法身。如來法身恆時周遍，無待修行人修證完滿始有。是故所謂積集資糧，只是予行者離諸客塵分別垢障所需的方便：般若智非由積集而得，而是法爾本具，能幫助行者令此本智離障顯露的種種方便，即為「智慧資糧」；同理，由於法身法爾具足一切功德，是故能幫助行者令本具的法身功德離障顯露的種種方便，即為「福德資糧」。

兩種抉擇，猶如南轅北轍，而後者更被冠以「真常唯心」的標幟，認為這種思想承許有「不空」的如來藏作為有情心「本體」，與龍樹的「空」相違，只能算是方便法。然而，這類批評，卻無非是建基於第一種對「空性」的抉擇，而這種理解卻純是後世由理論推演而得的一種說法，經論根據其實薄弱。

至於第二種抉擇，我們可以一看比龍樹早出的大乘經，如《維摩詰所說經》，當中便有「無為是菩提，無生住滅故」[114]的說法，即是抉擇無為具有「覺」的體性，是則無為法如「空性」、「涅槃」、「法身」等亦然。《法華經》中的「衣珠喻」，與《維摩・佛道品》所說「示行諸煩惱而心常清淨、示入於魔而順佛智慧不隨他教…示入貧窮而有寶手功德無盡、示入刑殘而具諸相好以自莊嚴、示入下賤而生佛種姓中具諸功德」[115]的說法，正好互相呼應，都是指示有情「心性本淨」。稍後結集的《大法鼓經》更明說於如來教法中，有「密義」（經中說為「隱覆之說」）不為二乘行人及初業菩薩所善解，而此中所謂「密義」者，即是「唯說如來常住及有如來藏，而不捨空」[116]；至於《大方等無想經》，更以「如來深密藏，眾生所不解」為其要義，且謂「一切眾生無明覆故，妄說

114 依鳩摩羅什譯，T475: 542。

115 T475: 549.

116 且引《大法鼓經》開首的經文如下（依求那跋陀羅譯）：阿難白佛言：「善哉善哉！一切善來，彼悉得此難得經法。」 佛告阿難：「如是深經，非一切共。是故不應說言：『一切善來。』」 阿難白佛言：「何故彼非一切善來？」 佛告阿難：「此經典者，是諸如來祕密法藏，甚深微妙，難解難信。是故，阿難！不應說言：『一切善來。』… 阿難！此大法鼓經名，是二乘之人不信法門。是故，阿難！譬如彼王至鬥戰時擊王大鼓；此大法鼓諸佛祕密，佛出世時，爾乃演說。」爾時，世尊告大迦葉：「此諸比丘清淨純一，真實強力離諸糟糠，堪任聞此大法鼓經不？」迦葉白佛言：「若有比丘犯戒違律，是大目連之所呵責。有如是比，我不同行，況復世尊？今此會眾，如栴檀林，清淨純一。」 佛告迦葉：「今此會眾雖復一切清淨純一，然於隱覆之說有不善解。」迦葉白佛言：「云何名為隱覆之說？」佛告迦葉：「隱覆說者，謂言如來畢竟涅槃，而實如來常住不滅，般涅槃者非毀壞法。此修多羅離覆清淨，明顯音聲，百千因緣，分別開示。是故，迦葉！當更觀察此諸大眾。」…「如是下劣眾生、及聲聞緣覺、初業菩薩作是念言：『我不堪任聽受，如來已般涅槃，而復說言常住不滅，於大眾中聞所未聞。』從坐而去。所以者何？彼人長夜於般涅槃修習空見，聞離隱覆清淨經故，從坐而去。 彼十方來聲聞、緣覺、初業菩薩，百千萬億阿僧祇分，餘一分住，謂彼菩薩摩訶薩信解法身常住不變者，爾乃安住受持一切如來藏經，亦能解說安慰世間解知一切隱覆之說。善觀一切了義不了義經，悉能降伏毀禁眾生，尊敬承順清淨有德，於摩訶衍得大淨信，不於二乘起奇特想。除如是等方廣大經，不說餘經，唯說如來常住及有如來藏，而不捨空，亦非身見空，空彼一切有為自性。」T270: 291。

如來無常無我無樂無淨，是故流轉三惡道中。… 我今始知諸佛如來不畢竟滅，知已則得無上大寶，以佛力故復令我知諸佛實性，得服無上甘露法味…」[117]。值得留意的是，後二經的流通分，都提到此「隱覆說」之無上法門，由離車子（Licchavi）一切有情樂見童子所護持，而月稱於其《入中論釋》則認為一切有情樂見童子，即轉生為龍樹：

> 問：如何得知龍猛菩薩無倒解釋經義？答：由教證知。如《楞伽經》云：「南方碑達國，有吉祥苾芻，其名呼曰龍，能破有無邊。於世宏我教，善說無上乘，證得歡喜地，往生極樂國」。《大雲經》云：「阿難陀！此離車子一切有情樂見童子，於我滅度後滿四百年轉為苾芻其名曰龍，廣宏我教法，後於極淨光世界成佛，號智生光如來應正等覺」。故此菩薩定能無倒解釋經義。[118]

此說一切有情樂見童子即為龍樹，應可理解為印度佛家相傳的說法。然而，我們應予細加思索的是：

一）一切有情樂見童子所守護的，即是如來藏教法；

二）龍樹活躍的年代，雖然尚未有「如來藏」此名相的確立，但此思想則已以不同形式廣見於大小乘佛經，而龍樹卻不可能無所認知；

三）月稱引用談及佛陀早已授記龍樹降生的兩部佛典，都是後世列為「如來藏經典」的大乘契經；

117 依曇無讖譯，T387: 1085。

118 依法尊法師譯。

四）月稱不可能不了知《大雲經》（即《大方等無想經》）的內容，亦不可能不知道經中提到的一切有情樂見童子所護持、廣弘的，是甚麼的大乘教法。然而，他亦對此不以為忤，認同將《大雲經》中的一切有情樂見童子於佛滅度後五百年轉生為龍樹比丘，繼續弘揚如來教法。

五）對於《大方等無想經》中的一些歷史與地理的描述，季羨林先生曾推論說當中所描述的，乃是南印案達羅國（Andhra）[119]，亦即上文提到傳出《勝鬘》、《無可喻讚》等經論之處。這正合乎近代學者的說法，認為龍樹出身南印度，亦主要於南印度弘法，而如來藏思想亦同樣於南印度興起和結集。此正合月稱引述印度佛家的傳統說法，視龍樹為一切有情樂見童子的轉生。

以上五點，都不是近代漢土對龍樹、月稱的認知方向。這說明了我們現今對中觀的認識，其實與龍樹、月稱的說法，有着顯著的距離。

否定如來藏思想的學人，或以為本導論企圖硬把如來藏強加於中觀宗之上，由是造成對龍樹思想的曲解，其實不然。本文只是依佛家大小乘經論來對「空性」細加抉擇。依《大法

---

119 經中第六卷有云「以方便故，我涅槃已，七百年後，是南天竺，有一小國，名曰無明；彼國有河，名曰黑暗；南岸有城，名曰熟谷；其城有王，名曰等乘；等乘王崩后，諸臣奉此王女繼位，威伏天下，即增長女王。」季羨林有論文指出「無明」（Andhya）應為案達羅（Andhra）的誤譯；「黑暗」即克里希那（Kṛṣṇa）河名的意思；「熟谷」乃馱那羯磔迦城（Dhanyakataka）的意思，「等乘」則為案達羅娑多婆漢那（Sātavāhana）王朝的意思。見季羨林等編撰《大唐西域記校注》，頁840-842。

鼓經》的說法，這是「修習空見」的「隱覆義」，也可以說是龍樹思想的密義。

對於佛家思想，若一味只從哲學理論、邏輯推理等來作認識，便容易造成許多曲解，把原來引導修行人通往證智之境的教法建立，都看成為互不相關的獨立理論，於是唯依個別經典的言說，甚且斷章取義，對諸名相自立範限，由是「空性」、「如來藏」、「唯識」、「真如」、「法身」等名相，便皆各有定義，而且大都不能相容，這反映的，正是我們凡夫識境的戲論。

我們且看看龍青巴尊者（kLong chen rab 'byams pa，1308-1364）的《大圓滿虛幻休息論妙車釋》（*rDzogs pa chen po sgyu ma ngal gso'i grel pa shing rta bzang po*）開首的一句讚頌：

> 諸法不生平等性　智幻無二受用境
> 心性之王本生前　以無離合而頂禮

論中釋此云：

> 此偈乃為建立本論之金剛體。各各自覺智、菩提心、如來藏者，為輪迴涅槃諸法之法界，或至上本源。《楞伽經》云：
>
> 無始時來界　是諸法本源
> 有此有眾生　及得涅槃者
>
> 然其本體，自性無生、平等性、無為法、離斷常等故，此乃無分別智、不可思議、各之自覺，是屬於勝義諦。[120]

---

120 劉立千譯《大圓滿虛幻休息論妙車釋等合編》（北京：民族出版社，2000），頁2。

筆者借此來總結本文，因為此中所說，正好涵蓋以上的討論 —— 其中提及的「智幻無二受用境」（如如境與如如智之相融境界）、「各各自覺智」、「菩提心」、「如來藏」、「無分別智」等，其實都是「輪迴涅槃諸法之法界」，而此法界之體性「自性無生」、「平等性」、「無為法」、「離常斷」，是亦即是龍樹諸論所抉擇的「空性」。然此所謂「空性」者，必由「無分別智」之不思議自覺境界現觀，始為「勝義諦」。此亦正是龍樹「讚歌集」的要義。

繙譯說明

本書各篇讚歌的繙譯，主要依據藏譯而翻 。

各篇藏譯，根據四版《丹珠爾》（bsTan 'gyur）來作校勘。此以德格版（sDe dge，簡稱「D」）為校勘底本，結合北京版（簡稱「P」）、那塘版（sNar thang，簡稱「N」）、卓尼版（Co ne，簡稱「C」）對其加以修訂。校注中，「-」表示原文缺失之部分、「+」則指原文多出之部分。此校勘工作，由人民大學的楊杰博士襄辦完成。

其中，《四讚歌》尚有梵本存世，故據梵本訂正及補遺。所依梵本，主要為 Chr. Lindtner 校勘的《出世間讚》及《不思議讚》，以及 G. Tucci 校勘的《無可喻讚》及《勝義讚》。有關 Lindtner 參考的各種梵本，見其 *Master of Wisdom* 一書，頁230-231；至於 Tucci 的勘訂，則見其 "Two Hymns of the Catuḥstava" 一文。

龍樹論師

繙譯對勘

Cittavajrastava (Sems kyi rdo rje'i bstod pa)

【藏】：'jam dpal gzhon nur gyur pa la phyag 'tshal lo /[1]

gang gis sems byung dra ba ni/
sems nyid kyis[2] ni bsal mdzad de/
sems kyi rmongs pa sel ba yi/
rang sems de la phyag 'tshal lo // 1

sems can mos pa sna tshogs rnams/
tha dad lha yi dmigs pa la/
rin chen sems ni rna grol las/
lha gzhan bsgrub tu yod ma yin// 2

sems[3] thob pa ni byang chub ste/
sems ni 'gro ba lnga po yin/
bde dang sdug bsngal mtshan nyid dag/
sems las ma gtogs cung zad med// 3

---

1 各版丹珠爾皆有此句，為藏譯者所加。

2 D: kyis; P, N, C: kyi.

3 D: sems; P, N, C: rim.

一、《心金剛讚》

頂禮妙吉祥童子

1

任誰心所之網罩
於心性中作澄明
心之迷惑得淨除
我向自心敬頂禮

2

有情種種之信受
各各本尊所緣境
然於寶心之解脫
更無本尊可成立

3

心證得者為菩提
而心則有五種趣
安樂痛苦之體性
除心以外實無有

【藏】：'gro ba kun kyis[4] mthong ba rnams/
cung zad bsgom pa'i rnam pa yang/
de kun sems kyi dra ba ru/
de nyid gsung bas bstan pa yin// 4

rnam par rtog pa spangs pa'i sems/
rnam par rtog pas bsngos[5] byas pa'i/
'khor ba rnam rtog tsam nyid de/
rnam rtog med pa thar pa yin// 5

de bas kun kyis 'bad pa yis/
byang chub sems la phyag bya'o/
sems kyi rdo rje[6] bsgom pa'i phyir/
de ni byang chub mchog ces bya// 6

khams bskyed sems ni lus kyis bcings/
sems med khams ni bde bar[7] 'jug/
de phyir sems ni kun tu bsrung/
bde legs sems las[8] sangs rgyas 'byung// 7

4 D: gyi; P, N, C: gyis.

5 D: bsdos; P, N, C: sgo.

6 D: rje; P, N, C: rje'i.

7 D: bde bar; P, N, khed par; C: khod.

8 D: las; P, N, C: la.

4

一切趣之種種見
以及微少之修持
是皆為心之網罩
此說如如之教授

5

捨離妄分別之心
妄分別心之所願
輪迴唯是分別性
無有分別即解脫

6

是故一切之精勤
悉為敬禮菩提心
為修習心金剛故
是名殊勝之菩提

7

界所生心繫於身
無心界即入於樂
是故遍護持於心
佛陀生於吉祥心

Stutyatitastava
(bsTod pa las 'das par bstod pa)

【藏】：'jam dpal gzhon nur gyur pa la phyag 'tshal lo[1]

bla med lam las gshegs pa yi/
de bzhin gshegs pa bstod 'das kyang/
gus shing spro ba'i sems kyis ni/
bdag gis bstod 'das bstod par bgyi[2]// 1

bdag dang gzhan dang gnyis ka las/
rnam par dben pa'i dngos gzigs kyang/
khyod kyi thugs rje sems can las/
ma log pa ni ngo mtshar lags// 2

ngo bo nyid kyis ma skyes shing/
tshig las 'das pa'i spyod yul hyi/
chos rnams khyod kyis gang bstan pa/
de ni khyod kyi ngo mtshar lags// 3

---

1 各版丹珠爾皆有此句，梵本則無。

2 D: bgyi; P, N, C: bgyid.

二、《超讚嘆讚》

頂禮妙吉祥童子

1

如來已然超越過
超過讚嘆無上道
謹以虔敬歡喜心
超過讚嘆我讚禮

2

雖見諸事得遠離
我與他以及二俱
汝於有情大悲心
既稀有且離顛倒

3

非由自性而生起
且亦遠離言說境
汝所說之種種法
是為汝之甚稀有

【藏】：phung po khams dang skye mched rnams/
khyod kyis bsgrags par mdzad lags kyang/
de dag yongs su ’dzin pa ni/
slad kyis kyang ni bzlog par mdzad// 4

gang zhig rkyen las de ma mchis/
dngos rnams rkyen las ji ltar skye/
de skad mkhas pa khyod gsungs pas/
spros pa rnams ni bcad pa lags// 5

gang dag tshogs las rab grub na/
tshogs pa rgyu las ’byung mthong ba/
de dag mtha’ gnyis brten par ni/
khyod kyis shin tu gzigs pa lags// 6

dngos po rkyen la brten grub par/
khyod ni shin tu bzhed pa lags/
de ltar byas pa’i skyon lags par
’di ltar ston pa khyod kyis gzigs// 7

gang nas kyang ni mchi ma lags/
gang du yang ni mchis ma lags/
dngos po thams cad gzugs brnyan dang/
mtshungs par khyod ni bzhed pa lags// 8

4

諸蘊與界以及處
汝悉予以作演說
然而於彼之引攝
其後亦予作遮遣

5

既非由緣而成有
云何緣能生諸事
怙主即作如是說
為令斷滅諸戲論

6

若由集聚而善成
則見集聚為生因
彼等乃依於二邊
是為汝之善觀見

7

若依緣而成立事
是為汝之極所許
如是而作之過患
汝亦觀見而說此

8

既是無所從而來
是亦無所從而去
一切法猶如影像
是即為汝之所許

【藏】：lta ba thams cad spang ba'i phyir/
mgon po khyod kyis stong pa gsungs/
de yang yongs su btags pa ste/
dngos su mgon po khyod mi bzhed// 9

stong dang mi stong bzhed ma lags/
gnyis kar khyod dgyes ma lags te/
de la brtsod pa ma mchis par/
khyod kyi[3] gsung chen spyod pa lags// 10

gzhan min dngos po yod min zhing/
gzhan min gnyis min zhes kyang gsungs/
gcig dang gzhan nyid spangs pas na/
ji lta bur yang dngos ma mchis// 11

gal te skye sogs gsum mchis na/
'dus byas mtshan nyid mchis par 'gyur/
de dag gi yang skye la sogs/
gsum pa tha dad 'gyur pa lags// 12

skye sogs gsum pos so so ni/
'dus byas las la nus ma lags/
gcig la gcig tu 'dus pa rnams/
phrad par yang ni mchis ma lags// 13

3 D: kyis; P, N, C: kyi.

9

為令捨除一切見
是故怙主乃說空
然而此亦為增益
實非怙主之所許

10

非許空抑或不空
兩者悉非汝所喜
是汝大說之行止
於彼應無有諍論

11

汝說無他即無事
無他且亦無有二
既已捨除一異故
如何皆無有實事

12

生起等三若為有
有為性相即成有
復次彼生起等等
是三亦當成為異

13

生起等三各別時
不具有為之功用
一與另一之聚合
如此相連亦復無

【藏】：de ltar mtshan gzhi mtshan ma mchis/
de ltar grub pa ma lags pas/
’dus byas grub pa ma lags na/
’dus ma byas lta ga la grub// 14

smra ba’i seng ges de skad du/
khyod nyig gsungs na seng ge yis/
’bigs byed glang chen smra rnams kyi/
rgyags pa bsal bar gyur pa bzhin// 15

lam zhugs gnod pa sna tshogs dang/
lta ba’i lam ngan mi bsten[4] ltar/
khyod la brten nas yod pa dang/
med pa nyid la’ang brten[5] ma lags// 16

khyod kyis dgongs nas gsungs pa dang/
gang dag gis ni de ltar rtogs/
de dag khyod kyis dgongs gsungs pa/
phyir zhing rtogs par bgyi mi ’tshal// 17

4 D: rten; P, N, C: bsten.

5 D: rten; P, N, C: brten.

14

故無相及相之基
如是悉無可成立
有為既無可成立
焉可而成立無為

15

汝之教說如獅子
是即猶如獅子吼
高山大象之語聲
於其憍慢可清除

16

入道者皆不依止
種種損害及惡見
由依止於汝之故
不復依於有無有

17

任誰能如是了悟
汝所說之深密義
無復需更作了悟
汝說彼等深密義

【藏】：dngos kun mya ngan 'das mtshungs par/
de ltar gang gis rnam shes pa/
de tshe de la ji lta[6] bur/
ngar 'dzin kun tu 'byung bar 'gyur// 18

de ltar yang dag rig pa'i mchog/
de nyid rig pa khyod bstod pa'i/
bdag gi[7] bsod nams gang yin des/
'jig rten yang dag rig mchog shog// 19

bstod pa las 'das par bstod pa slob dpon chen po 'phags pa klu sgrub kyi zhal snga nas mdzad pa rdzogs so //

6 D, P: lta; N, C: ltar.

7 D: gis; P, N, C: gi.

18

如是任誰之心識
一切等同於涅槃
云何於此之時際
尚有我執之生起

19

由是以我之福德
讚頌汝了知真實
如是正殊勝覺知
願世間通達最勝

大阿闍黎聖龍樹之語，造此《超讚嘆讚》圓滿

Lokātītastava
('Jig rten las 'das par bstod pa)

【梵】：lokātīta namas tubhyaṃ viviktajñānavedine /
yas tvaṃ jagaddhitāyaiva khinnaḥ karuṇayā ciram // 1

skandhamātravinirmukto na sattvo 'stīti te matam /
sattvārthaṃ ca paraṃ khedam agamas tvaṃ mahāmune // 2

te 'pi skandhās tvayā dhīman dhīmadbhyaḥ saṃprakāśitāḥ /
māyāmarīcigandharvanagarasvapnasaṃnibhāḥ // 3

【藏】：'jam dpal gzhon nur gyur pa la phyag 'tshal lo /[1]

dben pa'i ye shes rig gyur pa/
'jig rten 'das khyod phyag 'tshal 'dud/
gang khyod 'gro la phan pa'i phyir/
yun ring thugs rjes ngal bar gyur// 1

phung po tsam las grol ba yi/
sems can med par khyod bzhed la/
sems can don la'ang mchog gzhol bar/
thub pa chen po khyod nyid bzhugs[2]// 2

blo ldan khyod kyis phung de'ang/
sgyu ma smig rgyu dri za yi/
grong khyer rmi lam ji bzhin du/
blo ldan rnams la rab tu bstan// 3

1 各版丹珠爾皆有此句，梵本則無。

2 D: zhugs; P, N, C:bzhugs.

三、《出世間讚》

頂禮妙吉祥童子

1

能證真實之本智
出世間汝敬頂禮
汝為利益有情故
為具苦者恆大悲

2

汝許實無有有情
而可離於五蘊聚
勝尊致志為有情
汝安住於大悲性

3

具慧者汝說五蘊
為如幻亦如陽焰
如尋香城亦如夢
為諸慧者作善說

【梵】：hetutaḥ saṃbhavo yeṣāṃ tadabhāvān na santi ye /
kathaṃ nāma na te spaṣṭaṃ pratibimbasamā matāḥ // 4

bhūtāny acakṣurgrāhyāṇi tanmayaṃ cākṣuṣaṃ katham /
rūpaṃ tvayaivaṃ bruvatā rūpagrāho nivāritaḥ // 5

vedanīyaṃ vinā nāsti vedanāto nirātmikā /
tac ca vedyaṃ svabhāvena nāstīty abhimataṃ tava // 6

saṃjñārthayor ananyatve mukhaṃ dahyeta vahninā /
anyatve 'dhigamābhāvas tvayoktaṃ bhūtavādinā // 7

【藏】：gang dag rgyu las byung ba rnams/
de med par ni yod min pas/
gzugs brnyan nyid dang mtshungs pa ru/
gsal bar ci yi phyir mi 'dod// 4

'byung ba mig gi gzung[3] min pas/
de dngos mig gi ji ltar yin/
gzugs nyid gzung bar rab bkag pa/
gzugs nyid khyod kyis de ltar gsungs// 5

tshor bya med pa de med pas/
tshor ba nyid ni bdag med pas/
tshor bya de yang rang bzhin gyis/
yod pa med par khyod nyid bzhed// 6

ming dang don dag tha dad min/
me yis kha nyid 'tshig par 'gyur/
gzhan na'ang rtogs[4] pa med 'gyur zhes/
bden pa gsung ba khyod kyis bstan// 7

---

3 D: gis gzung; P, N, C: gi gzugs.

4 D: rtog; P, N, C: rtogs.

4

凡諸生起皆由因
若無此便即無有
此即如同影像性
云何不願明乎此

5

大種非為眼對境
於眼如何有實事
色性外境極遮撥
汝即如是說色性

6

彼無有故無覺受
覺受無有我之性
復於覺受之自性
汝已說之為無有

7

名與境若非不同
火字即可焚於口
然不同則無了悟
汝即如是說真實

【梵】：kartā svatantraḥ karmāpi tvayoktaṃ vyavahārataḥ /
parasparāpekṣikī tu siddhis te‘bhimatānayoḥ // 8

na kartāsti na bhoktāsti puṇyāpumṇyaṃ pratītyajam /
yat pratītya na taj jātaṃ proktaṃ vācaspate tvayā // 9

ajñāyamānaṃ na jñeyaṃ vijñānaṃ tad vinā na ca /
tasmāt svabhāvato na sto jñānajñeye tvam ūcivān // 10

【藏】：byed po rang dbang las nyid[5] kyang/
tha snyad du ni khyod kyis bstan/
phan tshun bltos[6] pa can nyid du/
grub par khyod ni bzhed pa lags// 8

byed po yod min spyod pa'ang med/
bsod nams de min rten 'brel skyes/
brten[7] nas skyes gang ma skyes zhes/
tshig gi bdag po khyod kyis gsungs[8]// 9

shes pa med par shes bya min/
de med rnam par shes pa'ang med/
de phyir shes dang shes bya dag/
rang dngos med ces khyod kyis gsungs[9]// 10

5 D: nyid las; P, N, C: las nyid.

6 D: ltos; P, N, C: bltos.

7 D: rten; P, N, C: brten.

8 D: gsung; P, N, C: gsungs.

9 D: gsung; P, N, C: gsungs.

8

作者與所作獨存
汝依名言而說之
然而汝實欲建立
彼此相互而觀待

9

無有作者無受者
福德有無依緣生
依緣生者為無生
言說主汝之所說

10

無知即無所知境
無此便亦無有識
是故能知及所知
汝亦說為無自性

【梵】：lakṣyāl lakṣaṇam anyac cet syāt tal lakṣyam alakṣaṇam /
tayor abhāvo ‘nanyatve vispaṣṭaṃ kathitaṃ tvayā // 11

lakṣyalakṣaṇanirmuktaṃ vāgudāhāravarjitam /
śāntaṃ jagad idaṃ dṛṣṭaṃ bhavatā jñānacakṣuṣā // 12

na sann utpadyate bhāvo nāpy asan sadasan na ca /
na svato nāpi parato na dvābhyāṃ jāyate katham // 13

【藏】：mtshan nyid mtshon bya gzhan nyid na[10]/
mtshon bya mtshan nyid med par ’gyur/
tha dad min na’ang de[11] med par/
khyod kyis gsal po nyid du bstan// 11

mtshan nyid mtshon[12] bya rnam bral zhing/
tshig gis brjod pa rnam spangs par/
khyod kyis[13] ye shes spyan nyid kyis/
’gro ba ’di dag zhi bar mdzad// 12

dngos po yod pa nyid mi skye/
med pa’ang ma yin yod med min/
bdag las ma yin gzhan las min/
gnyis min skye ba[14] ji lta bu// 13

10 D: na; P, N, C: ni.

11 D: med de; P, N, C: de med.

12 D: mtshan; P, N, C: mtshon.

13 D: kyi; P, N, C: kyis.

14 D, P: skye ba; N, C: skyes pa.

11

能相與所相為異
所相可成無能相
若非異則皆無有
此汝澄明之教說

12

遠離能相與所相
亦復捨離於言說
從於汝之本智眼
諸趣皆令得寂靜

13

實有之事無生起
或無有及有無有
非由自亦非由他
此二亦無云何生

【梵】：na sataḥ sthitiyuktasya vināśa upapadyate /
nāsato 'śvaviṣāṇena samasya śamatā katham // 14

bhāvān nārthāntaraṃ nāśo nāpy anarthāntaraṃ matam /
arthāntare bhaven nityo nāpy anarthāntare bhavet // 15

ekatve na hi bhāvasya vinśāa upapadyate /
pṛthaktve na hi bhāvasya vināśa upapadyate // 16

vinaṣṭāt kāraṇāt tāvat kāryotpattir na yujyate /
na cāvinaṣṭāt svapnena tulyotpattir matā tava // 17

【藏】：yod pa gnas par rigs 'gyur gyi/
'jig par 'gyur ba ma yin no/
med pa mi gnas par rigs[15] pas/
'jig par 'gyur ba ma yin no// 14

……………………………/
……………………………/
……………………………/
……………………………// 15

……………………………/
……………………………/
……………………………/
……………………………// 16

re zhig zhig pa'i rgyu las kyang/
'bras bu 'byung bar mi rigs la/
ma zhig las min rmi lam dang/
'dra ba'i skye ba khyod nyid bzhed// 17

15 D: rigs; P, N, C: rig.

14

有而成住此成理
而其壞滅則為非
至於無有如馬角
云何可得其壞滅[16]

15

壞滅與有非為異
且亦不可為非異
然若為異則恆常
若非為異則無有

16

如若與有實為一
壞滅則非為如理
如若與有實為異
壞滅亦非為如理[17]

17

首先從於壞滅因
而可生果非如理
或從未壞滅亦然
汝說生起猶如夢

16 此句藏譯，第二及第四句完全相同，第一與第三句則近似，疑為刻版時的手民之誤。今依梵本而譯。

17 上來頌15及16，為藏譯本無，今依梵本補入 。

【梵】：na niruddhān nāniruddhād bījād aṅkurasaṃbhavaḥ /
māyotpādavad utpādaḥ sarva eva tvayocyate // 18

atas tvayā jagad idaṃ parikalpasamudbhavam /
parijñātam asadbhūtam anutpannam na naśyati // 19

nityasya saṃsṛtir nāsti naivānityasya saṃsṛtiḥ /
svapnavat saṃsṛtiḥ proktā tvayā tattvavidāṃ vara // 20

【藏】：sa bon zhig dang ma zhig las /
myu gu ’byung ba ma yin pas /
khyod kyis skye at hams cad ni /
sgyu ma ’byung ba bzhin du gsungs[18] // 18

de phyir khyod kyis ’gro ’di dag/
yongs su brtags pa las byung bar/
kun tu shes bya ’byung ba na’ang/
skye ba med cing ’gag med gsungs// 19

rtag la ’khor bay od ma yin/
mi rtag pa la’ang ’khor ba med/
de nyid rig pa’i mchog khyod kyis/
’khor bar mi lam ’dra bar gsungs// 20

---

18 此依 Lindtner（1986）的校勘版，然此句不見於各版大藏經。於大藏經，此句作：zhi dang ma zhig pa dag gis / rgyu las ’bras bu ’byung ba dag / sgyu ma ’byung ba bzhin du ’byung / kun kyang de bzhin khyod kyis gsungs (D: gsungs; P, N, C: bsrungs) //

18

非由壞滅非壞滅
種子之芽得生起
汝說一切之生起
悉為如幻之生起

19

是故汝於諸種趣
悉由計度而生起
由遍智而於生起
說為無生亦無滅

20

於輪迴無有恆常
於輪迴亦無無常
如是汝以最勝解
教說輪迴實如夢

【梵】：svayaṃkṛtaṃ parakṛtaṃ dvābhyāṃ kṛtam ahetukam /
tārkikair iṣyate duḥkhaṃ tvayā tūktaṃ pratītyajam // 21

yaḥ pratītyasamutpādaḥ śūnyatā saiva te matā /
bhāvaḥ svatantro nāstīti siṃhanādas tavātulaḥ // 22

sarvasaṃkalpanāśāya śūnyatāmṛtadeśanā /
yasya tasyām api grāhas tvayāsāv avasāditaḥ // 23

【藏】：sdug bsngal rang gis byas pa dang/
gzhan gyis byas dang gnyis kas byas/
rgyu med par ni rtog ge 'dod/
khyod kyis[19] brten nas 'byung bar gsungs// 21

rten cing 'brel par gang byung ba/
de nyid khyod ni stong par bzhed/
dngos po rang dbang yod min zhes/
mnyam med khyod kyi seng ge'i sgra[20]// 22

kun rtog thams cad spangs[21] pa'i phyir/
stong nyid bdud rtsi ston mdzad na/
gang zhig de la zhen gyur pa/
de nyid khyod kyis shin tu smad// 23

19 D: kyis; P, N, C: kyi.

20 D: sgras; P, N, C: sgra.

21 D: spang; P, N, C: spangs.

21

乾慧者認為痛苦
為由自作或他作
或兩者作或無因
然汝教說依緣生

22

依於緣起而生者
汝教說之為空性
汝之無等獅子吼
說無獨存之實事

23

為令捨除諸遍計
故作甘露空性說
然若有等執於彼
如是汝即極呵責

【梵】：nirīhā vaśikāḥ śūnyā māyāvat pratyayodbhavāḥ /
sarvadharmās tvayā nātha niḥsvabhāvāḥ prakāśitāḥ // 24

natvayotpāditaṃ kiṃ cin na ca kiṃ cin nirodhitam /
yathā pūrvaṃ tathā paścāt tathatāṃ buddhavān asi // 25

aryair nisevitām enām anāgamya hi bhāvanām /
nānimittaṃ hi vijñānaṃ bhavatīha kathaṃ cana // 26

【藏】：bems po gzhan dbang stong pa nyid/
sgyu ma bzhin du rkyen 'byung bar/
mgon po khyod kyis chos kun gyi/
dngos med goms par mdzad pa lags// 24

khyod kyis cung zhig ma bskyed cing/
'ga' yang bkag pa ma mchis la/
sngon gyi ji ltar phyis de bzhin/
de bzhin nyid ni thugs su chud// 25

'phags pa rnams kyis brten[22] pa yi/
bsgoms[23] ma zhugs par mtshan med 'di/
rnam par shes par 'gar 'gyur ram/
……………………………………[24]// 26

22 D: kyis bstan; P, N, C: kyi brten.

23 D: bsgom; P, N, C: bsgoms.

24 藏譯各本皆缺最後一句，漢譯依梵本補入。

24

無作依他及空性
如幻以及依緣起
怙主汝說一切法
悉開示為無自性

25

汝不曾生起稍微
亦未作任何遮撥
前後際真如為何
即以心證入真如

26

若不依於諸聖者
而入於彼之觀修
無論如何於世間
無可生起無相識

【梵】：animittam anāgamya mokṣo nāsti tvam uktavān /
atas tvayā mahāyāne tat sākalyena deśitam // 27

yad avāptaṃ mayā puṇyaṃ stutvā tvāṃ stutibhājanam /
nimittabandhanāpetaṃ bhūyāt tenākhilaṃ jagat // 28

【藏】：mtshan ma med la ma zhugs par/
thar pa med ces gsungs pa'i phyir/
de phyir khyod kyis theg chen la[25]/
ma lus par ni de nyid bstan// 27

bstod pa'i snod khyod bstod pa las/
bdag gis[26] bsod nams gang thob pa/
des ni 'gro ba ma lus rnams/
mtshan ma'i 'ching las grol gyur cig// 28

'jig rten las 'das par bstod pa / slob dpon 'phags pa klu sgrub kyis mdzad pa rdzogs so //
rgya gar gyi mkhan po kṛṣṇa[27] paṇḍi ta dang / lo tsā wa tshul khrims rgyal bas bsgyur cing zhus te gtan la phab pa'o //

---

25 D, P, N, C: rnams.

26 D :gis; P, N, C: gi.

27 D: kṛṣṇa; P: kriṣṭa; N: kṛṣṭa; C: kriṣṭa。

27

若不證入於無相
已說無可得解脫
是故汝於大乘教
無餘演說其真實

28

我以所得之福德
讚頌汝為應讚器
願無餘諸有情眾
於相縛中得解脫

阿闍黎聖龍樹造《出世間讚》圓滿
印度親教師黑天班智達及譯師戒勝繙譯、校對並審定

Niraupamyastava
(Dpe med par bstod pa)

【梵】：niraupamya namas tubhyaṃ niḥsvabhāvārthavedine /
yas tvaṃ dṛṣṭivipannasya lokasyāsya hitodyataḥ // 1

na ca nāma tvayā kiṃcid dṛṣṭaṃ bauddhena cakṣuṣā /
anuttarā ca te nātha dṛṣṭis tattvārthadarśinī // 2

na boddhā na ca boddhavyam astīha paramārthataḥ /
aho paramadurbodhāṃ dharmatāṃ buddhavān asi // 3

【藏】：'jam dpal gzhon nur gyur pa la phyag 'tshal lo /[1]

gang zhig lta bas phongs pa yi/
'jig rten 'di la phan brtson khyod/
dngos po med pa'i don rig pas/
dpe med khyod la phyag 'tshal bstod// 1

gang zhig khyod kyi[2] cung zhig kyang/
sangs rgyas spyan gyis ma gzigs pa/
khyod kyi[3] gzigs pa bla med de/
de nyid don ni rig pa lags// 2

don dam pa yi yod pa nyid/
rtog dang rtogs bya mi mnga zhing/
e ma ho[4] mchog tu rtogs dka ba'i/
chos nyid sang rgyas rnams kyis rtogs// 3

---

1 各版丹珠爾皆有此句，梵本則無。

2 D: kyis; P, N, C: kyi.

3 D: kyis; P, N, C: kyi.

4 D: ma'o; P, N, C: ma ho.

四、《無可喻讚》

頂禮妙吉祥童子

1
精勤利世間
諸受邪見者
了悟無自性
讚禮汝無喻

2
汝及汝佛眼
無甚可見者
然汝無上見
觀見真實義

3
依於勝義有
無覺無所覺
稀奇勝領悟
佛證之法性

【梵】：na tvayotpāditaḥ kaścid dharmo nāpi nirodhitaḥ /
samatādarśanenaiva prāptaṃ padam anuttaram // 4

na saṃsārāpakarṣeṇa tvayā nirvāṇam īpsitam /
śāntis te 'dhigatā nātha saṃsārānupalabdhitaḥ // 5

tvaṃ vivedaikarasatām saṃkleśavyavadānayoḥ /
dharmadhātvavinirbhedād viśuddhaś cāsi sarvataḥ // 6

【藏】：khyod kyis cung zhig ma bskyed cing/
chos rnams bkag pa ang ma lags la/
mnyam pa nyid kyi lta ba yis/
bla na med pa'i go 'phang brnyes// 4

'khor ba spangs par gyur pa yis/
mya ngan 'das khyod mi bzhed kyis[5]/
'khor ba ma dmigs pa nyid kyi/
zhi de mgon po khyod kyis rtogs// 5

khyod kyis kun nas nyon mongs dang/
rnam byang ro gcig gyur rig pas/
chos dbyings mngon par dbyer med pa/
kun tu rnam par dag par gyur// 6

5 D: kyi; P, N, C: kyis.

4

無有汝生起
或遮斷之法
由見平等性
證得無上位

5

輪迴若斷除
不許為涅槃
輪迴無所緣
怙主證寂靜

6

雜染及清淨
證悟為一味
法界現無別
周遍之清淨

【梵】：nodāhṛtaṃ tvayā kiñcid ekam apy akṣaraṃ vibho /
kṛtsnaś ca vaineyajano dharmavarṣeṇa tarpitaḥ // 7

na te 'sti saktiḥ skandheṣu dhātuṣv āyataneṣu ca /
ākāśasamacittas tvaṃ sarvadharmeṣv aniśritaḥ // 8

sattvasaṃjñā ca te nātha sarvathā na pravartate /
duḥkhārteṣu ca sattveṣu tvam atīva kṛpātmakaḥ // 9

【藏】：gtso bo khyod kyi gang[6] zhig tu/
yi ge gcig kyang ma gsungs pa[7]/
gdul bya'i 'gro ba ma lus pa/
chos kyi char gyis tshim pa'ang[8] mdzad// 7

mkha' dang mnyam par thugs mnga khyod/
phung po khams dang skye mched la/
chags par gyur pa mi mnga bas/
chos rnams kun la brten ma lags// 8

mgon khyod sems can 'du shes kyis/
'jug pa kun tu mi mnga yang/
sdug bsngal gyur pa'i sems can la/
snying rje'i bdag nyid gyur pa ang khyod// 9

---

6 D: kyis 'ga'; P, N, C: kyi gang.

7 D: la; P, N, C: pa.

8 D: par; P, N, C: pa'ang.

7

從於主尊汝
未曾說一字
調伏趣無餘
法雨令滿足

8

汝心如虛空
於蘊界及處
無復有貪戀
不依一切法

9

怙主想有情
而無不遍入
有情之痛苦
堅固汝悲性

【梵】：sukhaduḥkhātmanairātmyanityānityādiṣu prabho /
iti nānāvikalpeṣu buddhis tava na sajjate // 10

na gatir nāgatiḥ kācid dharmāṇām iti te matiḥ /
na kvacid rāśibhavo ‘to ‘si paramārthavit // 11

sarvatrānugataś cāsi na ca jato ‘si kutracit /
janmadharmaśarīrābhyām acintyas tvaṃ mahāmune // 12

【藏】：bde dang sdug bsngal de gyur pa[9]/
rtag mi rtag sogs las[10] gtso khyod/
de lta'i rnam rtog sna tshogs kyis/
thugs ni chags par gyur ma lags// 10

chos rnams gang du ang 'gro ong med/
de bzhin khyod kyi[11] gshegs pa ang lags/
'ga ru spungs pa ang ma lags la[12]/
de bzhin[13] don dam rig pa ang lags// 11

kun gyi rjes su zhugs gyur kyang/
'ga ru 'byung yang ma lags la/
skye dang chos dang sku rnams kyang/
thub chen khyod kyi bsam mi khyab// 12

9 D: bzhin du; P, N, C: gyur pa.

10 D: la; P, N, C: las.

11 D: kyis; P, N, C: kyi.

12 D: pa ma mchis pa; P, N, C: pa'ang ma lags pa.

13 D: phyir; P, N, C: bzhin.

10

樂苦我無我
及常無常等
如是諸分別
汝心皆無着

11

諸法無去來
是如來之說
以無諸積聚
如是知勝義

12

周遍得相隨
而無諸生起
生及法與身
大聖不思議

【梵】：ekānekatvarahitaṃ pratiśrutkopamaṃ jagat /
saṃkrāntināśāpagataṃ buddhavāṃs tvam aninditaḥ // 13

śāśvatocchedarahitaṃ lakṣyalakṣaṇavarjitam /
saṃsāram avabuddhas tvaṃ svapnamāyādivat prabho // 14

vāsanāmūlaparyantāḥ kleśās te 'nagha nirjitāḥ /
kleśaprakṛtitaś caiva tvayāmṛtam upārjitam // 15

【藏】：gcig dang gzhan pa rnams spangs pa/
brag cha lta bu'i 'gro ba rnams/
'pho dang 'jig pa rnams[14] spangs par/
smad pa med par[15] khyod kyis rtogs// 13

rtag dang chad pa dang bral zhing/
mtshan nyid mtshon bya rnam spangs par/
gtso bos rmi lam sgyu sogs[16] bzhin/
'khor ba nges par rtogs pa lags// 14

bag chags gzhir[17] gyur mthar thug pa'i/
khyod kyis nyon mongs sdig pa spangs/
nyon mongs nyid kyi rang bzhin yang/
khyod kyi[18] bdud rtsi nyid du bsgrubs// 15

14 D: rnam; P, N, C: rnams.
15 D: pa; P, N, C: par.
16 D: tshogs; P, N, C: sogs.
17 D, P: gzhir; N, C: bzhir.
18 D: kyis; P, N, C: kyi.

13

捨離諸一異
諸趣如回響
捨流轉壞滅
汝無有譏毀

14

離於常與斷
捨能相所相
猶如夢幻等
決定證輪迴

15

汝除雜染惡
習氣究為根
雜染之本性
汝修成甘露

【梵】：alakṣaṇaṃ tvayā dhīra dṛṣṭaṃ rūpam arūpavat /
lakṣaṇojjvalagātraś ca dṛśyase rūpagocare // 16

na ca rūpeṇa dṛṣṭena dṛṣṭa ity abhidhīyase /
dharma dṛṣṭe sudṛṣṭo 'si dharmatā na ca dṛśyate // 17

śauṣiryaṃ nāsti te kāye māṃsāsthirudhiraṃ na ca /
indrāyudham ivākāśe kāyaṃ darśitavān asi // 18

【藏】：dpa po khyod kyi[19] gzugs rnams kyi/
mtshan ma med mthong gzugs med bzhin/
mtshan gyis 'bar ba'i sku nyid kyang/
gzugs su spyod yul nyid du mthong// 16

gzugs sum thongs bas mthongs min kyang/
mthong ngo zhes ni rjod par byed/
chos mthong bas ni shin tum thong/
chos nyid mthong ba ma yin no// 17

khong stong khyod kyi sku la med/
sha dang rus pa khrag kyang med[20]/
nam mkha'i dbang po'i gzhu bzhin du/
khyod kyi sku ni ston par mdzad// 18

19 D: kyis; P, N, C: kyi.

20 D: med kyang; P, N, C: kyang med.

16

勇者見諸色
無能相無色
然為色界見
汝具熾身相

17

見色實無見
而說名為見
善現而見法
即不見法性

18

汝無空洞身
亦無肉骨血
汝身作演示
如虛空彩虹

【梵】：nāmayo nāśuciḥ kāye kṣuttṛṣṇāsaṃbhavo na ca /
tvayā lokānuvṛttyarthaṃ darśitā laukikī kriyā // 19

karmāvaraṇadoṣaś ca sarvathānagha nāsti te /
tvayā lokānukampārthaṃ karmaplutiḥ pradarśitā // 20

dharmadhātor asaṃbhedād yānabhedo 'sti na prabho /
yānatritayam ākhyātaṃ tvayā sattvāvatārataḥ // 21

【藏】：sku la snyun med rus pa'ang[21] med/
bkres dang skom pa 'byung med kyang/
khyod ni 'jig rten rjes 'jug phyir/
'jig rten spyod pa ang bstan[22] par mdzad// 19

las kyi sgrib pa'i skyon rnams kyang[23]/
sdig med khyod kyis[24] kun spangs kyang/
khyod kyi[25] sems can rjes gzung[26] phyir/
lass pangs pa[27] yang rab tu bstan// 20

chos kyi dbyings la dbyer med phyir/
gtso bo theg dbye[28] ma mchis kyang/
khyod kyis[29] theg pa gsum bstan pa/
sems can gzhug pa'i ched du lags// 21

---

21 D: mi gstang; P, N, C: rus pa'ang.

22 D: ston; P, N: bsten, C: bstan.

23 D: ni; P, N, C: kyang.

24 D: kyis; P, N, C: kyi.

25 D: kyis; P, N, C: kyi.

26 D: gzung; P, N, C: 'jug.

27 D: par ; P, N, C: pa.

28 D: dbyer; P, N, C:dbye.

29 D: kyi; P, N, C: kyis.

19

身無病無垢
亦無餓渴生
為世間隨者
作示世間行

20

業障諸過失
遍除汝無惡
汝為隨行眾
善教授離業

21

故法界無二
乘根本無別
汝說之三乘
為令有情入

【梵】： nityo dhruvaḥ śivaḥ kayas tava dharmamayo jinaḥ /
vineyajanahetoś ca darśitā nirvṛtis tvayā // 22

lokadhātuṣv ameyeṣu tvadbhaktaiḥ punarīkṣase /
cyutijanmābhisaṃbhodhicakranivṛtilālasaiḥ // 23

na te 'sti manyanā nātha na vikalpo na ceñjanā /
anābhogena te loke buddhakṛtyaṃ pravartate // 24

【藏】： rtag cing brtan la zhi ba yi/
chos kyi rang bzhin khyod kyi sku/
rgyal bas gdul bya dgrol[30] ba'i phyir/
khyod kyis[31] mya ngan 'das par bstan// 22

grangs med 'jig rten khams rnams su/
'das dang bltams dang mngon byang chub/
'khor ba[32] thar par mos rnams kyi/
khyod la gus rnams khis kyang[33] mthong// 23

mgon po sems pa mi mnga zhing/
rnam rtog gyo ba mi mnga yang/
khyod kyis[34] ngang gis 'jig rten la/
sangs rgyas mdzad pa ang 'jug par 'gyur// 24

30 D: 'gro; P, N, C: dgrol.

31 D: nyid; P, N, C: kyis.

32 D: ba'ang; P, N, C: ba.

33 D: yang; P, N, C: kyang.

34 D: nyid; P, N, C: kyis.

22

常堅固寂靜
汝之法性身
勝者為化度
故汝說涅槃

23

無量諸世間
虔敬眾見汝
覺知生與死
信解脫輪迴

24

怙主不具思
無分別欺誑
世間汝自然
入於佛事業

【梵】：iti sugatam acintyam aprameyaṃ guṇakusumair avakīrya yan mayāptam /

kuśalam iha bhavantu tena sattvāḥ

paramagabhīramunīndradharmabhājaḥ // 25

【藏】：de ltar bde gar gshegs pa bsam mi khyab me tog[35]/

gis brgyan pa las bdag gi[36] bsod nams gang thob par/

gyur pa 'dis[37] ni sems can ma lus pa 'di dag/

mchog tu rtogs dka thub pa'I chos kyi snod gyur cig// 25

dpe med par bstod pa slob dpon 'phags pa[38] klu sgrub kyis mdzad pa rdzogs so //

rgya gar gyi mkhan po kṛṣṇa[39] paṇḍi ta dang / lo tsā ba dge slong[40] tshul khrims rgyal bas bsgyur ba'o //[41]

35 D: de ltar bde gshegs yon tan tshad med bsam mi khyab; P, N, C: de ltar bde gar gshegs pa bsam mi khyab me tog.

36 D: me tog gis brgyan pa las; P, N, C: gis brgyan pa las bdag gi.

37 D: 'di; P, N, C: 'dis.

38 P, N, C: - 'phags pa.

39 D: kṛṣṇa; P: kriṣṭa; N, C: kṛṣṭa.

40 P, N, C: - dge slong.

41 P: + maṅgalamŭ.

25

善逝功德無量不思議
如是證得福德花莊嚴
彼等有情無餘皆成就
殊勝難證能仁之法器

阿闍黎聖龍樹造《無可喻讚》圓滿
印度親教師黑天班智達及譯師戒勝比丘繙譯

Acintyastava
(bSam gyis mi khyab par bstod pa)

【梵】：pratītyajānāṃ bhāvānāṃ naiḥsvābhāvyaṃ jagāda yaḥ /
taṃ namāmy asamajñānam acintyam anidarśanam // 1

yathā tvayā mahāyāne dharmanairātmyam ātmanā /
viditaṃ deśitaṃ tadvad dhīmadbhyaḥ karuṇāvaśāt // 2

pratyayebhyaḥ samutpannam anutpannaṃ tvayoditam /
svabhāvena na taj jātam iti śūnyaṃ prakāśitam // 3

【藏】：'jam dpal gzhon nur gyur pa la phyag 'tshal lo /[1]

gang zhig dngos po rten 'byung rnams/
ngo bo med pa nyid du gsungs/
ye shes mnyam med bsam mi khyab/
dpe med de la phyag 'tshal lo// 1

ji ltar khyod kyis theg chen la/
nyid kyis chos la bdag med rtogs/
de bzhin blo dang ldan rnams la/
thugs rje'i dbang gis bstan pa mdzad// 2

rkyen rnams las ni 'brel 'byung ba/
ma skyes lags par khyod kyis gsungs/
ngo bo nyid kyis de ma skyes/
de phyir stong par rab tu bstan// 3

---

1 各版丹珠爾皆有此句，梵本則無。

五、《不思議讚》

頂禮妙吉祥童子

1

凡諸種種緣生事
悉皆說為無自性
無等不思議本智
無可譬喻我頂禮

2

此如汝於大乘教
現證諸法無自性
如是各各具慧者
依大悲力作教示

3

依諸緣而生起者
汝已說之為無生
非由自性而生起
是故善說為空性

【梵】：yadvac chabdaṃ pratītyeha pratiśabdasamudbhavaḥ /
māyāmarīcivac cāpi tathā bhavasamudbhavaḥ // 4

māyāmarīcigandharvanagarapratibimbakāḥ /
yady ajātāḥ saha svapnair na syāt taddarśanādikam // 5

hetupratyayasaṃbhūtā yathaite kṛtakāḥ smṛtāḥ /
tadvat pratyayajaṃ viśvaṃ tvayoktaṃ nātha sāṃvṛtam // 6

asty etat kṛtakaṃ sarvaṃ yat kiṃcid bālalāpanam /
riktamuṣṭipratīkāśam ayathārthaprakāśitam // 7

【藏】：ji ltar 'di na sgra brten nas/
brag ca kun tu 'byung ba ltar/
sgyu ma smig rgyu bzhin du yang/
de bzhin srid pa kun tu 'byung// 4

sgyu ma dang ni smig rgyu dang/
dri za'i grong khyer gzugs brnyan dang/
rmi lam gal te ma skyes na/
mthong ba la sogs dpe med 'gyur// 5

ji ltar rgyu rkyen las byung ba/
de dag byas pa can du bzhed/
de bzhin rkyen las byung ba kun/
mgon po khyod kyis kun rdzob[2] gsungs// 6

byis pa gang dag ci brjod pa/
bgyis pa zhes 'brid[3] de mchis te/
chang[4] pa stong pa 'dra ba lags/
don bzhin ma lags rab tu bstan// 7

---

2 D, P, N, C: de ltar.

3 D, P, N: bgyid; C: bgyi.

4 D, P, C:chad; N: chang.

4

依於此間之音聲
乃有迴響之生起
如是諸有之生起
悉如幻事與陽燄

5

若乎幻事及陽燄
乾闥婆城及影像
以及夢境皆無生
無可成立見等等

6

此如因緣所生者
彼皆許為假安立
如是一切緣生者
如怙主說為世俗

7

一切所作皆為有
是為童蒙之所說
此即猶如手空空
是義實非為善說

【梵】：kṛtakaṃ vastu no jātaṃ tadā kiṃ vārtamānikam /
kasya nāśād atītaṃ syād utpitsuḥ kim apekṣate // 8

svasmān na jāyate bhāvaḥ parasmān nobhayād api /
na san nāsan na sadasan kutaḥ kasyodayas tadā // 9

ajāte na svabhāvo 'sti kutaḥ svasmāt samudbhavaḥ /
svabhāvābhāvasiddhyaiva parasmād apy asaṃbhavaḥ // 10

svatve sati paratvaṃ syāt paratve svatvam iṣyate /
āpekṣikī tayoḥ siddhiḥ pārāvāram ivoditā // 11

【藏】：gang tshe byas pa'i dngos ma skyes/
de tshe da ltar byung ba ci[5]/
gang zhig pas na 'das par 'gyur/
ma 'ongs pa yang ji ltar bltos// 8

rang las dngos po skye ba med/
gzhan dang gnyis ka las ma yin/
yod min med min yod med min/
de tshe gang las gang zhig 'byung// 9

ma skyes pa la rang bzhin med/
ci[6] phyir rang las kun tu 'byung/
rang bzhin dngos po med grub pas/
gzhan las kyang ni 'byung ba med// 10

rang nyid yod na gzhan yod 'gyur/
gzhan nyid yod na rang nyid yod/
de dag bltos[7] pa can du grub/
pha rol tshu rol bzhin du gsungs// 11

---

5 D, P, N, C: yi.

6 D, P, N, C: de phyir.

7 D: ltos; P, N, C: btos.

8

若假立事皆無生
如何而能於今際
凡諸已成過去者
如何觀待未來際

9

物事非由自生起
亦非由他或二俱
有或非有有非有
何者由何可生起

10

無生者無有自性
云何可由自生起
既成立無自性事
故亦無可由他起

11

無自有故無他有
若乎他有則自有
彼由觀待而成立
說如此岸與彼岸

【梵】：yadā nāpekṣate kiṃ cit kutaḥ kiṃ cit tadā bhavet /
yadā nāpekṣate dīrghaṃ kuto hrasvādikaṃ tadā // 12

astitve sati nāstitvaṃ dīrghe hrasvaṃ tathā sati /
nāstitve sati cāstitvaṃ yat tasmād ubhayaṃ na sat // 13

ekatvaṃ ca tathānekam atītānāgatādi ca /
saṃkleśo vyavadānaṃ ca samyaṅmithyā svataḥ kutaḥ // 14

【藏】：gang tshe ci la'ang mi bltos[8] pa/
de tshe gang la gang zhig 'byung/
gang tshe ring la mi bltos[9] pa/
de tshe thung sogs ga la mchis// 12

……………………………………/
……………………………………/
……………………………………/
……………………………………// 13

ji ltar gcig du[10] ma mchis pa/
'das dang ma 'ongs la sogs pa/
nyon mongs rnam byang[11] de bzhin te/
yang dag log pa'ang rang las ci// 14

---

8 同上。

9 同上。

10 D, P, N, C: sogs.

11 D, P, N, C: kyang.

12

不與任何成觀待
如何能得成生起
若非與長成相對
短亦無可成為有

13

當具有即具無有
於具短時亦具長
以具有即具無有
是故兩者皆非有[12]

14

此即猶如一與多
過去與未來等等
雜染清淨正與邪
如何獨自而成立

12 藏譯缺此頌，依梵本補入。

【梵】：svata eva hi yo nāsti bhāvaḥ sarvo ‘sti kas tadā /
para ity ucyate yo ‘yaṃ na vinā svasvabhāvataḥ // 15

na svabhāvo ‘sti bhāvānāṃ parabhāvo ‘sti no yadā /
bhāvagrāhagrahāveśaḥ paratantro ‘sti kas tadā // 16

ādāv eva samaṃ jātāḥ svabhāvena ca nirvṛtāḥ /
anutpannāś ca tattvena tasmād dharmās tvayoditāḥ // 17

【藏】：dnogs gang rang las ma mchis na/
de tshe thams cad ci zhig mchis/
gzhan zhes brjod pa gang lags te/
rang gi rang bzhin med na min// 15

gang tshe gzhan gyi dngos med pa/
de tshe dngos rnams rang bzhin med/
de tshe gzhan dbang[13] dngos ’dzin pa/
gdon[14] gyi theg pa ci zhig mchis// 16

gdod ma nyid nas mnyam gyur pa/
rang bzhin gyis kyang mya ngan ’das/
yang dag par ni ma skyes lags/
de slad chos rnams khyod kyis gsungs// 17

13 D, P, N, C: dngos.

14 D, P, N, C: don.

15

事物若非自成有
是時一切亦非有
所謂他者亦無有
以其亦無自性故

16

若然無有他實事
種種事即無自性
爾時何者依他執
尚可成為邪執道

17

汝之教言說諸法
無始以來即平等
依其自性而涅槃
於真實中為無生

【梵】： niḥsvabhāvās tvayā dhīman rūpādyāḥ saṃprakāśitāḥ /
phenabudbudamāyābhramarīcikadalīsamāḥ // 18

indriyair upalabdhaṃ yat tat tattvena bhaved yadi /
jātās tattvavido bālās tattvajñānena kiṃ tadā // 19

jaḍatvam apramāṇatvam athāvyākṛtatām api /
viparītaparijñānam indriyāṇāṃ tvam ūcivān // 20

ajñānenāvṛto yena yathāvan na prapadyate /
lokas tena yathābhūtam iti matvā tvayoditam // 21

【藏】： blo ldan khyod kyis gzugs la sogs/
ngo bon nyid med par bstan pa/
dbu ba chu bur sgyu la sogs/
smig rgyu chu shing 'dra ba lags// 18

dbang po rnams kyis gang dmigs de/
gal te yang dag mchis gyur na/
byis pas yang dag rig par 'gyur/
de[15] tshe yang dag shes pas ci// 19

dbang po rnams ni bems po dang/
tshad ma nyid kyang ma yin dang/
lung ma bstan pa nyid dang ni/
log par yongs shes khyod kyis gsungs// 20

gang gis ci zhig ma rtogs pa/
yang dag ji bzhin thugs chud nas/
des na 'jig rten mi shes pas/
bsgribs pa zhes kyang khyod kyis gsungs// 21

15 D, P, N, C: gang.

18

汝具慧者於色等
說為無有其自性
猶如泡沫幻事等
復如陽燄與芭蕉

19

若依諸根之所緣
已得成為真實有
童蒙當已證真實
則正知尚有何用

20

種種根皆為愚鈍
抑且無有理量規
彼亦非如經教說
汝已說之為邪知

21

如實無倒之證悟
任誰皆無有領會
是故世間之無明
汝已說之為障覆

【梵】：astīti śāśvatī dṛṣtir nāstīty ucchedadarśanam /
tenāntadvayanirmukto dharmo ‘yaṃ deśitas tvayā // 22

catuṣkoṭivinirmuktās tena dharmās tvayoditāḥ /
vijñānasyāpy avijñeyā vācāṃ kim uta gocarāḥ // 23

svapnendrajālikodbhūtam dvicandrodvīkṣaṇaṃ yathā /
bhūtaṃ tadvastu no bhūtaṃ tathā dṛṣṭaṃ jagat tvayā // 24

utpannaś ca sthito naṣṭaḥ svapne yadvat sutas tathā /
na cotpannaḥ sthito naṣṭa ukto loko ‘rthatas tvayā // 25

【藏】：yod ces pa ni rtag[16] par lta/
med ces pa ni chad par lta/
des na mtha’ gnyis bral ba yi/
chos de khyod kyis bstan pa mdzad// 22

des na chos rnams mu bzhi dang/
bral bar khyod kyis bka’ stsal lags/
rnam shes bya ba’am ma lags la/
..................................// 23

rmi lam mig ’phrul las byung dang/
zla ba gnyis[17] la sogs mthong[18] bzhin/
’gro ba ’byung ba de dngos su/
ma byung de bzhin khyod kyis gzigs// 24

................................../
................................../
................................../
..................................// 25

16 D, N, C: rtag; P: ltag.

17 D, P: zla gnyis; N, C: zla ba gnyis.

18 D, P: mthong ba; N, C: mthong.

22

所謂有乃恆常見
所謂無乃斷滅見
是故離於此二邊
汝已演說為佛法

23

是故諸法於四句
汝已說為皆離繫
彼非心識之所作
且亦非為言說境

24

如夢亦如幻化事
亦如看見二月等
諸趣大種等實事
汝即如實見無生

25

猶如夢中之孩子
有其生住以及滅
汝亦演說此世間
非有真實生住滅[19]

19 藏譯缺此頌，依梵本補入。

【梵】：kāraṇāt saṃbhavo dṛṣṭo yathā svapne tathetaraḥ /
saṃbhavaḥ sarvabhāvānāṃ vibhavo'pi matas tathā // 26

rāgādijaṃ yathā duḥkhaṃ saṃkleśasaṃsṛtī tathā /
saṃbhārapūraṇān muktiḥ svapnavad bhāṣitā tvayā // 27

jātaṃ tathaiva no jātam āgataṃ gatam ity api /
baddho muktas tathā jñānī dvayam icchen na tattvavit // 28

utpattir yasya naivāsti tasya kā nirvṛtir bhavet /
māyāgajaprakāśatvād ādiśāntatvam arthataḥ // 29

【藏】：ji ltar rgyu las rmi lam na/
'byung bam thong ba de bzhin du/
dngos po thams ca 'byung ba bzhin/
'jig pa'ang de bzhin bzhed pa lags// 26

de bzhin chags sogs sdug bsngal dang/
'khor bas sdug bsngal kun nyon mongs/
tshogs rdzogs pa dang thar pa yang/
rmi lam 'dra bar khyod kyis gsungs// 27

de bzhin skyes dang ma skyes dang/
'ongs pa dang ni song ba yang/
de bzhin bcings grol ye shes la/
gnyis 'dod yang dag rig ma lags// 28

gang la[20] skyes pa yod ma lags/
de la mya ngan 'das gang yod/
sgyu ma'i glang po 'dra bas na
don du gzod[21] nas zhi ba nyid// 29

---

20 D, P, N, C: las.

21 D: gzod; N, P, C: bzod.

26

此如夢中之所見
皆依業因而生起
一切事物之生起
及其壞滅皆如是

27

如是貪慾等苦受
及輪迴苦與雜染
圓滿資糧與解脫
汝皆說為如夢境

28

如是於生及無生
又或於來以及去
受縛以及解脫智
許有二故無正解

29

於彼無有生起者
云何能得入涅槃
以其猶如幻象故
依其本義而寂靜

【梵】：utpanno 'pi na cotpanno yadvan māyāgajo mataḥ /
utpannaṃ ca tathā viśvam anutpannaṃ ca tattvataḥ // 30

ameyair aprameyānāṃ pratyekaṃ nirvṛtiḥ kṛtā /
lokanāthair hi sattvānāṃ na kaś cin mocitaś ca taiḥ // 31

te ca sattvāś ca no jātā ye nirvānti na te sphuṭam /
na kaś cin mocitaḥ kais cid iti proktaṃ mahāmune // 32

māyākṛrakṃtaṃ yadvad vastuśūnyaṃ tathetarat /
vastuśūnyaṃ jagat sarvaṃ tvayoktaṃ karakas tathā // 33

【藏】：skyes pa nyid na'ang ma skyes pa/
sgyu ma'i glang po ji bzhin bzhed/
de bzhin thams cad skyes pa'am/
yang dag par ni ma skyes lags// 30

'jig rten mgon po dpag med kyis/
sems can dpag tu ma mchis pa/
so sor mya ngan 'das mdzad kyang/
de dag gis kyang gang ma bkrol// 31

thub chen gang phyir sems can rnams/
rang las ma skyes de yi phyir/
gang yang gang gis ma bkrol zhes/
de skad khyod kyis gsal bar gsungs// 32

ji ltar sgyu ma mkhan gyis byas/
dngos po stong pa de bzhin du/
byas pa thams cad dngos stong gzhan/
khyod gsungs de bzhin byed pa po// 33

30

此即猶如幻化象
雖生起實無生起
如是一切之所生
於真實中實無生

31

無量數世間怙主
度脫無量有情眾
一一皆入於涅槃
然實無有得滅度

32

大能仁於諸有情
汝作澄明之教說
此以法爾無生故
無人得以滅度誰

33

此如幻師之所作
實為空無之物事
餘外一切並作者
汝皆說之為空事

【梵】：kārako ‘pi kṛto ‘nyena kṛtatvaṃ nātivartate /
atha vā tatkriyākartṛ kārakasya prasajyate // 34

nāmamātraṃ jagat sarvam ity uccair bhāṣitaṃ tvayā /
abhidhānāt pṛthagbhūtam abhidheyaṃ na vidyate // 35

kalpanāmātram ity asmāt sarvadharmāḥ prakāśitāḥ /
kalpanāpy asatī proktā yayā śūyaṃ vikalpyate // 36

bhāvābhāvadvayātītam anatītaṃ ca kutra cit /
na ca jñānaṃ na ca jñeyaṃ na cāsti na ca nāsti yat // 37

【藏】：byed pa po yang gzhan gyis bgyis/
byas pa can du ’gyur ba lags/
yang na de yi bya ba byed/
byed pa por ni thal bar ’gyur// 34

’di dag thams cad ming tsam zhes/
khyod kyis gsung[22] ni bstod de gsungs/
brjod pa las ni gzhan gyur pa/
brjod par bgyi ba yod ma mchis// 35

de phyir chos rnams thams cad ni/
rtog pa tsam zhes khyod kyis gsungs/
gang gis stong par rnam rtog pa’i/
rtog pa yang ni med ces gsungs// 36

dngos dang dngos med gnyis ’das pa/
la lar ma ’das pa yang lags/
shes pa med cing shes bya’ang med/
med min yod min gang lags dang// 37

22 D: gsang; P, N, C: gsung.

34

作者若為他所作
是即成為受作者
又或以其之所作
墮於作事之過失

35

此等一切皆唯名
汝已頌揚此教法
除於詮說義之外
其所詮者實無有

36

以是之故一切法
汝已說為唯分別
依分別成之空性
是亦說之為無有

37

超越實事無事二
未有過於彼岸處
無能知亦無所知
非無有且亦非有

【梵】：yan na caikaṃ na cānekaṃ nobhayaṃ na ca nobhayam /
anālayam athāvyaktam acintyam anidarśanam // 38

yan nodeti na ca vyeti nocchedi na ca śāśvatam /
tad ākāśapratīkāśaṃ nākṣarajñānagocaram // 39

yaḥ pratītyasamutpādaḥ śūnyatā saiva te matā /
tathāvidhaś ca saddharmas tatsamaś ca tathāgataḥ // 40

【藏】：gang yang gcig min du ma'ang min/
gnyis ka ma yin gcig kyang[23] med/
gzhi[24] med pa dang mi gsal dang/
bsam mi khyab dang dpe med dang// 38

gang yang mi skye mi 'gag dang/
chad pa med cing rtag med pa/
de ni nam mkha' 'dra ba lags/
yi ge ye shes spyod yul min// 39

de ni rten cing 'brel par 'byung/
de ni stong par khyod bzhed lags/
dam pa'i chos kyang de lta bu/
de bzhin gshegs pa'ang de dang mtshungs// 40

---

23 D: ci yang; P, N, C: gcig kyang.

24 D: gzhi; P, N, C: bzhi.

38

非為一亦非為多
非二俱亦非俱非
無有基亦無顯現
不可思議無與等

39

其為無生亦無滅
亦為非斷亦非常
此即猶如虛空際
非言語智之行境

40

即此便是為緣生
亦即汝所說之空
如是亦為微妙法
為與諸如來相應

【梵】：tat tattvaṃ paramārtho ‘pi tathatā dravyam iṣyate /
bhūtaṃ tad avisaṃvadi tadbodhād buddha ucyate // 41

buddhānāṃ sattvadhātoś ca tenābhinnatvam arthataḥ /
ātmanaś ca pareṣāṃ ca samatā tena te matā // 42

bhāvebhyaḥ śūnyatā nānyā na ca bhāvo ‘sti tāṃ vinā /
tasmāt pratītyajā bhāvās tvayā śūnyāḥ prakāśitāḥ // 43

【藏】：de ni de nyid don dam[25] ni/
de bzhin nyid dang rdzas su bzhed/
de ni yang dag mi bslu[26] ba/
de rdzogs pas na sangs rgyas brjod// 41

sangs rgyas rnams dang chos dbyings dang/
des na don du tha mi dad/
bdag nyid dang ni gzhan rnams dang/
des na mnyam par khyod bzhed lags// 42

dngos po rnams lass tong gzhan min/
de med par yang dngos po med/
de phyir rten cing ’byung ba’i chos[27]/
stong pa lags par khyod kyis bstan// 43

---

25 D, P, N, C: dang.

26 D: slu; P, N, C: bslu.

27 D, P, N, C: dngos.

41

於彼開許為真實
勝義如如與實有
彼為真實無謬誤
圓證彼者名佛陀

42

佛陀以及有情界[28]
是故無有何差別
於我以及餘他眾
汝乃說彼為平等

43

諸事無異於空性
而無彼即無有事
是故於諸緣生法
汝已開示皆為空

28 此依梵文而譯。藏譯則謂佛陀與法界。

【梵】：hetupratyayasaṃbhūtā paratantrā ca saṃvṛtiḥ /
paratantra iti proktaḥ paramārthas tv akṛtrimaḥ // 44

svabhāvaḥ prakṛtis tattvaṃ dravyaṃ vastu sad ity api /
nāsti vai kalpito bhāvo paratantras na vidyate // 45

astīti kalpite bhāve samāropas tvayoditaḥ /
nāstīti kṛtakocchedād ucchedaś ca prakāśitaḥ // 46

tattvajñānena nocchedo na ca śāśvatatā matā /
vastuśūnyaṃ jagat sarvaṃ marīcipratimaṃ matam // 47

【藏】：rgyu dang rkyen las byung ba'ang lags/
gzhan gyi[29] dbang las kun rdzob ste/
gzhan gyi dbang zhes rab tu gsungs/
dam pa'i don ni bcos ma yin// 44

ngo bo nyid dang rang bzhin dang/
yang dag rdzas dngos yod pa'ang lags/
brtags pa'i dngos po med pa nyid/
gzhan gyi dbang ni yod ma lags// 45

brtags[30] pa'i dngos po yod ces pa/
sgro 'dogs lags par khyod kyis gsungs/
byas pa chad nas med ces pa/
chad pa lags par khyod kyis gsungs// 46

yang dag shes pas chad pa med/
rtag pa nyid kyang med par bzhed[31]/
'gro ba dngos pos stong pa lags/
de slad smig rgyu 'dra bar bzhed// 47

29 D: gyi; P, N, C: gyis.

30 D: brtags; P, N, C: btags.

31 D, P, N, C: bshad.

44

由因以及緣而生
世俗抑且為依他
由是善說為依他
勝義則為無造作

45

亦名自性及本性
真實實性事與有
計度之事為無有
然而依他則成有

46

所謂計度事為有
汝已說之為增益
所謂作事斷而無
汝亦說之為斷滅

47

汝依真實智而言
無斷滅亦無恆常
情世間事皆為空
許之猶如陽燄等

【梵】：mṛgatṛṣṇājalaṃ yadvan nocchedi na ca śāśvatam /
tadvat sarvaṃ jagat proktaṃ nocchedi na ca śāśvatam // 48

dravyam utpadyate yasya tasyocchedādikaṃ bhavet /
antavān nāntavāṃś cāpi lokas tasya prasajyate // 49

jñāne sati yathā jñeyaṃ jñeye jñānaṃ tahtā sati /
yatrobhayam anutpannam iti buddhaṃ tadāsti kim // 50

iti māyādidṛṣṭāntaiḥ sphuṭam uktvā bhiṣagvaraḥ /
deśayām āsa saddharmaṃ sarvadṛṣṭicikitsakam // 51

【藏】：ji ltar ri dwags skom chu ni/
chad med rtag pa yod ma yin/
de bzhin 'gro bat hams cad kyang/
chad med rtag pa med par gsungs// 48

gang la rdzas shig ste 'gyur ba/
de la chad sogs 'jigs[32] pa 'byung/
de la 'jig rten mtha' yod dang/
mtha' med par yang 'gyur ba lags// 49

shes pa yod pas shes bya bzhin/
shes bya yod pas de shes bzhin/
gang tshe gnyis ka ma skyes par/
rtogs pa de tshe ci zhig yod// 50

de ltar sgyu ma la sogs dpe/
sman pa'i mchog gis gsal bstan nas/
lta ba thams cad 'gog byed pa'i/
dam pa'i chos ni bstan pa lags// 51

32 N: 'jig; P, N, C: 'jigs.

48

此即有如陽燄水
非斷滅亦非恆常
如是一切情世間
說為非斷亦非常

49

於實事成斷滅者
如此等見生怖畏
許世間為有邊際
又或許為無邊際

50

既有知即有所知
有所知時亦有知
然若二者皆無生
爾時云何有領悟

51

如是以幻化等喻
殊勝藥師作善說
教授勝妙之教法
治癒所有一切見

【梵】：etat tat paramaṃ tattvaṃ niḥsvabhāvārthadeśanā /
bhāvagrahagṛhītānāṃ cikitseyam anuttarā // 52

dharmayājñika tenaiva dharmayajño niruttaraḥ /
abhīkṣṇam iṣṭas trailokye niṣkapāṭo nirargalaḥ // 53

vastugrāhabhayocchedī kutīrthyamṛgabhīkaraḥ /
nairātmyasiṃhanādo 'yam adbhuto naditas tvayāū // 54

【藏】：ngo bo med pa nyid bstan pa/
de ni yang dag dam pa lags/
dngos po'i gdon gyis zin rnams kyi[33]/
gso ba de ni bla na med// 52

des na chos kyi mchod sbyin pa/
mchod sbyin rim pas rtag rgyun du/
'jig rten gsum po sbyin sreg mdzad/
……………………………………// 53

dngos 'dzin 'jigs pa gcod bgyid cing/
mu stegs ri dwags 'jigs bgyid pa/
bdag med seng ge'i nga ro'i sgra/
rmad byung de ni khyod kyis gsungs// 54

33 D, C: kyis; P, N: kyi.

52

教說無有實自性
即彼真實之勝義
於執實事魔魘者
是為無上之醫方

53

是故法之供施者
反覆供施常相續
三世間中作法施
無有障礙無阻隔[34]

54

汝演說此稀有法
無我法如獅子吼
斷除執實令怖畏
諸外道鹿皆驚恐

34 藏譯缺最後一句，依梵本補入。

【梵】：śūnyatādharmagambhīrā dharmabherī parāhatā /
naiḥsvābhāvyamahānādo dharmaśaṅkhaḥ prapūritaḥ // 55

dharmayautukam ākhyātaṃ buddhānāṃ śāsanāmṛtam /
nītārtham iti nirdiṣṭaṃ dharmāṇāṃ śūnyataiva hi // 56

yā tūtpādanirodhādisattvajīvādideśanā /
neyārthā ca tvayā nātha bhāṣitā saṃvṛtiś ca sā // 57

【藏】：stong pa nyid dang chos[35] zab pa'i/
chos kyi rnga chen brdung ba[36] lags/
ngo bo nyid med sgra[37] bo che'i/
chos kyi dung ni bus pa lags// 55

sangs rgyas bstan pa bdud rtsi yi/
chos kyi rdzas ni gsungs pa lags/
chos rnams kyi ni[38] ngo bon yid/
nges pa'i don no zhes kyang bstan// 56

gang yang skye dang 'gag la sogs/
sems can srog la sogs bstan pa/
de ni bkri don kun rdzob tu/
mgon po khyod kyis bstan pa lags// 57

35 D, P, N: ches; C: chos.

36 D: brdungs pa; P, N, C: brdung ba.

37 D: sgra; P, N, C: dgra.

38 D, C: kun gyi; P, N: kyi ni.

55

空性以及甚深法
汝佈大鼓作敲打
且亦吹響大[39]法螺
無有自性聲響亮

56

汝亦演說佛法財
佛陀教法之甘露
更作開示了義法
一切法皆無自性

57

若乎生起壞滅等
以及有情命者等
彼悉世俗貧乏義
怙主汝亦作演說

39 此「大」字為譯者所衍。

【梵】：prajñāpāramitāmbhodher yo ‘tyantam pāram āgataḥ /
sa puṇyaguṇaratnāḍhyas tvadguṇārṇavapāragaḥ // 58

iti stutvā jagannātham acintyam anidarśanam /
yad avāptaṃ mayā puṇyaṃ tenāstu tvatsamaṃ jagat // 59

【藏】：shes rab pha rol phyin mtsho yi/
pha rol gang gis gtan[40] phyin te/
bsod nams yon tan rin chen phyug/
mgon khyod yon tan pha rol phyin// 58

de ltar dpe med bsam mi khyab/
’gro ba’i mgon po bstod pa yid/
bdag gis bsod nams gang thob des/
’gro ba khyod dang mtshungs par shog// 59

bsam gyis mi khyab par bstod pa slob dpon chen po klu sgrub kyi zhal snga nas mdzad pa rdzogs so//

40 D, P, N, C: rang.

58

誰已根本到彼岸
般若波羅蜜多海
怙主功德波羅蜜
福德功德寶資財

59

如是無等不思議
有情怙主之讚歌
由我證得之福德
願諸有情皆汝同

大阿闍黎聖龍樹之語，造《不思議讚》圓滿

Paramārthastava
(Don dam par bstod pa)

【梵】：kathaṃ stoṣyāmi te nātham anutpannam anālayam /
lokopamām atikrāntaṃ vākpathātītagocaram // 1

tathāpi yādṛśo vāsi tathatārtheṣu gocaraḥ /
lokaprajñaptim āgamya stoṣye 'haṃ bhaktito gurum // 2

anutpannasvabhāvena utpādas te na vidyate /
na gatir nāgatir nāthāsvabhāvāya namo 'stu te // 3

【藏】：'jam dpal gzhon nur gyur pa la phyag 'tshal lo /[1]

skye ba med cing gnas med la /
'jig rten dpe las shin tu 'das /
ngag gis brjod pa'i spyod yul min /
mgon khyod ji ltar brjod[2] par bgyi // 1

de ltar[3] na yang gang 'dra bas /
de bzhin nyid don spyod yul gyi /
'jig rten btags pa la gnas nas /
gus pa chen pos bdag gis bstod // 2

skye ba med pa'i ngo bo yis /
khyod la skye ba yongs[4] mi mnga /
mgon khyod gshegs dang byon mi mnga /
dngos mi mnga la phyag 'thsal 'dud // 3

---

1 各版丹珠爾皆有此句，梵本則無。

2 D: bstod; P, N, C: brjod.

3 D: lta; P, N, C: ltar.

4 D: yong; P, N, C: yongs.

六、《勝義讚》

頂禮妙吉祥童子

1

無生亦復無所住
極為超過世間喻
無有言語之行境
如何敬禮怙主汝

2

真如義之行境中
姑且無論其為何
依於世間之施設
我亦恭敬作禮讚

3

無有生起之體性
以汝亦為無生故
怙主無去亦無來
於無自性敬頂禮

【梵】：na bhāvo nāpy abhāvo ‘si nocchedo nāpi śāśvataḥ /
na nityo nāpy anityas tvam advayāya namo ‘stu te // 4

na rakto haritamāṃjiṣṭho varṇas te nopalabhyate /
na pītakṛṣṇaśuklo vā ‘varṇāya namo ‘stu te // 5

na mahān nāpi hrasvo ‘si na dīrghaparimaṇḍalaḥ /
apramāṇagatiṃ prāpto ‘pramāṇāya namo ‘stu te // 6

【藏】：dngos med ma lags dngos ma lags /
chad pa ma lags rtag ma lags /
mi rtag ma lags rtag ma lags /
gnyis mi mnga la phyag ’thsal ’dud // 4

dmar dang ljang dang btsod mdog min /
ser dang nag[5] dang dkar ma lags /
khyod la kha dog yongs[6] mi dmigs /
mdog mi mnga la phyag ’thsal ’dud // 5

chen mo ma lags chung ma lags /
ring dang zlum pa[7] ma lags la /
tshad med pa yi dngos brnyes pa /
tshad mi mnga’ la phyag ’tshal ’dud // 6

5 D: gnag; P, N, C: nag.

6 D: yong; P, N, C: yongs.

7 D: pa; P, N, C: pas.

4

汝非有亦非無有
汝非斷滅亦非常
汝非常亦非無常
於無二者敬頂禮

5

無紅綠或茜草色
亦無黃黑抑或白
於汝無有所緣色
於無顏色敬頂禮

6

汝非為大亦非小
汝非為長亦非圓
汝既證得無量境
於無量者敬頂禮

【梵】：na dāre nāpi cāsanne nākāśe nāpi vā kṣitau /
na saṃsāre na nirvāṇe ‘sthitāya namo ‘stu te // 7

asthitaḥ sarvadharmeṣu dharmadhātugatiṃ gataḥ /
parāṃ gaṃbhīratāṃ prāpto gaṃbhīrāya namo ‘stu te // 8

evaṃ stutaḥ stuto bhūyās athavā kim uta stutaḥ /
śūnyeṣu sarvadharmeṣu kaḥ stutaḥ kena vā stutaḥ // 9

【藏】：ring min nye ba ma lags shing /
nam mkha ma lags sa ma lags /
’khor min mya ngan ’das ma lags /
gnas mi mnga la phyag ’tshal ’dud // 7

chos rnams kun la mi gnas pas /
chos kyi dbyings kyi dngos gyur cing /
mchog tu zab pa nyid[8] brnyes pas[9] /
zab mo khyod la phyag ’tshal ’dud[10] // 8

de lta’i bstod pas bstod bgyi am /
yang na ’di[11] ni ci zhig bstod /
chos rnams thams cad stong pa la /
gang la bstod cing gang gis bstod // 9

8 D: gyis; P, N, C: nyid.

9 D: pa; P, N, C: pas.

10 D: bstod; P, N, C: ’dud.

11 D: ’dir; P, N, C: ’di.

7

汝非為遠亦非近
汝非虛空亦非地
汝非輪迴非涅槃
於無住者敬頂禮

8

汝非住於一切法
汝亦已成就法界
汝證甚深之最勝
於汝甚深敬頂禮

9

如是讚禮復讚禮
然則云何為所讚
一切諸法皆為空
有誰作讚誰受讚

【梵】：kas tvāṃ śaknoti saṃstotum utpādavyayavarjitam /
yasya nānto na madhyaṃ vā grāho grāhyaṃ na vidyate // 10

na gataṃ nāgataṃ stutvā sugataṃ gativarjitam /
tena puṇyena loko ‘yaṃ vrajatāṃ saugatīṃ gatim // 11

【藏】：skye dang ’jig pa rnams[12] spangs shing /
gang la mtha’ dang dbus med la[13] /
gzung dang ’dzin pa ma mchis pas[14] /
’dir ni khyod bstod nus pa gang// 10

gshegs dang byon pa mi mnga zhing /
’gro spangs bde bar gshegs bstod pas[15] /
bsod nams des ni ’jig rten rnams /
bde gshegs gnas su ’gro bar shog // 11

don dam par bstod pa / slob dpon ’phags pa[16] klu sgrub kyi mdzad pa rdzogs so //
rgya gar gyi mkhan po kṛṣṇa paṇḍi ta dang / lo tsā wa dge slong tshul khrims rgyal bas bsgyur cing zhus te gtan la phab pa’o //

---

12 D: rnam; P, N, C: rnams.

13 D: pa; P, N, C: la.

14 D: mi mnga’ ba; P, N, C: ma mchis pas.

15 D: pa’i; P, N, C: pas.

16 P, N, C: - ’phags pa.

10

捨離種種生與滅
抑且離邊亦離中[17]
無有外境以執持
於具力汝敬頂禮

11

敬禮無去之善逝
無有來亦無有去
從於諸世間福德
願往善逝之住處

阿闍黎聖龍樹造《勝義讚》圓滿
印度親教師黑天班智達及譯師戒勝比丘繙譯、校對並審定

17 「離邊復離中」為大中觀的重要見地，卻鮮見於龍樹的理聚諸論。

Kāyatrayastotra
(Sku gsum la bstod pa)

【梵】：Namo Buddhāya

【藏】：'phags pa 'jam dpal gzhon nur gyur pa la phyag 'tshal lo/

七、《三身讚》

【法賢音譯】[1]：《三身梵讚》

【法賢譯】[2]：《佛三身讚》

【郭譯】[3]：**缺**

【邵譯】：《三身讚》

【法賢音譯】：缺

【法賢譯】：缺

【郭譯】：**敬禮佛世尊**

【邵譯】：頂禮聖妙吉祥童子[4]

1 法賢譯《三身梵讚》，大正・三十二，no. 1677。

2 法賢譯《佛三身讚》，大正・三十二，no. 1678。

3 郭和卿譯，見《青史》（一），台北：華宇出版社，1988，頁 1-2。

4 此處梵本則作「皈依佛」。

【梵】：yo naiko nāpyanekaḥ svaparahitamahāsampadādhārabhūto naivābhāvo na bhāvaḥ khamiva samaraso durvibhāvyasvabhāvaḥ / nirlepaṃ nirvikāraṃ śivamasamasamaṃ vyāpinaṃ niṣprapañcaṃ vande pratyātmavedaṃ tamahamanupamaṃ dharmakāyaṃ Jinānām // 1

【藏】：gcig min du ma ma yin bdag dang gzhan la phan pa phun sum tshogs chen gzhir gyur pa/
dngos min dngos po med pa ma yin mkha' ltar ro gcig rtogs par dka' ba'i rang bzhin can/
gos pa med cing mi 'gyur zhi la mi mnyam mnyam ma khyab ma can de spros med pa/
so so rang rig rgyal ba rnams kyi chos sku dpe med gang yin de la bdag phyag 'tshal lo// 1

1

【法賢音譯】：蹫（引）乃酤（引）那（引）鼈泥（引）哥（一句）莎波羅呬多摩賀（引）三鉢那（引）陀（引）囉部（引）都（引二）乃嚩（引）婆（引）巫（引）那婆（引）嚩（三）朅彌嚩三摩囉蘇（引）訥哩尾（二合）婆（引）嚩莎婆（引）嚩（四）儞哩梨（二合引）邦儞哩尾（二合）哥（引）嚐始嚩末三摩三莾（五）咩必曩[寧*吉]（切身）鉢囉（二合）半左（六）滿禰（引）鉢囉（二合）爹（引）咄摩（二合）味（引）捺煬（二合）怛摩喝摩耨波莾（七）達哩摩（二合）哥（引）野[口*爾]那（引）喃（引八）

【法賢譯】：法身

我今稽首法身佛　無喻難思普遍智
充滿法界無罣礙　湛然寂靜無等等
非有非無性真實　亦非多少離數量
平等無相若虛空　福利自他亦如是

【郭譯】：

是誰非一亦非異　成為利益自他基
非無實性非有體　獨如虛空性難量
無染無相寂定中　周遍圓融無戲論
各各自證諸佛尊　無喻法身前敬禮

【邵譯】：

非一亦非多　大殊勝利益自他之基
非事非無事　難證自性一味如虛空
無染復無動　寂靜無等周遍無戲論
自證諸勝者　法身無可譬喻我頂禮

【梵】：lokātītamacintyaṃ sukṛtaśataphalāmātmano yo vibhūtiṃ
parṣanmadhye vicitrāṃ prathayati mahatīṃ dhīmatāṃ
prītihetoḥ /
Buddhānāṃ sarvalokaprasṛtamaviratodārasaddharmaghoṣaṃ
vande Sambhogakāyaṃ tamahamiha
mahādharmarājyapratiṣṭham // 2

【藏】：rang gi ’byor ba ’jig rten las ’das bsam gyis mi khyab legs
mdzad brgya yi ’bras bu ni/
blo can rnams kyi dga’ ba bskyed phyir ’khor gyi nang du
sna tshogs rgyas par ston mdzad cing/
rtag tu dam pa’i[5] chos kyi sgra skad rgya chen ’jig rten kun
tu ’phro bar mdzad pa po/
sangs rgyas longs spyod rdzogs sku chos kyi rgyal srid gnas
pa gang yin de la phyag ’tshal lo// 2

---

5 D: pa’i; P, N, C: pa.

2

【法賢音譯】：路（引）哥（引）帝（引）多（引）末進爹（引九）逺訖哩（二合）多三摩發朗摩（引）咄摩（二合）努（引）踰（引）尾部（引）鼎（十）波哩殺（二合）努末（二合）提（引）尾唧怛嚩（二合引十一）薩多（二合）鉢野底摩賀底提（引）末當（引）必麗（二合引）底係（引）都（引十二）沒馱（引）喃（引）薩哩嚩（二合）路（引）哥（十三）鉢囉（二合）室哩（二合）多末尾囉都（引）那（引）囉薩達哩摩（二合）具（引）爽（十四）滿禰（引）三菩誐哥（引）煬（十五）怛摩喝禰喝摩賀（引）達哩摩（二合）囉（引）[口*爾]煬（二合）鉢囉（二合）底瑟吒（二合十六）

【法賢譯】：報身

我今稽首報身佛　湛然安住大牟尼
哀愍化度菩薩眾　處會如日而普照
三祇積集諸功德　始能圓滿寂靜道
以大音聲談妙法　普令獲得平等果

【郭譯】：

是誰出世不思議　獲得百善本體果
各種佛大眷屬種　廣作具慧歡喜因
諸世間中宏法音　圓滿報身前敬禮

【邵譯】：

出世不思議　自和合妙善百行之果
具慧者之樂　眷屬中生起種種示現
恆常勝義法　於諸世間普發大音聲
圓滿受用身　住於法之勝境我頂禮

【梵】：sattvānāṃ pākahetoḥ kvacidanala ivābhāti yo dīpyamānaḥ
sambodhau dharmacakre kvacidapi ca punardṛśyate yab praśāntaḥ /
naikākārapravṛttaṃ tribhavabhayaharaṃ viśvarūpairupāyair
vande Nirmāṇakāyaṃ daśādiganugataṃ tanmahārtham Munīnām // 3

【藏】：sems can rnams ni smin par mdzad phyir la la dag tu me 'bar bzhin du gang snang zhing/
la lar yang[6] ni rdzogs par byang chub chos kyi 'khor lo rab tu zhi bar gang snang la/
sna tshogs thabs tshul[7] rnam pa du mar 'jug cing srid pa gsum gyi 'jigs sel ba/
phyogs bcur chub mdzad thub pa rnams kyi sprul sku gang yin de la phyag 'tshal lo// 3

6 D: la lar yang; P, N, C: la la ru.

7 P, N, C: + rnams kyi.

3

【法賢音譯】：薩埵（引）喃（引）播（引）哥係（引）都（引）聒唧那曩羅以嚩（引十七）婆（引）底踰（引）禰（引）鼈摩（引）那（十八）三貝桃達哩摩（二合）作訖麗（二合）聒唧捺必左補那（十九）囉捺哩（三合）設帝（引）[扰-尢+曳]鉢囉（二合）扇（引）當（二十）乃哥（引）哥（引）囉鉢囉（二合）沒哩（二合）當帝哩（二合）婆嚩跋野喝覽（二十一）尾說嚕閉嚕播（引）[扰-尢+曳]（引二十二）滿禰（引）儞哩嚩（二合引）拏哥（引）野（二十三）捺舍禰誐耨誐當當摩賀（引）哩湯（二合）牟泥（引）那（引二十四）

【法賢譯】：化身

我今稽首化身佛　菩提樹下成正覺
或起變現或寂靜　或復往化於十方
或轉法輪於鹿苑　或現大光如火聚
三塗苦報悉能除　三界無比大牟尼

【郭譯】：

是誰為熟諸有情　有時如火觀熾光
或是菩提轉法輪　最後或現大涅槃
三有怖畏劫運中　以諸方便屢趣入
隨到十方諸淨土　諸佛化身前敬禮

【邵譯】：

為成熟有情　寂靜顯現猶如熾燃火
復於餘他眾　現為證覺法輪及寂滅
以種種方便　諸相入於三有除怖畏
周遍於十方　一切能仁化身我頂禮

【梵】：trailokyācāramuktaṃ gaganasamagataṃ
sarvabhāvasvabhāvaṃ śuddhaṃ śāntaṃ viviktaṃ
paramaśivamayaṃ yogināmeva gamyaṃ /
durbodhaṃ durvicāraṃ svaparahitatamaṃ vyāpinaṃ
nirnimittaṃ vande kāyaṃ Jinānāṃ sukhamasamasamaṃ
nirvikalpaikamūrtim // 4

【藏】：'jig rten gsum kyi spyod pa las grol nam mkha' la mnyam
mnyam par gnas pa dngos po thams cad kyi rang bzhin/
dag pa zhi zhir rnam par bden la mchog tu zhi ba'i rang
bzhin rnal 'byor rnams kyi rtogs bya nyid/
rtogs par dka' zhir rnam par dpyad dka' rang dar gzhan la
phan pa khyab pa mtshan med rtog dar/
bral ba gcig pu'i sku ni rgyal ba rnams kyi mi mnyam mnyam
ma bde ba'i sku la phyag 'tshal lo//[8] 4

8 藏譯此句，依《青史》所引，以此句與所附之梵本相符故。於各版《大藏經》，此句則作：

sems can don gcig rgyun du mdzad cing bsod nams ye shes chen po dpag med las byung ba'i /

bde bar gshegs pa rnams kyi sku gsum yid dang tshig gi lam las rab tu 'das pa la /

bdag gyis dad pas phyag byas dge ba byang chub sa bon bsags par gyur pa gang yin des /

sku gsum thob nas 'gro ba 'di dag ma lus byang chub lam la nges par 'dzud（D: 'dzud; P, N, C: 'jug）par shog //

其意為：

一心利有情　常生無量大智與福德
善逝之三身　極超越心以及名言道
我虔信頂禮　積集清淨菩提之種子
願證得三身　無餘諸趣決定入覺道

此頌義則合法賢譯本。

4

【法賢音譯】：薩埵（引）哩台（二合）哥訖哩（二合）播（引）拏（二十五）末波哩彌多摩賀（引）倪也（二合引）那奔女（引）捺夜（引）曩（引二十六）哥（引）夜（引）曩（引）蘇誐多（引）曩（引二十七）鉢囉（二合）底尾誐多末努嚩（引）酤鉢（二合）他（引）曩（引）怛囉（二合）夜（引）赧（引二十八）訖哩（二合）埵（引）薄訖爹（二合引）鉢囉（二合）拏（引）莽（二十九）酤舍羅母波唧當[扰-尢+曳]拏摩夜（引）冒提味（引）惹（三十）帝哩（二合）哥（引）夜（引）悉帝（二合引）那臘沒陀（二合引）若誐禰那末企朗（三十一）冐提摩（引）哩詣（二合）[寧*吉]喻惹（三十二）帝哩（二合）哥（引）野薩怛（二合）嚩三摩（引）鉢多（二合三十三）

【法賢譯】：回向

如是佛身無漏智　我常信解淨三業
以無量慧大福行　一心垂愍諸群生
以今頌讚三身佛　所獲無漏功德種
願我速證佛菩提　盡引眾生歸正道

【郭譯】：

三域行中得解脱　虛空等住諸有體
清淨涅槃相寂靜　此性修士所當證
難證難觀利自他　周遍無相離分別
諸佛唯一無二身　無等樂身前敬禮

【邵譯】：

脫三世間行　諸事自性平等如虛空
清淨而寂靜　行者證自性真實勝寂
難以得現證　難察自他利遍證無相
離繫唯一身　勝者無等樂身我頂禮

【藏】：sku gsum la bstod pa zhes bya ba slob dpon 'phags pa klu sgrub kyis mdzad pa rdzogs so //

rgya gar gyi mkhan po kṛṣṇa paṇḍi ta dang / lo tsā wa dge slong tshul khrims rgyal bas bsgyur cing zhus te gtan la phab pa'o //

【法賢音譯】： 缺

【法賢譯】： 缺

【郭譯】： **缺**

【邵譯】： 阿闍黎聖龍樹造《三身讚》圓滿

印度親教師黑天班智達及譯師戒勝比丘繙譯、校對並審定

Dharmadhātustava
(Chos dbyings bstod pa)

【藏】：'phags pa[1] 'jam dpal gzhon nur gyur pa la phyag 'tshal lo /[2]

gang zhig kun tu ma shes na /
srid pa gsum du rnam 'khor ba /
sems can kun la nges gnas pa'i /
chos kyi dbyings la phyag 'tshal lo[3] // 1

1 P, N, C: - 'phags pa.

2 劉震教授校訂之梵本無此句。

3 D: 'dud; P, N, C: lo.

八、《法界讚》

【不空譯】[4]：缺

【施護譯】[5]：**歸命十方佛　法身及報化**
願共諸眾生　速成法界性

【談譯】[6]：缺

【邵譯】：頂禮妙吉祥童子

1

【不空譯】：歸命禮法身　住於諸有情
彼由不遍知　輪迴於三有

【施護譯】：**輪迴三惡道　法界理凝然**
本來常清淨　諸相不能遷[4]

【談譯】：長久以來無明法　成三惡趣世間果
一切有情決定住　於此法界我讚禮

【邵譯】：任誰由於無明故　於諸三有中輪迴
於諸有情決定住　對此法界敬頂禮

4 不空譯，《百千頌大集經地藏菩薩請問法身讚》，大正・十三，no. 413。

5 施護譯，《讚法界頌》，大正・三十二，no. 1675。

6 談錫永譯，《法界讚》，收談錫永著《四重緣起深般若》，台北：全佛文化，2005: 435-447。

7 施護譯本於此頌前，尚有一讚頌云「**歸命十方佛，法身及報化，願共諸眾生，速成法界性**」，為梵藏本所無，亦不見於不空譯本，疑為施護所加。

【藏】：gang zhig 'khor ba'i rgyur gyur pa /
de nyid sbyang pa byas pa las /
dag pa de nyid mya ngan 'das /
chos kyi sku yang de nyid do // 2

ji ltar 'o ma dang 'dres pas /
mar gyi snying po mi snang ba /
de bzhin nyon mongs dang 'dres pas /
chos kyi dbyings kyang mi mthong ngo // 3

2

【不空譯】： 其性即生死 淨時亦復然
清淨是涅槃 亦即是法身

【施護譯】： **寂靜如虛空 處處悉周遍**
體皆離彼此 非深復非淺

【談譯】： 以成一切輪迴因 由道次第得清淨
所謂清淨即涅槃 此亦恰恰為法身

【邵譯】： 何者成為輪迴因 即從於彼作淨治
清淨自性即涅槃 亦即法身之自性

3

【不空譯】： 譬如乳相雜 醍醐不可得
如煩惱相雜 法界不可見

【施護譯】： **乳未轉變時 酥醍醐不見**
煩惱未伏除 法界無由顯

【談譯】： 乳中本固有酥油 以其混和故不見
此如不見法界現 以其混同煩惱纏

【邵譯】： 此如混雜牛乳中 酥油精華乃不現
如是與煩惱混纏 法界故亦不能見

【藏】：ji ltar 'o ma rnams sbyangs pas /
mar gyis snying po dri med 'gyur /
de bzhin nyon mongs rnams[8] sbyangs pas /
chos dbyings shin tu dri med 'gyur // 4

ji ltar mar me bum nang gnas /
cung zhig snang bar mi 'gyur ba /
de bzhin nyon mongs bum nang gnas /
chos kyi dbyings kyang mi mthong ngo // 5

8 D: rnam; P, N, C: rnams.

4

【不空譯】： 譬如淨乳已　酥精妙無垢
如淨其煩惱　法界極清淨

【施護譯】： **如酥處乳中　酥本妙光瑩**
法界煩惱覆　圓滿體清淨

【談譯】： 若於牛乳清淨時　酥性自不為其掩
若於煩惱圓滿淨　法界即離諸垢障

【邵譯】： 此如牛乳得清淨　酥油精華成無垢
如是淨治諸煩惱　法界亦成極無垢

5

【不空譯】： 如燈在其瓶　光耀無所有
如在煩惱瓶　法界不照耀

【施護譯】： **如燈被障礙　非能照餘物**
無明恒覆心　法界非明了

【談譯】： 此如瓶中酥油燈　即少分光亦不見
法界置於煩惱瓶　是亦長時無所現

【邵譯】： 此如油燈瓶內住　少分光明亦不見
如是煩惱瓶內住　法界故亦不能見

【藏】：phyogs ni gang dang gang dag nas /
bum pa bu ga gtod[9] gyur pa /
de dang de yi phyogs nyid nas /
’od kyi rang bzhin byung bar ’gyur // 6

gang tshe ting ’dzin rdo rje yis /
bum pa de ni bcag gyur pa /
de tshe de ni nam mkha’ yi /
mthar thug par du snang bar byed // 7

9 D: btod; P, N, C: gtod.

6

【不空譯】： 彼彼令一邊　其瓶若得穴
由彼彼一邊　光明而外出

【施護譯】： **如燈離障礙　處處物能照**
煩惱破壞時　真如恆顯現

【談譯】： 若於瓶壁破一孔　何處有孔何處見
光華恰穿此孔道　此乃自性之本然

【邵譯】： 從其任何之一隅　寶瓶之上鑽孔洞
即從此隅之本身　光明自性即生起

7

【不空譯】： 以三摩地杵　破壞煩惱瓶
遍滿於虛空　普遍光照耀

【施護譯】： **金剛寂大定　眾苦勿相親**[10]

【談譯】： 無間金剛喻定中　即能除去瓶相礙
剎那光明熾盛燃　周遍一切界耀顯

【邵譯】： 從於金剛喻定時　是即能破彼寶瓶
於爾時際之虛空　窮盡邊際光明現

10 施護譯缺此頌，唯於其譯本頌74之前半，則見有此頌，頌義與藏譯及不空譯之此頌相近，是故挪移於此。

【藏】：chos kyi dbyings ni skye ma yin /
nam yang ’gag par ’gyur ba med /
dus rnams kun tu nyon mongs med /
thog ma bar mtha’[11] dri ma bral // 8

ji ltar rin chen baidū rya /
dus rnams kun tu ’od gsal yang /
rdo yi nang na gnas gyur na /
de yi ’od ni gsal ma yin // 9

11 D: mthar; P, N, C: mtha’.

8

【不空譯】： 法界亦不生　亦不曾壞滅
一切時不染　初中常無垢

【施護譯】： **初中及最後　二障不能擾**[12]

【談譯】： 本來法界是無生　法界本來亦無滅
恆時遠離諸煩惱　初中後際都離垢

【邵譯】： 夫法界者為無生　抑且恆時為無滅
一切時無諸煩惱　初中後際都離垢

9

【不空譯】： 譬如吠瑠璃　常時極光明
石藏以覆蔽　彼光不照耀

【施護譯】： **如淨瑠璃珠　恆時光照曜**
光明物所障　被障明非見

【談譯】： 此如吠琉璃寶珠　常時見其光耀閃
若置彼於礦石中　珠光不復得能見

【邵譯】： 此如吠琉璃寶珠　於一切時光明現
然若置於礦石中　此光不復得明見

12 施護譯此頌，全句為「初中及最後，二障不能擾，如淨瑠璃珠，恆時光照耀」，此中只有前半的頌義，稍合藏譯此頌之後半；至於施譯之後半頌，則當為下一頌之前半。

【藏】：de bzhin nyon mongs kyis bsgribs pa'i /
chos dbyings shin tu dri med pa'ang /
'khor bar 'od ni gsal ma yin /
mya ngan 'das na 'od gsal 'gyur // 10

khams yod na ni las byas pas /
sa le sbram dag mthong bar 'gyur /
khams med par[13] ni las byas na'ang[14] /
nyon mongs 'ba' zhig skyed par zad // 11

13 D: na; P, N, C: par.

14 D: na; P, N, C: na'ang.

10

【不空譯】： 如是煩惱覆　法界妙清淨
不照於生死　於涅槃光明

【施護譯】： **法界煩惱覆　真如理難顯**
圓寂體光潔　輪迴不能染

【談譯】： 雖受煩惱所障礙　法界依舊是無瑕
輪迴掩時不見光　涅槃則見光華現

【邵譯】： 如是雖受煩惱障　法界亦為極無垢
光明不於輪迴現　涅槃則成光明顯

11

【不空譯】： 有性若有功　則見於真金
無性若有功　困而無所獲

【施護譯】： **勤求趣法界　輪迴非能捨**[15]

【談譯】： 若於真如顯現時　所行轉起淨金色
若於真如無現時　行而無果唯嘆息

【邵譯】： 若為具界而作業　所見轉成清淨金
若不具界而作業　唯有生起遍煩惱

15 施護譯此僅為一句，且頌義亦不甚合。

【藏】：ji ltar sbun pas g.yogs gyur pas /
so ba 'bras bu[16] mi 'dod ltar /
de bzhin nyon mongs kyis g.yogs pas /
de ni[17] sangs rgyas zhes mi brtag // 12

ji ltar sbun pa las grol na /
'bras nyid snang bar 'gyur ba ltar /
de bzhin nyon mongs las grol na /
chos kyi sku nyid rab tu gsal // 13

16 D: bur; P, N, C: bu.

17 D, N, C: ni; P: nas.

12

【不空譯】： 如糠覆其上　不名為粳米
煩惱覆其上　亦不名為佛

【施護譯】： **如米糠纏裹　穀體米非無**
煩惱覆真如　真如煩惱有

【談譯】： 於米為殼包裹時　是即為穀非為米
於受煩惱所纏眾　彼即不名為覺者

【邵譯】： 此如米為殼裹蔽　是即非為所欲果
如是為煩惱遮蔽　是即不名為覺者

13

【不空譯】： 若得離於糠　顯現於粳米
遠離於煩惱　法身得顯現

【施護譯】： **如穀去其糠　米體自然見**
若離煩惱糠　法界理方顯

【談譯】： 此如一旦離穀殼　米即宛然自顯現
如是故說於法身　離煩惱自光明見

【邵譯】： 米如脫離穀殼時　米即顯現成可見
如是離於煩惱時　法身殊勝光明現

【藏】：chu shing snying po med ngo zhes /
'jig rten na ni dper byed kyang /
de yi 'bras bu snying po nyid /
mngar po za bar byed pa ltar // 14

snying po med pa'i 'khor ba las /
nyon mongs gzeb dang bral gyur na /
de yi 'bras bu snying po[18] nyid /
lus can kun gyi bdud rtsir 'gyur // 15

18 D: sangs rgyas; P, N, C: snying po.

14

【不空譯】： 世間作譬喻　芭蕉無堅實
而有貞實果　食味如甘露

【施護譯】： **妄執有世間　芭蕉終無實**
法界非世間　亦非虛妄見

【談譯】： 是故喻此器世間　恰如芭蕉空無實
然而其果卻有實　食時口舌能觸及

【邵譯】： 芭蕉樹中無有實　是以譬喻此世間
然而彼果之精華　以其甘甜故可食

15

【不空譯】： 如無實生死　流轉煩惱海
其果即佛體　甘露施有施

【施護譯】： **如人飲甘露　熱惱悉皆除**
若證法界性　煩惱熱皆棄
滅除煩惱燄　法界甘露現
一切有情中　高下皆平等[19]

【談譯】： 如是輪迴亦無實　但若除去煩惱殼
其中見佛種姓果　有情普嚐甘露味

【邵譯】： 從於輪迴無有實　若得脫離煩惱殼
彼果是即為精華　一切有情之甘露

19 施護譯似以兩頌概括此頌頌義。

【藏】：de bzhin sa bon thams cad las /
rgyu dang 'dra ba'i 'bras bu 'byung /
sa bon med par 'bras yod par /
shes ldan gang gis bsgrub[20] par nus // 16

sa bon gyur pa khams de nyid /
chos rnams kun gyi rten du 'dod /
rim gyis sbyangs par gyur pa las /
sangs rgyas go 'phang thob par gyur // 17

20 D: sgrub; P, N, C: bsgrub.

16

【不空譯】： 如是於諸種　相似生其果
無種亦無果　智者必不信

【施護譯】： **體實果不生　執種果非有**
智慧出生時　有為非法界

【談譯】： 此如由種子生果　果即以種子為因
故具見者當不說　無須以種為果因

【邵譯】： 如是一切之種子　撒播此因生起果
具智者何可成立　無有種子而有果

17

【不空譯】： 種子則其性　諸法之所依
次第若能淨　獲得成佛位

【施護譯】： **法界本無處　究竟方可證**
清淨恒光潔　日月皆瑩淨

【談譯】： 世間即喻為種子　由彼成諸大功德
依次第而漸進修　佛地自當能證得

【邵譯】： 種子亦即為界性　是為一切法所依
循次第而作淨治　即能成就佛果位

【梵】[21]：nirmalau candra-sūryau hi āvṛtau pañcabhir malaiḥ /
abhra-nīhāra-dhūmena rāhu-vaktra-rajo-malaiḥ // 18

evaṃ prabhāsvaraṃ cittam āvṛtaṃ pañcabhir malaiḥ /
kāma-vyāpāda-middhena auddhatya-vicikitsayā // 19

【藏】：dri med nyi ma zla ba yang /
sprin dang du ba khug rna dang /
sgra gcan gdong dang rdul la sogs /
sgrib pa lnga yis sgribs par 'gyur // 18

de bzhin 'od gsal ba yi sems /
'dod dang gnod sems le lo dang /
rgod pa dang ni the tshom ste /
sgrib pa lnga yis bsgribs pa 'gyur // 19

21 以下六句頌之梵本，錄自那諾巴（Nāropā）《灌頂略說廣註》（*Sekoddesatika*）之所引。

18

【不空譯】： 日月常無垢　以五種覆蔽
雲霧與烟等　羅睺手及塵

【施護譯】： **法界無垢染　如龍夜雨塵**
況似羅睺面　光明恒燦然

【談譯】： 日月雖然無瑕垢　五重迷幕能障彼
如雲如霧復如煙　如羅睺面亦如塵

【邵譯】： 日與月雖為無垢　五種障礙能掩蔽
如雲與煙以及霧　羅睺面及塵等等

19

【不空譯】： 如是心光明　覆蔽以五垢
貪愛瞋恚眠　掉舉與疑惑

【施護譯】： **缺**

【談譯】： 是故心性淨光明　亦具五障而為障
貪欲怠惰與邪見　以及種種慮與疑

【邵譯】： 如是心雖光明顯　五種障亦成掩蔽
貪慾與嗔及懈怠　以及掉舉與疑法

【梵】：agni-śaucaṃ yathā vastraṃ malinaṃ vividhair malaiḥ /
agni-madhye yathāksiptaṃ malaṃ dagdhaṃ na vastratā // 20

evaṃ prabhāsvaraṃ cittaṃ malinaṃ rāgajair malaiḥ /
jñānāgninā malaṃ dagdhaṃ na dagdhaṃ tat-prabhāsvaram // 21

【藏】：ji ltar me yis dag pa'i gos /
sna tshogs dri mas dri ma can /
ji ltar me yi nang bcug na /
dri ma tshig 'gyur gos min ltar // 20

de bzhin 'od gsal ba yi sems /
'dod chags la sogs dri ma can /
ye shes me yis dri ma sreg[22] /
de nyid 'od gsal ma yin no // 21

22 D: nyon mongs bsreg; P, N, C: dri ma sreg.

20

【不空譯】： 如火洗其衣　種種垢不淨
若擲於火中　燒垢不燒衣

【施護譯】： **譬如火浣布　處火能離染**
垢去布猶存　光明轉瑩淨

【談譯】： 此如火燒火浣布　能除種種垢與染
當彼處於火中時　唯燒其垢非燒布

【邵譯】： 此即猶如火浣布　若具種種之污垢
如置之於火焰內　燒盡其垢而非布

21

【不空譯】： 缺

【施護譯】： **貪愛令心染　虛妄有輪迴**
亦如火浣布　真空妄非有
三毒生死本　智慧火能燒
法界體常有　朗然恒照曜[23]

【談譯】： 此如心性淨光明　蒙受貪等諸垢染
本覺智火燒煩惱　淨光明卻非所燒

【邵譯】： 如是心雖光明顯　而具貪欲等諸垢
本智火焚燒污垢　而非彼之淨光明

23 施護譯似以兩頌概括此頌頌義。

【梵】： śūnyatāhārakāḥ sūtrā ye kecid bhāṣitā jinaiḥ /
sarvais taiḥ kleśa-vyāvṛttir naiva dhātu-vināśanam // 22

pṛthivy-antarhitaṃ toyaṃ yathā tiṣṭhati nirmalam /
kleśair antarhitaṃ jñānaṃ tathā tiṣṭhati nirmalam // 23

【藏】： stong pa nyid ni ston pa'i mdo /
rgyal bas ji snyed gsungs pa gang /
de dag kun gyis nyon mongs ldog /
khams de nyams par byed ma yin // 22

sa yi nang na gnas[24] pa'i chu /
dri ma med par gnas pa ltar /
nyon mongs nang na ye shes kyang /
de bzhin dri ma med par gnas // 23

24 D: dkyil na yod; P, N, C: nang na gnas.

22

【不空譯】： 空類諸契經　所有如來說
一切斷煩惱　不曾壞其性

【施護譯】： **煩惱染稱垢　世尊恒所宣**

【談譯】： 故於導師經教中　由法異門說空性
凡說皆除煩惱門　無人能滅其力用

【邵譯】： 教授空性之契經　勝者如何作解說
止息彼等諸煩惱　而不於界作減損

23

【不空譯】： 譬如地下水　常住而清淨
智隱於煩惱　清淨亦復然

【施護譯】： **垢滅真如顯　如汲地中泉**
法界體無垢　根隨能覆藏
若除煩惱盡　瑩淨叵難量

【談譯】： 此如深深地下水　未經沾染純然淨
故煩惱中本覺智　離諸瑕障而圓滿

【邵譯】： 藏於深深地下水　如此住而無有垢
故煩惱中之本智　亦如是住而無垢

【藏】：chos dbyings gang phyir bdag ma yin /
bud med ma yin skyes pa[25] min /
gzung ba kun las rnam grol ba /
ji ltar bdag ces brtag par bya // 24

chags pa med pa'i chos kun la /
bud med skyes pa dmigs ma yin /
'dod chags kyis gdungs[26] gdul bya'i phyir /
bud med skyes pa shes[27] rab bstan // 25

25 D: pa'ang; P, N, C: pa.

26 D: ldongs; P, N, C: gdungs.

27 D: zhes; P, N, C: shes.

24

【不空譯】： 法界亦非我　非女亦非男
遠離一切執　云何分別我

【施護譯】： **法界本無我　二形及女男**
體無虛妄執　何處更思惟

【談譯】： 法界不可說為自　既非是男亦非女
有情超越思議法　如何能說為自我

【邵譯】： 以法界非為我故　既非為男亦非女
離於一切外境時　焉可建立說為我

25

【不空譯】： 諸法無所著　女男不可得
貪盲調伏故　示現男女相

【施護譯】： **法界離憎愛　根塵境本無**
虛妄執為因　差別從此生

【談譯】： 一切法中離愛想　男女是皆不可見
然為調伏貪盲眾　名言故說為男女

【邵譯】： 於一切法無貪欲　不見為女或為男
然為調伏貪欲惱　演示般若於男女

【藏】：mi rtag sdug bsngal stong pa zhes /
bya ba gsum pos sems sbyong byed /
mchog tu sems ni sbyong byed ba'i /
chos ni rang bzhin med pa yin // 26

ji ltar sbrum ma'i lto na bu /
yod kyang mthong ba ma yin pa /
de bzhin nyon mongs kyis g.yogs pa'i /
chos kyi dyings kyang mthong ma yin // 27

26

【不空譯】： 無常苦空性　心淨慮有三
最勝心淨慮　諸法無自性

【施護譯】： **真空非苦惱　貪愛苦惱因**
耽染由妄想　三界乃輪迴

【談譯】： 無常與苦以及空　是清淨心三法印
然於修心至究竟　佛說無復有自性

【邵譯】： 所謂無常苦及空　能以此三淨治心
最殊勝之修心法　是為無有實自性

27

【不空譯】： 如胞胎孕子　有之而不現
如煩惱所覆　法實不可見

【施護譯】： **懷孕在於腹　嬰子未言見**
二障覆真如　法界不能證

【談譯】： 是如嬰兒於母腹　彼雖在而不得見
故當煩惱覆障時　法界是亦不能見

【邵譯】： 此如孕婦腹中兒　雖為有卻不可見
如是煩惱覆障時　法界亦不可得見

【藏】：bdag dang bdag gi rnam rtog dang /
ming gi 'du shes rgyu mtshan gyis /
rnam rtog bzhi po 'byung ba yang /
'byung dang 'byung las gyur pas so // 28

sangs rgyas rnams kyi smon lam yang /
snang ba med cing mtshan nyid med /
so sor rang rig sbyor ldan nyid /
sangs rgyas rtag pa'i chos nyid can // 29

28

【不空譯】： 分別有四種　所生大造者
分別我我所　名想及境界

【施護譯】： **種種生疑慮　見慢及恚癡**
妄計有真實　真實計非有

【談譯】： 由思於我及我所　由思名言及其基
即由大種和合等　施設四種戲論義

【邵譯】： 我與我所之分別　皆由名想為其因
由此生起四分別　輾轉生起復生起

29

【不空譯】： 一切佛大願　無所有無相
自覺相應故　諸佛常法性

【施護譯】： **缺**

【談譯】： 於彼猛烈發心者　佛陀不見其體性
佛智自性即佛陀　眷屬恆常且清淨

【邵譯】： 一切佛陀之願力　無顯現亦無性相
各各自證之相應　諸佛恆常之法性

【藏】：ji ltar ri bong mgo bo'i[28] rwa /
brtags[29] pa nyid de med pa ltar /
de bzhin chos rnams thams cad kyang /
brtags[30] pa nyid de yod ma yin // 30

phra rab rdul gyi ngo bo yis /
glang gi rwa yang yod[31] ma yin /
ji ltar sngon bzhin phyis de bzhin /
de la ci zhig brtag par bya // 31

28 D: yi; P, N, C: bo'i.

29 D: brtags; P, N, C: btags.

30 D: brtags; P, N, C: btags.

31 D: dmigs; P, N, C: yod.

30

【不空譯】： 如言兔有角　分別而非有
如是一切法　分別不可得

【施護譯】： **兔角體非有　妄執令真實**
法界離妄執　妄執真非有

【談譯】： 兔頭上角為譬喻　除妄想外無所有
見一切法皆如是　唯妄想而非為有

【邵譯】： 此即如兔頭上角　唯是分別實無有
如是一切法亦然　唯是假立而成有

31

【不空譯】： 分析如微塵　分別不可得
如初後亦爾　智云何分別

【施護譯】： **如色必破壞　微塵猶可知**
法界非破壞　三時不能得

【談譯】： 非由實有極微成　是故牛角亦不見
以極微既無所有　極微成者焉能有

【邵譯】： 由極微塵之體性　牛頭之角亦無有
如過去故亦未來　於此何所作分別

【藏】：brten nas 'byung bar 'gyur ba[32] dang /
brten nas 'gag par 'gyur bas na /
gcig kyang yod pa ma yin na[33] /
byis pas[34] ji ltar rtogs[35] par byed / 32

ri bong ba lang[36] rwa yi dpes /
ji ltar bde gshegs chos rnams nyid /
dbu ma nyid du sgrub par byed // 33

32 D: gyur pa; P, N, C: 'gyur ba.

33 D: na; P, N, C: no.

34 D: pa; P, N, C: pas.

35 D: rtog; P, N, C: rtogs.

36 D: glang; P, N, C: lang.

32

【不空譯】： 如是和合生　和合亦滅壞
一法自不生　云何愚分別

【施護譯】： **有生還有滅　榮辱亦皆隨**
法界非生滅　云何言所知

【談譯】： 以其由緣起而生　以其由緣起而滅
故無一法可為有　童蒙妄想焉成有

【邵譯】： 此由能依而生起　復由能依而壞滅
此如無一為實有　愚者焉可得了悟

33

【不空譯】： 兔牛二角喻　此名遍計相
依住於中道　如善逝法性

【施護譯】： **兔角本非有　三世猶可思**
真空非兔角　思慮不能知
（真空稱善逝　色相悉皆亡
應化隨緣有　修因離執非）[37]

【談譯】： 以兔角喻牛角喻　此為如來所現證
是故於彼一切法　除中道外無所有

【邵譯】： 以兔牛角為譬喻　此如如來種種法
悉以成立為中道

37 後二頌未見於梵藏本及不空譯，疑為施護增添。

【藏】：ji ltar nyi zla skar ma'i gzugs /
dwangs ba'i snod kyi chu nang du /
gzugs brnyan mthong bar 'gyur ba[38] ltar /
mtshan nyid rdzogs pa'ang de dang 'dra // 34

thog ma bar dang mthar dge ba /
bslu ba med cing brtan pa yi /
gang zhig de ltar bdag med la[39] /
ji ltar bdag dang bdag gir brtag // 35

38 D: gyur pa; P, N, C: 'gyur ba.

39 D: pa'ang; P, N, C: la.

34

【不空譯】： 如月及星宿　現於清水器
影像而顯現　如是圓成相

【施護譯】： **圓通如日月　水現影皆同**
色聲雙泯絕　差別云何有

【談譯】： 此如人於淨水盆　日月星辰現倒影
如是其形及體性　是皆圓滿成投射

【邵譯】： 此如日月星之色　於淨器皿之水中
觀見所成色影像　恰如彼圓滿性相

35

【不空譯】： 初中亦為善　常恆不欺誑
彼無五種我　云何我分別

【施護譯】： **三世可尋思　生緣時決定**
若悟己身法　己身云何有

【談譯】： 初中後際之德性　施設為常非決定
如是即遠離於自　何能執我及我所

【邵譯】： 初中後際之善德　無欺誑抑且堅固
凡諸如彼悉無我　云何成立我我所

【藏】：ji ltar sos ka'i[40] dus su chu /
dro bos[41] zhes ni brjod[42] par byed /
de nyid grang ba'i dus su ni /
grang ngo zhes ni brjod pa yin // 36

nyong mongs dra bas g.yogs pa na[43] /
sems can zhes ni brjod par bya /
de nyid nyon mongs bral gyur na /
sangs rgyas zhes ni brjod par bya // 37

40 D: so ga'i; P, N, C: sos ka'i.

41 D, N: dro'o; P, C: dro bos.

42 D: rjod; P, N, C: brjod.

43 D: ni; P, N, C: na.

36

【不空譯】： 譬如熱時水　故名為熱水
是則其冷時　則名為冷水

【施護譯】： **如水居熱際　處熱覺悟非**
寒際理亦然　圓通皆如是

【談譯】： 此可譬如夏日水　是可說之為溫暖
此水若然於冬日　則可說其為寒冷

【邵譯】： 是即猶如春時水　是可說之為溫暖
然而彼於寒天時　則可說其為寒冷

37

【不空譯】： 覆蔽煩惱網　是則名為心
若離其煩惱　則名為等覺

【施護譯】： **心恒煩惱覆　迷惑不能了**
若離煩惱纏　覺悟而非有

【談譯】： 被誘入於煩惱網　由是得名為有情
於中能離煩惱境　是即尊稱為佛陀

【邵譯】： 若為煩惱網遮蔽　是可說之為有情
然而彼離煩惱時　則可說其為佛陀

【藏】：mig dang gzugs brten nas ni /
dri ma med pa'i snang ba 'byung /
skye med 'gag pa med nyid las /
chos kyi dbyings ni rab tu shes // 38

sgra dang rna ba la brten nas /
rnam par dag pa'i shes pa gsum /
mtshan nyid med pa chos kyi dbyings /
rtog dang bcas pas thos par 'gyur // 39

38

【不空譯】： 眼識緣於色　影像極清淨
不生亦不滅　法界無形相

【施護譯】： **如眼觀諸色　離障能照曜**
真空理亦然　照曜離生滅

【談譯】： 當眼正緣於色時　分明呈現為顯現
無生滅故即法界　雖多妄許為餘外

【邵譯】： 當依於眼以及色　無垢顯現即生起
從於無生及無滅　是可善覺知法界

39

【不空譯】： 耳識緣於聲　清淨識三種
以自分別聞　法界無形相

【施護譯】： **耳識聞於聲　離妄及分別**
法界性亦然　分別妄非有

【談譯】： 當耳正緣於聲時　離其生處而覺知
此三即為法界性　落戲論則說聞聲

【邵譯】： 當依於耳以及聲　三種清淨之覺知
法界無有其性相　以具分別故成聽

【藏】：sna dang dri la brten nas snom /
de ni gzugs su med pa'i dpe[44] /
de bzhin sna yi rnam shes kyis /
chos kyi dbyings la rtog par byed // 40

lce yi rang bzhin stong pa nyid /
ro yi khams kyang dben pa ste /
chos kyi dbyings kyi ngo bo yis[45] /
rnam par shes pa gnas med pa // 41

44 D: dpes; P, N, C: dpe.

45 D: yin; P, N, C: yis.

40

【不空譯】：鼻依香而嗅　無色亦無形
鼻識是真如　法界應分別

【施護譯】：**鼻能嗅諸香　妄執性非有**
色相二俱亡　真空亦如是

【談譯】：香界依於鼻與香　如色法例無生滅
若說此為依鼻識　法界則成為香界

【邵譯】：嗅者依於鼻與香　是為無色之譬喻
如是若依於鼻識　即對法界作分別

41

【不空譯】：舌界自性空　味界性遠離
無依亦無識　法界自性故

【施護譯】：**舌根自性空　味界恆遠離**
識空體亦然　法界理如是

【談譯】：舌之自性為空性　味界亦為無所有
是皆無非法界性　是皆非為舌識因

【邵譯】：舌之自性為空性　且亦遠離於味界
以法界自性而言　此中無有識住處

【藏】：dag pa'i lus kyi ngo bo dang /
reg bya'i rkyen gyi mtshan nyid dag[46] /
rkyen dag las ni grol gyur pa /
chos kyi dbyings zhes brjod par bya // 42

yid gtsor gyur pa'i chos rnams la /
rtog dang brtag pa rnam spangs nas /
chos rnams rang bzhin med pa nyid /
chos kyi dbyings su bsgom par bya // 43

46 D: dang; P, N, C: dag.

42

【不空譯】： 清淨身自性　所觸和合相
遠離於所緣　我說為法界

【施護譯】： **身根自性淨　冷煖觸非有**
法界理亦然　觸處常遠離

【談譯】： 於彼清淨身自性　及於觸處之體性
與身識三離緣起　是即可名為法界

【邵譯】： 由清淨身之自性　以及觸緣之性相
若可離於一切緣　是即可名為法界

43

【不空譯】： 諸法意為最　離能所分別
法界無自性　法界而分別

【施護譯】： **意緣法稱最　自性恆遠離**
諸法性本空　圓通理如是

【談譯】： 法唯現於心識中　卻成戲論與增益
無此知法無自性　知已觀修於法界

【邵譯】： 種種法以意為本　遠離分別與伺察
諸法悉無有自性　是即觀修為法界

【藏】：mthong dang thos dang bsnams pa dang /
myangs dang reg par gyur pa dang /
chos rnams de ltar rnal 'byor pas /
shes nas[47] mtshan nyid rdzogs pa yin // 44

mig dang rna ba sna dag dang /
lce dang lus dang de bzhin yid /
skye mched drug po rnam dag pa /
'di nyid de nyid mtshan nyid do // 45

47 D: na; P, N, C: nas.

44

【不空譯】： 能見聞而嗅　是味及所觸
瑜伽法是知　如是圓成相

【施護譯】： **見聞及覺知　相應法亦空**
了絕諸妄想　見聞理亦非

【談譯】： 若於一切見與聞　嗅味觸等以及想
瑜伽行者如實知　諸妙功德即圓滿

【邵譯】： 於見與聞以及嗅　於嚐與觸及諸法
瑜伽行者如是知　所具性相悉圓滿

45

【不空譯】： 眼耳及與鼻　舌身及末那
六處皆清淨　如是彼之相

【施護譯】： **根塵起妄執　清淨體源無**
迷執有根塵　根塵理非有

【談譯】： 眼門耳門及鼻門　舌門身門意城門
六者皆為究竟淨　其識自淨如如性

【邵譯】： 眼處耳處鼻處等　舌處身處如是意
種種六處皆清淨　此即真實之本性

【藏】：sems nyid rnam pa gnyis su mthong[48] /
ji ltar 'jig rten 'jig rten 'das /
bdag tu 'dzin las 'khor ba ste /
so sor rig na de nyid do // 46

'dod chags zad pas mya ngan 'das /
zhe sdang gti mug zad pa dang /
de dag 'gags pas[49] sangs rgyas nyid /
lus can kun gyi skyabs nyid do // 47

48 D: mthong; P, N, C: mtho.

49 D: pa; P, N, C: pas.

46

【不空譯】： 心見有二種　世間出世間
我執為流轉　自覺是真如

【施護譯】： **世間並出世　空性本無差**
我法由迷起　遍計自輪迴

【談譯】： 試觀心識有二面　世間以及出世間
執為我法成輪迴　為自證智則為如

【邵譯】： 觀見心性有二種　即世間及出世間
執為我即成輪迴　各各自證此真實

47

【不空譯】： 無盡是涅槃　若盡貪及癡
覺彼是佛體　有情歸依處

【施護譯】： **法界理清淨　貪瞋癡本無**
迷悟從心起　三毒法假名

【談譯】： 貪欲滅時即涅槃　是亦瞋癡之寂息
以此寂滅即為佛　尊為有情之依怙

【邵譯】： 貪欲盡時即涅槃　嗔與癡盡此亦然
彼等滅時即為佛　一切有情之皈依

【藏】：shes dang mi shes pa dag las /
lus 'di nyid las[50] thams cad de /
rang gi rnam par rtog pas bcings /
bdag nyid shes nas[51] grol bar 'gyur // 48

byang chub ring min nye ba'ang[52] min /
'gro min 'ong ba'ang[53] ma yin zhing /
nyon mongs gzeb gyur 'di nyid la /
mthong ba dang ni ma mthong yin // 49

50 D: la; P, N, C: las.

51 D: na; P, N, C: nas.

52 D: ba; P, N, C: ba'ang.

53 D: ba; P, N, C: ba'ang.

48

【不空譯】：一切於此身　有智及無智
繫縛自分別　由悟得解脫

【施護譯】：**迷執自纏縛　了達假名智**[54]

【談譯】：可依世智而為行　無輪涅則身為因
既可受縛於自想　亦依真性而解脫

【邵譯】：了知以及無了知　一切皆從於此身
受縛於自諸分別　由知我性得解脫

49

【不空譯】：菩提不遠近　不來亦不去
壞滅及顯現　於此煩惱網

【施護譯】：**菩提非近遠　三世理非有**
煩惱籠迷執　世尊經所宣

【談譯】：菩提非遠亦非近　彼於汝亦無來去
於汝煩惱牢籠中　汝可見亦可不見

【邵譯】：菩提非遠亦非近　抑且非去亦非來
於此煩惱牢籠中　或觀見或不觀見

54 施護譯此頌僅一句，且論義不合。

【藏】：shes rab mar me la gnas nas /
mchog tu zhi bar gyur pa yis /
bdag la rtag par[55] gnas bya zhes /
mdo sde'i tshogs las gsungs pa lags // 50

stobs bcu'i stobs kyis byis pa rnams /
byin brlabs[56] zla ba tshes pa bzhin /
nyon mongs can gyi sems can gyis /
de bzhin gshegs pa mi mthong ngo // 51

55 D: brtags pas; P, N, C: rtag par.

56 D: rlabs; P, N, C: brlabs.

50

【不空譯】： 說於眾契經　住於自思惟
照以智慧燈　即得最勝寂

【施護譯】： **智生惑染滅　妄執勿相纏**[57]

【談譯】： 若然住於般若燈　能趨寂息極莊嚴
觀察自我即能住　此乃經教之所宣

【邵譯】： 若然住於般若燈　能得最勝之寂靜
應思擇我而安住　是為經藏之所宣

51

【不空譯】： 缺

【施護譯】： **缺**

【談譯】： 佛以十力助未熟　加持力似月離礙
然彼若受煩惱纏　是即不能見如來

【邵譯】： 十力加持諸童蒙　加持如上娥眉月
具煩惱之諸有情　不能觀見於如來

57 施護譯此頌僅一句，且論義不合。

【藏】：ji ltar yi dwags rnams kyis ni /
rgya mtsho bskams[58] par mthong ba ltar /
de bzhin mi shes pas bsgribs pas /
sang rgyas rnams ni med par btags[59] // 52

dman pa[60] bsod nams dman pa la /
bcom ldan 'das kyis ci bgyir mchis /
ji ltar dmus long lag pa ru /
rin chen mchog ni bzhag pa 'dra // 53

---

58 D: skams; P, N, C: bskams.

59 D: brtags; P, N, C: btags.

60 D: dang; P, N, C: pa.

52

【不空譯】： 缺

【施護譯】： **餓鬼恒飢渴　不能見水泉**[61]

【談譯】： 此即有如餓鬼界　眼前大海如旱地
故於無明執著中　彼想佛陀非是有

【邵譯】： 此如所有餓鬼眾　見大海猶如旱地
如是受無名蓋覆　由是妄計無諸佛

53

【不空譯】： 缺

【施護譯】： **眾生無少信　宿業自縈纏**[62]

【談譯】： 於具少德之小眾　無論勝者何所作
皆如置一摩尼寶　於無知者手掌中

【邵譯】： 下劣福德下劣眾　世尊亦有何可作
此如置殊勝珍寶　於生盲者之手中

61 此句原為施護譯本第81頌之前半。

62 此句原為施護譯本第81頌之後半。

【藏】：sems can bsod nams byas rnams la /
'od kyis gsal zhing dpal ldan pa'i /
sum cu rtsa gnyis mtshan 'bar ba /
sangs rgyas de yi mdun na gnas // 54

mgon po de yi gzugs kyi sku[63] /
bskal pa mang por bzhugs nas ni[64] /
gdul bya rnams ni 'dul ba'i phyir /
dbyings nyid tha dad gyur pa lags // 55

63 D: skus; P, N, C: sku.

64 D: kyang; P, N, C: ni.

54

【不空譯】： 缺

【施護譯】： **化現身諸相　光明皆燦然**
佛雖恒在世　不覩宿無緣[65]

【談譯】： 於具眾德之大眾　光輝閃耀為形相
三十二火具榮光　如是有情共佛住

【邵譯】： 積集福德諸有情　具有吉祥光明耀
三十二相光熾盛　佛陀住於彼跟前

55

【不空譯】： 缺

【施護譯】： **二嚴無有盡　功德叵難量**
佛演一乘法　隨機悟淺深[66]

【談譯】： 怙者住為方分身　繼往開來歷多劫
為調教諸弟子故　宣說異門釋其教

【邵譯】： 彼等怙主之色身　已然安住諸多劫
然為調伏化機故　即此界而成差別

65 此句原為施護譯本第82頌。

66 此句原為施護譯本第85頌後半及86頌前半。

【藏】：sems kyi yul ni nges rtogs nas /
der ni shes pa ’jug par ’gyur[67] /
so so rang rig rnam dag na /
sa rnams de yi bdag nyid gnas // 56

dbang phyug chen po’i gnas mchog dang /
’og min nyid de rnam mdzes pa /
shes pa gsum po gcig nyid du /
’dres par gyur la dbag smra’o // 57

67 D: gyur; P, N, C: ’gyur.

56

【不空譯】： 缺

【施護譯】： **缺**

【談譯】： 以既定於趣向故　從於外境說心識
於自證智清淨中　諸菩薩地從安住

【邵譯】： 決定了知心所緣　由此令覺知趣入
各各自證若清淨　諸地自性我安住

57

【不空譯】： 缺

【施護譯】： **缺**

【談譯】： 莊嚴住者具力尊　及宏麗色究竟天
連同心識此三者　可合為一我敢說

【邵譯】： 大自在天勝住處　莊嚴之色究竟天
以及心識此三者　我說可合而為一

【藏】：byis pa'i nang na kun[68] mkhyen dang /
'phags pa'i nang na sna tshogs nyid /
dbang phyug chen po tshe dpag med /
bskal pa[69] tshe yi rgyu gang yin // 58

phyi rol sems can khams[70] kyi yang /
dpag tu med pa'i bskal par ni /
tshe yang gang gis bsrungs gyur cing /
srog chags kun gyi[71] srog gnas pa'i /
rgyu yang[72] mi zad pa de nyid // 59

68 D: kun; P, N, C: yongs.

69 D: pa'i; P, N, C: pa.

70 D: khams; P, N, C: mkhas.

71 D: rnams kyi; P, N, C: kun gyi.

72 D: gang; P, N, C: yang.

58

【不空譯】：缺

【施護譯】：**缺**

【談譯】：未熟唯依於識覺　聖者故為說異門
此於長壽具力者　成為劫算長程因

【邵譯】：遍知一切諸愚蒙　聖者內之各種性
大自在天無量壽　何者而為劫壽因

59

【不空譯】：缺

【施護譯】：**恒居色究竟　利益五乘人**
救護眾生苦　俱胝壽命長[73]

【談譯】：守護有情外界者　亦持壽量無數劫
使其如是而為生　於中持諸有情故

【邵譯】：外界有情之賢者　無可計量劫波中
云何而能作守護　一切有情住其命
彼即無窮盡之因

73 此句原為施護譯本第84頌後半及85頌前半。

【藏】：gang gis[74] 'bras bu mi zad gang /
snang ba med pa'i bye brag gis /
shes rab don du rab tu 'jug // 60

byang chub ring bar mi bsam zhing /
nye bar yang ni bsam mi bya /
yul drug snang ba med par ni /
yang dag ji bzhin rig gyur pa'o // 61

74 D: gi; P, N, C: gis.

60

【不空譯】： 缺

【施護譯】： **缺**

【談譯】： 即此為因知無終　故如是果亦無終
此微妙性若現證　涅槃破曉緣般若

【邵譯】： 明亮果不窮盡者　由無顯現之分別
為般若故而善入

61

【不空譯】： 菩提不遠想　亦無隣近想
是六境影像　皆由如是知

【施護譯】： **去來執最勝　體空猶可思**
菩提非妄執　正證亦知非[75]

【談譯】： 是故菩提實非遠　非可思謀以手近
於六外境無顯現　即知真實為如是

【邵譯】： 不思菩提於遠方　亦不作思其為近
六所緣境無顯現　如是即為見真實

75 施護譯本，此句緊接上來頌48。

【藏】：ji ltar 'o ma dang 'dres chu /
snod gcig la[76] ni gnas pa las /
ngang pas[77] 'o ma 'thung byed cing /
chu ni ma yin de bzhin gnas // 62

de bzhin nyon mongs kyis g.yogs nas/
ye shes lus 'dir gcig gnas kyang/
rnal 'byor pa yis ye shes len /
mi shes pa ni 'dor bar byed // 63

76 D: na; P, N, C: la.

77 D: pa; P, N, C: pas.

62

【不空譯】： 如水與乳合　同在於一器
鵝飲盡其乳　其水如常在

【施護譯】： **水乳同一處　鵝飲乳非雜**[78]

【談譯】： 此如水乳相混和　置於同一器皿內
鶴唯飲乳不飲水　於轉依因即此喻

【邵譯】： 此如牛乳混於水　而皆同處一器皿
鵝唯飲用其牛乳　水則依然如是住

63

【不空譯】： 如是煩惱雜　智在於一器
瑜伽者飲智　棄捨於煩惱

【施護譯】： **生空煩惱離　二障亦非雜**[79]

【談譯】： 煩惱所纏本覺智　於一身中同得見
瑜伽行者唯取智　而留無明於其外

【邵譯】： 如是煩惱障本智　而皆同住於一身
瑜伽行者唯取智　而於無明作捨棄

78 施護譯僅一句。

79 此頌亦僅譯作一句。

【藏】： bdag dang bdag gi zhes 'dzin pas /
ji srid phyi rol rnam btags[80] pa /
bdag med rnam pa gnyis mthong nas[81] /
srid pa'i sa bon 'gag par 'gyur // 64

gang phyir sangs rgyas mya ngan 'das /
gtsang ba rtag pa dge ba'i gzhi /
dag phyir gnyis ni byis pas btags[82] /
de yi gnyis med rnal 'byor gnas // 65

80 D: brtags; P, N, C: btags.

81 D: na; P, N, C: nas.

82 D: brtags; P, N, C: btags.

64

【不空譯】： 如是我我執　乃至所取執
若見二無我　有種而滅壞

【施護譯】： **妄執我非無　了達本非有**
涅槃清淨理　二我俱非立

【談譯】： 執持我及我所時　外境同時成妄想
若能見其無我性　諸執有種即摧壞

【邵譯】： 執持我與我所時　由是妄計諸外有
若能觀見二無我　是即能滅有種子

65

【不空譯】： 是佛般涅槃　常恆淨無垢
愚夫二分別　無二瑜伽句

【施護譯】： **缺**

【談譯】： 佛種涅槃淨與常　皆依法界而為基
未熟歸之為二我　瑜伽行者住無二

【邵譯】： 是故佛陀之涅槃　清淨恆常善之基
童蒙假立而為二　瑜伽行者住無二

【藏】：dka' spyod sna tshogs sbyin pa dang /
tshul khrims sems can don sdud dang /
sems can phan byed bzod pa ste /
gsum po 'di yis[83] khams rgyas 'gyur // 66

chos rnams kun la brtson 'grus dang /
bsam gtan la sems 'jug pa dang /
rtag tu shes rab brtan pa ste /
'di yang byang chub rgyas byed yin // 67

83 D: 'dis ni; P, N, C: 'di yis.

66

【不空譯】： 種種難行施　以戒攝有情
一切損忍辱　界增此為三

【施護譯】： **三檀齊修施　尸羅離過非**
忍因端正果　精進勇懃依

【談譯】： 施者能安於困苦　且以利他而為戒
以安忍行諸善故　此三為因力用展

【邵譯】： 種種難行之布施　攝受有情之戒律
利益有情之安忍　依此三者界增長

67

【不空譯】： 於諸法精進　靜慮心加行
常習於智慧　復得菩提增

【施護譯】： **靜慮令心止　般若用無疑**
願兼方便力　安住勝菩提

【談譯】： 精進於諸教法中　且置深心於禪定
究竟依止於般若　菩提增長而豐盛

【邵譯】： 精進於一切教法　心得趨入於禪定
恆常堅固般若智　此亦令菩提增長

【藏】：thabs dang bcas pa'i shes rab dang /
smon lam rnam par sbyangs pa dang /
stobs la nges gnas[84] ye shes te /
khams rgyas byed pa'i chos bzhi po[85] // 68

byang chub sems phyag mi bya zhes /
smra ba ngan par[86] smra ba ste /
byang chub sems dpa' ma byung bar /
chos kyi sku ni 'byung ma yin // 69

84 D: nas; P, N, C: gnas.

85 D: bzhi'o; P, N, C: bzhi po.

86 D: par; P, N, C: pa.

68

【不空譯】： 方便共為慧　以願皆清淨
以力妙堅智　界增為四種

【施護譯】： 缺[87]

【談譯】： 般若而能具方便　且其發心極清淨
具力因之而具智　此四為因力用展

【邵譯】： 具有方便之般若　發願且極為清淨
力則決定住本智　令界增長之四法

69

【不空譯】： 不應禮菩薩　此為甚惡說
不親於菩薩　不生其法身

【施護譯】： 缺

【談譯】： 或有人作可怕語　莫自困於菩提心
倘不成就諸菩薩　試問如何證法身

【邵譯】： 所謂不敬菩提心　此說實為下劣說
倘諸菩薩不成就　即法身亦不現起

87 施護譯本於此有「菩提難妄執，真空生滅無，了達空本性，二相亦非有」一句，唯頌義不合。

【藏】：bur shing sa bon la sdang gang /
ka ra spyad par ’dod pa des[88] /
bur shing sa bon med par ni /
ka ra ’byung bar ’gyur ma yin // 70

bur shing sa bon gang bsrungs nas /
nye bar gnas shing bsgrubs pa las /
bu ram ka ra hwags rnams ni /
de las ’byung bar ’gyur ba ltar // 71

88 D, N, C: des; P: de.

70

【不空譯】： 增於甘蔗種 欲食於石蜜
若壞甘蔗種 無由石蜜生

【施護譯】： **乳糖離甘蔗 離蔗糖非有**
三乘趣菩提 離種體非有

【談譯】： 若然遺棄甘蔗種 而欲得嚐蔗糖味
是則既然無種子 蔗糖當亦不可得

【邵譯】： 若壞甘蔗之種子 而欲得嚐蔗糖味
然則既無甘蔗種 蔗糖亦無可現起

71

【不空譯】： 若護甘蔗種 三種而可得
糖半糖石蜜 於中必得生

【施護譯】： **守護稻穀種 芽莖必得生**[89]

【談譯】： 若人能重甘蔗種 善加培植令生長
蔗糖自當得豐收 事之本末即如此

【邵譯】： 若能守護甘蔗種 近處種植而得成
甘蔗以及種種糖 由此而可得生起

89 此頌譯作一句。

【藏】：byang chub sems ni rab bsrungs nas /
nye bar gnas shing bsgrubs pa las /
dgra bcom rkyen rtogs sangs rgyas rnams /
de las skye zhing 'byung bar 'gyur // 72

ji ltar sā lu'i sa bon sogs /
zhing pas bsrung[90] bar byed pa ltar /
de bzhin theg mchog mos rnams la[91] /
'dren pa rnams kyis bsrung bar[92] mdzad // 73

90 D: srung; P, N, C: bsrung.

91 D: la'ang; P, N, C: la.

92 D: srung bar; P, N, C: bsrung ba.

72

【不空譯】： 若護菩提心　三種而可得
羅漢緣覺佛　於中必得生

【施護譯】： **守護菩提種　菩提從此起**[93]

【談譯】： 若善尊重菩提心　守護且令趨圓滿
羅漢緣覺由是生　佛亦由是而證覺

【邵譯】： 善加守護菩提心　近處安住而得成
聲聞緣覺以及佛　皆由此生而現起

73

【不空譯】： 如護於稻芽　農夫必當護
如初勝解行　如來必作護

【施護譯】： **缺**

【談譯】： 此即猶如穀稻種　田家用心以照料
發心者願入大道　導師悉心以照料

【邵譯】： 此即猶如彼田家　守護稻穀種子等
如是信受妙乘者　導師亦悉作守護

93 此頌亦譯作一句。

【藏】：ji ltar mar ngo'i bcu bzhi la /
zla ba cung zhig[94] mthong ba ltar /
de bzhin theg mchog mos rnams la'ang /
sangs rgyas sku ni cung zad snang[95] // 74

ji ltar tshes pa'i zla ba la /
skad cig skad cig rgyas par mthong /
de bzhin sa la zhugs rnams kyang /
rim gyis rim gyis rgyas par[96] mthong // 75

94 D: zad; P, N, C: zhig.

95 D: mthong; P, N, C: snang.

96 D: 'phel bar; P, N, C: rgyas par.

74

【不空譯】： 如白十五日　而見月輪形
如是勝解行　影現佛形相

【施護譯】： **譬如於黑月　光明未能見**
有情煩惱纏　真如未明顯

【談譯】： 恰如天際蒼黃月　赤裸見於十四夜
於彼發心趨道者　法身亦得赤裸見

【邵譯】： 此如十四下弦時　唯見微少之月光
如是信受妙乘者　現見微少之佛身

75

【不空譯】： 如是初月輪　剎那剎那增
如是入地者　念念見增益

【施護譯】： **月初光雖有　漸漸而增長**
初地證菩提　菩提未圓滿

【談譯】： 恰如新月於天際　見其增長復增長
於彼已登地位者　得見法身漸增長

【邵譯】： 此即有如初月時　見其剎那剎那增
如是於諸入地者　次第次第而增長

【藏】：ji ltar yar ngo'i bco lnga la /
zla ba rdzogs par 'gyur ba ltar /
de bzhin sa yi mthar thug na /
chos kyi sku yang rdzogs shing gsal // 76

sangs rgyas chos dang dge 'dun la /
rtag tu mos pa brtan po yis /
sems de yang dag bskyed[97] byas nas /
phyir mi ldog pa[98] yang yang 'byung // 77

97 D: skyed; P, N, C: bskyed.

98 D: par; P, N, C: pa.

76

【不空譯】： 如白十五日　月輪得圓滿
如是究竟地　法身而得生

【施護譯】： **十五月圓滿　處處光皎潔**
解脫顯法身　法身理無缺

【談譯】： 恰如十五朦朧夜　月已圓滿無有缺
於彼已登極地者　法身圓滿光澄澈

【邵譯】： 此如上弦十五時　此際月亮極圓滿
如是道地究竟時　法身明澈且圓滿

77

【不空譯】： 勝解彼堅固　常當於佛法
能發如是心　得為不退轉

【施護譯】： **缺**[99]

【談譯】： 圓滿生起菩提心　令其堅穩無退滅
恆時供養佛法僧　即能增長更增長

【邵譯】： 於佛與法以及僧　勝解恆常及堅固
唯於發起清淨心　屢次現起不退轉

99 施護譯本於此有頌云「染污意相應，纏縛俱生滅，解脫一切障，三世悟非有」，然頌義不合。

【藏】：nag po'i gzhi ni yongs spangs nas /
dkar po'i gzhi ni rab bzung bas /
de tshe de ni nges rtogs pa /
dga' ba zhes ni mngon par brjod // 78

'dod chags la sogs sna tshogs pa'i /
dri mas rtag tu dri ma can /
dri ma med pas[100] gang dag pa /
dri ma med ces brjod pa yin // 79

100 D: par; P, N, C: pas.

78

【不空譯】： 染依得轉依　得受為淨依
由分得覺悟　名為極喜地

【施護譯】： **初大僧祇滿　三檀普遍修**
斷除分別障　歡喜智難儔

【談譯】： 四不淨行已捐除　四淨行則已獲致
其時始悟入真如　此即說為歡喜地

【邵譯】： 黑基若能被斷除　即能善守持白法
爾時乃可了悟彼　是即名為歡喜地

79

【不空譯】： 常時於染污　欲等種種垢
無垢得清淨　名為離垢地

【施護譯】： **三業悞兼犯　防非重及輕**
尸羅圓滿戒　離垢獨標名

【談譯】： 垢能轉變相形好　以恆具貪等垢故
若能清淨離瑕垢　此即說為離垢地

【邵譯】： 種種貪欲等所染　恆常而具諸垢染
若能清淨離瑕垢　是即名為離垢地

【藏】：nyon mongs dra ba rab 'gags nas /
dri med shes rab rab gsal bas /
tshad med pa yi mun pa dag /
sel bar byed pas 'od byed pa'o // 80

rtag tu dag pa'i 'od kyis gsal /
'du 'dzi rnam par spangs pa yi /
ye shes 'od kyis rab bskor bas /
sa de 'od 'phro can du 'dod // 81

80

【不空譯】： 滅壞煩惱網　照耀得離垢
無量之暗瞑　離名發光地

【施護譯】： **二障恒時染　俱空慧刃除**
發光能照曜　破滅漸無餘

【談譯】： 於煩惱網撕裂時　無垢智光即閃耀
除一切暗離邊際　淨除是即發光地

【邵譯】： 若能滅除煩惱網　無垢般若極明耀
清淨無量之黑暗　能除滅故名發光

81

【不空譯】： 清淨常光明　遠離世吉祥
圍遶智慧燄　名為燄慧地

【施護譯】： **遠離根隨染　漸增燄慧威**
菩提稱最勝　燒照轉光輝

【談譯】： 光明閃耀恆清淨　本智能除諸隨轉
周遍光明中穩住　此地故名為焰慧

【邵譯】： 恆常清淨光明耀　捨離種種之散亂
本智光明極圍繞　故願證得焰慧地

【藏】：rig dang sgyu rtsal bzo gnas kun /
bsam gtan rnam pa sna tshogs nyid /
nyon mongs shin tu sbyang dka' las /
rnam par rgyal bas sbyang dkar 'dod // 82

byang chub rnam pa gsum po dang /
phun sum tshogs kun bsdu ba dang /
skye dang 'jig pa zad[101] pa la /
sa de mngon du gyur par[102] 'dod // 83

101 D: zad; P, N, C: zab.

102 D: 'gyur bar; P, N, C: gyur par.

82

【不空譯】： 一切明工技　種種靜慮飾
難勝於煩惱　得勝難勝地

【施護譯】： **真俗稱二智　相應互起違**
合令無所礙　難勝事恆時

【談譯】： 通達智與世間明　非唯一趣住禪境
難淨世染亦消除　是故名為難勝地

【邵譯】： 明以及工巧技藝　種種形式之禪定
煩惱極難作淨治　是即名為難勝地

83

【不空譯】： 於三種菩提　攝受令成就
生滅於甚深　名為現前地

【施護譯】： **十二緣生智　巡環理趣全**
甚深稱最勝　般若現於前

【談譯】： 已圓滿得三解脫　於一切法皆通達
無生且復無崩壞　此地名為現前地

【邵譯】： 由彼三種之菩提　攝受圓滿之一切
窮盡生起及壞滅　是即名為現前地

【藏】：'khor lo'i bdok pa[103] rnam kun tu /
'od kyi dra bas rtse ba dang /
'khor ba'i mtsho yi 'dam brgal[104] bas /
de la ring du song zhes bya // 84

sangs rgyas kyis nges 'di bzung zhing /
ye shes rgya mtshor bzhugs pa dang /
'bad med lhun gyis grub gyur pas[105] /
bdud kyi 'khor gyis mi g.yo ba'o[106] // 85

103 D: pa; P, N, C: pas.

104 D: rgal; P, N, C: brgal.

105 D: pa; P, N, C: pas.

106 D: g.yos pa'o; P, N, C: g.yo ba'o.

84

【不空譯】： 遊戲於光網　遍以帝釋嚴
超越欲暴流　名為遠行地

【施護譯】： **世俗二乘行　久修道已明**
相無功用滿　最後稱遠行

【談譯】： 示現菩薩光明網　周遍普知一切法
以其渡越生死海　是即名為遠行地

【邵譯】： 恆常光明遊戲網　由是而成莊嚴輪
渡過輪迴海泥濘　是即名為遠行地

85

【不空譯】： 一切佛加持　預入於智海
自在無功用　不動於魔使

【施護譯】： **智用無分別　恆時任運成**
眾魔降退散　不動獨彰名

【談譯】： 決定受佛親導引　而得接觸本覺海
任運而離諸功用　故諸魔軍所不動

【邵譯】： 佛陀決定護持此　而得入於本智海
任運且離諸功用　是為魔眷所不動

【藏】：so so yang dag rig kun la /
chos ston pa yi 'bel ba'i gtam /
rnal 'byor de mthar son pas /
sa de legs pa'i blo gros 'dod // 86

ye shes rang bzhin 'di yi sku /
dri med nam mkha' dang mnyam pa /
sangs rgyas rnams kyis 'dzin pa las /
chos kyi sprin ni kun du 'byung // 87

86

【不空譯】：於諸無礙解　瑜伽到彼岸
於說法談論　名為善慧地

【施護譯】：**善慧名無礙　十方演法希**
身雲甘露雨　應物最堪依

【談譯】：瑜伽行者此地上　通達一切種言說
以其相應於正智　故得名為善慧地

【邵譯】：諸說法者之漫談　一切別別正知見
瑜伽行者達究竟　願能證得善慧地

87

【不空譯】：身以智所成　如虛空無垢
諸佛皆所持　普遍如法雲

【施護譯】：**眾德猶如水　虛空喻似身**
重麁皆蔽塞　大法智稱雲

【談譯】：由本覺智成其身　同於虛空離垢染
以得佛陀授記故　周遍而成為法雲

【邵譯】：此身即本智自性　等同虛空離垢染
一切諸佛之受持　周遍生起成法雲

【藏】： sangs rgyas rnams kyi chos kyi gnas /
spyod pa'i 'bras bu yongs 'dzin pas[107] /
gnas ni yongs su gyur pa de /
chos kyi sku zhes brjod pa yin // 88

bag chags las grol bsam mi khyab /
'khor ba'i bad chags bsam du yod /
khyod ni kun tu bsam mi khyab /
gang gis khyod ni shes par nus // 89

107 D: pa; P, N, C: pas.

88

【不空譯】： 佛法之所依　行果皆所持
所依皆得轉　故名為法身

【施護譯】： 缺[108]

【談譯】： 一切佛陀功德基　已攀修證果在手
於圓成且圓滿時　轉依而名為法身

【邵譯】： 一切佛法之住處　圓滿受持之行果
當能住於轉依時　是即說之名法身

89

【不空譯】： 離不思議熏　及離流轉習
如汝思思者　云何而得知

【施護譯】： 缺

【談譯】： 輪迴趣力可衡量　由此解脫則難量
不可思議即汝身　誰能具力得知汝

【邵譯】： 習氣解脫不可思　輪迴習氣則可思
汝為遍不可思議　何者具力能知汝

108 施護譯本於此有頌云「審諦輪迴事，孰能免業牽，要知無苦惱，淨土勿相纏」，然頌義不合。

【藏】：ngag gi spyod yul kun las ’das /
dbang po kun gyi spyod yul min /
yid kyi shes pas rtogs bya ba /
gang yang rung la phyag ’tshal bstod // 90

rim gyis ’jug pa’i lugs nyid kyis /
sang rgyas sras po grags chen rnams /
chos kyi sprin gyi ye shes kyis /
chos nyid stong pa mthong gyur nas //[109] 91

109 P, N, C: + padma chen po’i rang bzhin gyis.

90

【不空譯】： 超過諸語境　一切根非境
意識所取者　如所有我體

【施護譯】： **缺**

【談譯】： 除彼乏力名言外　有情無力持外境
現證汝心本覺智　凡汝所得我頂禮

【邵譯】： 超過一切語行境　亦非諸根之行境
心思所應通達者　何所合宜即讚禮

91

【不空譯】： 次第而積集　佛子大名稱
皆以法雲智　微細見法性

【施護譯】： **歸命佛真子　位登智慧雲**
細微皆斷盡　超苦離諸塵

【談譯】： 卓越光輝諸佛子　相隨於佛道次第
證本智而入法雲　有情淨相見空性

【邵譯】： 由次第理趣而入　諸大名稱之佛子
依其所證法雲智　而得現見法性空

【藏】：gang tshe sems ni rab bkrus pas /
'khor ba'i gzeb las 'das gyur nas /
padma chen po'i rang bzhin gyi /
stan la de ni rab gnas 'gyur // 92

'dab ma rin chen du ma'i 'od /
'dod par bya ba'i ze'u 'bru can /
padma bye ba du ma yis /
rnam pa kun tu yongs su bskor // 93

92

【不空譯】：爾時洗濯心　超渡生死海
彼以大蓮花　安立為大座

【施護譯】：**大寶花王座　俱胝眾妙成**
莊嚴皆普遍　功德實難思[110]

【談譯】：於心究竟清淨時　輪迴籠破無局限
於彼妙蓮花座上　相當地位彼承擔

【邵譯】：爾時心已極洗滌　輪迴牢籠已超過
由是得住殊勝位　是為大蓮花自性

93

【不空譯】：無量寶葉光　寶光明為臺
無量億蓮花　普遍為眷屬

【施護譯】：**十方無不遍　燦爛轉光鮮**[111]

【談譯】：究竟周遍一切邊　噫彼蓮花億萬千
朵朵含藏鮮花藥　瓣瓣光明寶莊嚴

【邵譯】：於諸珍寶花瓣光　具有願求之花蕊
臆彼蓮花億萬千　圓滿圍繞諸一切

110 此於施護譯本，原為頌75，在此之前尚有一頌「灌頂諸光照，根塵普遍身，金剛寂大定，眾苦勿相親」，則應為藏譯本第96頌。

111 此為施護本第77頌後半，在此之前尚有「十力兼無畏，三身四智圓，六通恆自在，應物化機緣」，則為藏譯本下來第94頌；至於第77頌前半，則稍合藏譯本第95頌。

【藏】：stobs bcu po yis yongs su gang /
mi 'jigs pa yis yang[112] dag ngoms /
bsam mi khyab pa'i sangs rgyas chos /
spros med rnams las nyams mi mnga' // 94

legs par spyod pa'i las[113] kun gyis /
bsod nams ye shes rab bsags pa'i /
zla ba nya la skar ma yis /
'khor du rnam pa kun gyis bskor // 95

112 D: gang; P, N, C: yang.

113 D: spyad pa'i lam; P, N, C: spyod pa'i las.

94

【不空譯】： 先以十種力　以無畏四種
餘佛不共法　大自在而坐

【施護譯】： **十力兼無畏　三身四智圓**
六通恒自在　應物化機緣

【談譯】： 佛陀盈滿具十力　無畏令他心性寂
功德不可得思議　於真境中無退逆

【邵譯】： 從於十力之圓滿　真實無畏之飽足
不可思議之佛法　離戲論而無退轉

95

【不空譯】： 一切善皆集　福智以資糧
圓月在星宿　遍滿而圍遶

【施護譯】： **照曜如圓月　恒時焰熾燃**

【談譯】： 由諸殊勝修學道　福智資糧圓滿儲
故如滿月於高空　長天簇簇星環抱

【邵譯】： 由諸種種善行業　福德本智極積集
猶如眾星於滿月　種種形式而環抱

【藏】：sang rgyas phyag gi nyi ma der /
dri med rin chen 'bar gyur des /
sras kyi thu bor[114] dbang bskur bas /
dbang bskur ba ni kun tu stsol // 96

rnal 'byor chen po der gnas nas /
rmongs pas dman pa'i 'jig rten rnams /
sdug bsngal gyis g.yengs 'jigs pa la /
lha yi spyan gis gzugs gyur nas // 97

114 D: bor; P, N, C: bo

96

【不空譯】： 則以佛日手　以寶光無垢
灌頂於長子　普遍皆令灌

【施護譯】： **灌頂諸光照　根塵普遍身**

【談譯】： 佛以如同大日手　擎寶光珠無瑕垢
灌彼最勝心子頂　灌頂令得大成就

【邵譯】： 於彼佛陀大日手　無垢珍寶光熾盛
為諸長子作灌頂　由是周遍賜灌頂

97

【不空譯】： 彼住大瑜伽　皆見以天眼
無明攪擾世　惡習苦怖畏

【施護譯】： **缺**

【談譯】： 具力瑜伽行者眾　如本尊眼視世眾
彼等心盲故卑微　所受狂亂成惶恐

【邵譯】： 住於彼之大瑜伽　乃由天眼而得見
一切世間無明眾　受諸痛苦與怖畏

【藏】：de yi sku las[115] 'od zer rnams /
'bad pa med par 'byung 'gyur te /
rmongs pa'i mun par zhugs de yi /
sgo rnams 'byed par mdzad pa yin // 98

lhag bcas mya ngan 'das pa rnams /
lhag med mya ngan 'das par 'dod /
'dir ni mya ngan 'das pa nyid /
dri ma med par sems gyur pa'o // 99

115 D: las; P, N, C: la.

98

【不空譯】： 狀如金光色　從彼瑜伽光
彼無知所覆　得開無明門

【施護譯】： **缺**

【談譯】： 見其身實有光輝　明照無塵不染泥
打開彼眾諸門限　彼眾徘徊黑暗迷

【邵譯】： 從其身之諸光明　無有功用而現起
入於迷亂黑暗者　為彼開啟諸門扉

99

【不空譯】： 以福智感招　彼獲無執定
隨緣而圓寂　心得皆變化

【施護譯】： **永絕緣生染　恆時處涅槃**
菩提稱最勝　化益物情歡[116]

【談譯】： 得有餘依涅槃者　信得涅槃實非是
離於一切垢障心　涅槃傳承應若此

【邵譯】： 得有餘依涅槃者　悉願無餘依涅槃
然得成就無垢心　於此方許為涅槃

116 此原為施護譯本第78頌，頌義似合藏譯本此句。

【藏】：sems can kun gyi dngos med pa'i /
ngo bo de yang de'i[117] spyod yul /
de mthong byang chub sems dpa'o[118] /
shin tu dri med chos kyi sku // 100

dri ma med pa'i chos sku la /
ye shes rgya mtsho gnas gyur nas /
sna tshogs nor bu ji bzhin du /
de las[119] sems can don rnams[120] mdzad // 101

chos kyi dbyings su bstod pa slob dpon 'phags pa[121] klu sgrub kyis mdzad pa rdzogs so //
rgya gar gyi mkhan po kṛṣṇa paṇḍi[122] ta dang lo tsā ba[123] dge slong tshul khrims gyal bas bsgyur ba'o//

117 D: de; P, N, C: de'i.

118 D: dbang po; P, N, C: dpa'o.

119 D: las; P, N, C: bas.

120 D: rab; P, N, C: rnams.

121 D: chen po; P, N, C : 'phags pa.

122 D, N, C: kṛṣṇa paṇḍi; P: kriṣṇa paṣḍi.

123 P, N, C: dge slong.

100

【不空譯】： 諸法無自性　自性於境界
菩薩王妙見　法身妙無垢

【施護譯】： **缺**

【談譯】： 有情性實離諸色　由受局限而成界
此即勝義菩提心　法身遠離一切礙

【邵譯】： 一切有情無實事　此自性即所行境
見彼為菩提薩埵　是即極無垢法身

101

【不空譯】： 皆以無垢身　安住於智海
即作眾生利　如巧摩尼珠

【施護譯】： **智用深如海　隨機現應身**
水清來月影　處處度迷津
況似頗胝寶　隨緣現影同
物情根有感　周普事無窮[124]

【談譯】： 於見法身清淨時　此即轉依智慧海
能滿一切有情願　無價寶珠深海內

龍樹大阿闍梨造《法界讚》圓滿

【邵譯】： 無有垢染之法身　住於本智之大海
此即猶如諸寶珠　利益一切有情眾

聖龍樹阿闍黎造《法界讚》圓滿
此由印度親教師黑天班智達及譯師戒勝比丘繙譯

124 此原為施護譯本第79及80兩頌。

讚歌註釋

一、《心金剛讚》釋

1

任誰心所之網罩
於心性中作澄明
心之迷惑得淨除
我向自心敬頂禮

【釋】：論主於此提出三個有關「心」的名相：1）「心所」（caitta）；2）「心性」（cittatva）；3）「自心」（svacitta）。

「自心」者，指行者的內自心相續。此心相續成迷惑，乃因行者取着種種心相續行相，由是而成之戲論分別即如「網罩」。若行者依觀修而得漸次離諸戲論（「空用」），是即能證得無分別智（「空性」）而現覺真如（「空義」），而令「迷惑」得以「淨除」。

所證得者，為「自心」之本性自性空，是為「心性」一詞之所謂。—— 此於瑜伽行派，則名為「心真如」（citta-tathatā）。此心的本性，與法身無異，無為而具「菩提」性相（見「導讀」第四節）。

凡夫但見心所種種相而執有生滅、常斷、一異、來去、垢淨等，並以為諸法有其自性、堅固、恆常，是皆依戲論分別而執幻為實。能現覺「心性」（法身），並由此體性而如實照見依緣幻起之行境（色身），是即為覺性境界。

此覺性境界非為新得，而是經觀修而淨除迷惑才得顯露，故為行者自心本具。是故此處向「自心」頂禮，即是向行者本具的覺性境界頂禮，亦即向如來藏頂禮。此為大乘觀修的根本抉擇和根本決定。

2

有情種種之信受
各各本尊所緣境
然於寶心之解脫
更無本尊可成立

【釋】：此說一切觀修，悉為依有情信受而作之方便建立。此包括法界、各各本尊與壇城、報身佛與淨土、氣脈明點與呼吸、木石山林、六道有情以至公案話頭等所緣境的觀想或參悟。然而，一切的所緣境皆為「心所」之相續相而已，僅為引導行者現證「心性」之方便施設。

上頌所言「心性」者，於此即說之為「寶心」。言行者之心為「寶」，以其本性本具如來法身及功德故，唯因落於戲論而成不顯，而所顯現者只是凡庸執實之虛妄分別境。是故讚頌乃說，於「寶心」之解脫而言，實無有真實的本尊可成立。不論是顯乘之彌陀十六觀、抑或是密乘的本尊壇城觀，究竟都無可成立，若執為實即成心之「網罩」。是亦為行者對所緣境的根本抉擇。

3

心證得者為菩提
而心則有五種趣
安樂痛苦之體性
除心以外實無有

【釋】：「心」與「心證得」二者，即受心所網罩與於心性澄明兩種狀態。

心受戲論所障而成虛妄分別境，依業力而成種種「趣」，或說六趣，即天人、阿修羅、人、畜生、餓鬼、地獄；或說五趣（如本讚歌），即把天人與阿修羅劃為一趣。

各種趣之安樂與痛苦等，體性為依緣幻起的心行相，故於心以外便無有。

4

一切趣之種種見
以及微少之修持
是皆為心之網罩
此說如如之教授

【釋】：此頌重申，成為心網罩的，就是由虛妄分別而成一切趣（sarva-jagat）之種種「見」（dṛṣṭi）。凡夫見執極深，是故微少修持即不足以脫離對「見」的執持。此抉擇即是「如如之教授」。

以現代的語言來說，所謂「見」者，就是「概念」（concept）。凡夫常時執實一己之概念為真實、為究竟、為恆常、為「我」，由是受此「意識形態」主宰而作業流轉。此等「見」，卻不僅是有關我、人、眾生、壽者、世界等，還包括佛家的教法，如「空」、「實際」、「法身」、「如來藏」等，若不善加抉擇，以之作為引導行者觀修及證智的方便，而將之概念化、以邏輯推斷來處理，即是把如如之教授矮化為凡庸「見」。

5

捨離妄分別之心
妄分別心之所顯
輪迴唯是分別性
無有分別即解脫

【釋】：「輪迴」與「解脫」，即是分別（vikalpa）與無分別（nirvikalpa）。是故佛家修持，總括而言，就是離分別的過程。所需捨離的，是具妄分別的心（受戲論蓋障的心），以及妄分別心之所顯（是即種種「見」）。

6

是故一切之精勤
悉為敬禮菩提心
為修習心金剛故
是名殊勝之菩提

【釋】：對佛家修持的一切精勤，無非就是令無分別之「心性」顯露。是故頌文並未謂一切精勤乃為能得菩提心。《心經》說「無智亦無得，以無所得故，菩提薩埵依般若波羅蜜多故，心無罣礙，無罣礙故，無有恐怖，遠離顛倒夢想，究竟涅槃」，所說即同此義，以「有智」、「有所得」即是說菩提為新得故。

是故一切之精勤，旨在令本具的菩提心（bodhicitta，覺心）顯露，未顯露時則對之敬禮。此亦回應頌1所言之「我向自心敬頂禮」。

此本具之菩提心，就其體性而言，亦可說為「心金剛」，以其無為、不變、清淨故。如此抉擇、如此修習，即為「殊勝菩提」（梵：paramabodhi；藏：byang chub mchog）。此可參讀龍樹《菩提心釋》（*Bodhicittavivaraṇa*）中有關「殊勝菩提心」的闡述。

此讚歌所讚嘆的，為「心金剛」。近代學人，以為凡提到「金剛」的，都是密乘的論著，例如《菩提心釋》開首提到「頂禮金剛薩埵」，便立時斷定為非龍樹造論，又或認為是另外一位「密乘龍樹」所寫。其實早期的大乘《般若經》，便已屢屢以「金剛」為喻，其中最廣為人知的，便是《金剛經》（具名《能斷金剛般若波羅蜜多經》*Vajracchedikā-prajñāpāramitā -sūtra*）。

心之金剛體性，於本讚歌中，亦說為「**心性**」、「**寶心**」、「**菩提心**」、「**吉祥心**」，如釋疏所言，皆可視為「如來藏」之異名。

7
界所生心繫於身
無心界即入於樂
是故遍護持於心
佛陀生於吉祥心

【釋】：佛家言「五蘊」、「十二處」、「十八界」，其中所謂「**界**」（dhātu）者，函括根、境、識三者，亦即認知能力（「根」）、認知對象（「境」）及認知內容（「識」）三者。

是亦即依分別而幻起的主觀認知境界。此境界為受染心之行相，唯繫於有情之輪迴身；若能證入無分別（「**無心**」）即能把此種受染境界（「**界**」）轉化為「**樂**」。

是故修持之要，不在於分別中建立取捨，而是根本得離戲論分別，而令本具的心性顯露。由是始有「**遍護持於心**」的說法，以自心為「**寶心**」，為如來藏，為大樂與善妙、本智與大悲雙運的「吉祥心」故。

二、《超讚嘆讚》釋

頂禮妙吉祥童子

【釋】：論主多篇讚歌，悉先頂禮妙吉祥童子（Mañjuśrī-kumāra）。此以「妙」（mañju）形容如來智境、「吉祥」（śrī）形容由智境照見的世間識境；至於「童子」（kumāra），則具恆常、堅固、清淨、生機等法義。龍樹此讚歌，以識境言說讚嘆超越識境的智境，即以「吉祥」之言說嘆「妙」之智境，是亦為「文殊師利」的表義。此境界為行者本具，故以「童子」作喻。此可參考甯瑪派法王敦珠無畏智金剛（bDud 'joms Jigs 'bral ye shes rdo rje, 1904-1987）為第一世敦珠法王摧魔洲尊者（bDud 'joms gling pa, 1835-1904）之《現證自性大圓滿本來面目教授・甚深秘密藏》（*Rang bzhin rdzogs pa chen po'i rang zhal mngon du byed pa'i gdams pa zab gsang snying po*）所造的釋義（'chad pa）所言：「… 其本性無戲論之相，曰『妙』；其基相有色身功德之相升起且住，故『吉祥』」。[1]

1 見談錫永導論、許錫恩繙譯，《無修佛道》（台北：全佛文化，2009），頁228。

1

如來已然超越過
超過讚嘆無上道
謹以虔敬歡喜心
超過讚嘆我讚禮

【釋】：凡落言說者，必為識境。論主於此開宗明義，指出讚文僅為方便，唯以虔敬歡喜之心，通過言說而向超越言說之如來作讚禮。此即龍樹的「二諦」，依具言說的世俗諦為方便而證入離言說的勝義諦，由是而得解脫。二諦雙運，即是對「無上道」之根本抉擇。坊間妄為「二諦」下定義，謂「世俗」為「無自性緣起」、「勝義」為「緣起無自性」，無非文字遊戲而已，兩者皆為同一層次的言說臆度。

2

雖見諸事得遠離
我與他以及二俱
汝於有情大悲心
既稀有且離顛倒

【釋】：此由上來「二諦雙運」之抉擇為「基」（gzhi），引導行者以「智悲雙運」為「道」（lam）。能得遠離對「事」之名言執實、對「我」、「他」及「二俱」之二取執實，是即為「智」；於有情具大悲心，是即為「悲」。聖者由「智」法爾且無間地生起「悲」，兩者雙融、雙運，其究竟即現證「如來法身」與「如來法身功德」之無二雙運，是為修證「果」（'bras bu），故為「**稀有**」且「**離顛倒**」。

3

非由自性而生起
且亦遠離言說境
汝所說之種種法
是為汝之甚稀有

【釋】：如來教法，由其證覺境界大悲流出，引導行者悟入離諸法由自性（svabhāva）生起之戲論，境界本身亦離言說。如是教法，極為稀有；能為有情說此教法之如來，亦為稀有。

4

諸蘊與界以及處
汝悉予以作演說
然而於彼之引攝
其後亦予作遮遣

【釋】：依上一頌所言，如來教法旨在引導行者證入離言法性。然而，一切教法悉落言說，如說蘊、處、界等，都僅為用於引攝之方便，故於次第離分別的修習上，需予以遮遣。

5

既非由緣而成有
云何緣能生諸事
怙主即作如是說
為令斷滅諸戲論

【釋】：依「緣」而建立「有」，是即「緣起」，非謂因一切由緣建立而即推論為「空」。行者作次第觀修，由正觀一重次第之緣起有，而不落於此次第之分別，是即次第斷滅諸戲論之道。

6

若由集聚而善成
則見集聚為生因
彼等乃依於二邊
是為汝之善觀見

【釋】：論主於此批評彼等分析事物由集聚而成，貌似為佛陀之緣起說，其實已落於「生」、「滅」等二邊，以集聚為事物之生起因而不知。如來對「緣起」則能善觀見，以其由智境如如觀照事物故，而非依於具戲論之識境所作種種推論分析以成立事物。

7

若依緣而成立事
是為汝之極所許
如是而作之過患
汝亦觀見而說此

【釋】：依智境觀照諸法，乃見諸法悉為緣生。故說緣起，乃如來之極所許。然而，緣起卻必由證覺境界觀見，否則盡落世間言說推論，是成過患。

8

既是無所從而來
是亦無所從而去
一切法猶如影像
是即為汝之所許

【釋】：「來」與「去」都是由戲論而建立的概念，此為識境的分別。《維摩經》說「來者無所從來，去者無所至」[2]、《金剛經》說「如來者，無所從來，亦無所去，故名如來」[3]，都是說法身境界，亦即智境。由智境觀見世間之一切法，猶如影像，亦如陽燄、如夢、如幻等。此頌乃承接上一頌之「汝亦觀見」而說。

2 T14: 475.

3 T8: 235.

9

為令捨除一切見
是故怙主乃說空
然而此亦為增益
實非怙主之所許

【釋】：說「空」之目的（亦即「空用」śūnyatā-prayojana），唯是令學人捨除一切「見」（dṛṣṭi），以「見」為種種戲論之基礎故。然而，學人若以「空」為「見」、或以「空」為究竟，即把「空」之概念對諸法作增益，是如論主於《中論・觀四諦品》所言「不能正觀空，鈍根則自害；如不善咒術，不善捉毒蛇」[4]。由此可見，《中論》同一品指責難者不知「空用」、「空性」、「空境」，由是自生惱，乃因不懂「二諦」之理，而「空」實為引導學人離諸戲論的方便教法，故為「世俗諦」。

10

非許空抑或不空
兩者悉非汝所喜
是汝大說之行止
於彼應無有諍論

【釋】：上一頌說「世俗」，此頌則說於「勝義」而言，實

4 T1564: 33.

無所謂「空」與「不空」。如是直指證智境界的勝義教法，離諸言說戲論之諍論，方為「大說」。後來於西藏，即把中觀區別為「大中觀」（dbu ma chen po）與「小中觀」（dbu ma chung ngu），亦同此義，以「大中觀」說行者本具的如來證智境界（即如來藏），而「小中觀」則仍於具言說戲論的識境中，對「空性」作諍論、思辨、推度。

11

汝說無他即無事
無他且亦無有二
既已捨除一異故
如何皆無有實事

【釋】：對不落「空」與「不空」的無分別智而言，不復見有「實事」可執，以於智境中已離「一異」之相對（即已超越相對緣起），由是自他相對之「二」，亦已超越。是故，更無由相對而成立之「實事」。

12

生起等三若為有
有為性相即成有
復次彼生起等等
是三亦當成為異

13

生起等三各別時
不具有為之功用
一與另一之聚合
如此相連亦復無

【釋】：上來二頌由生、住、滅之相依，抉擇有為法之體性。

生、住、滅三者，非為實有，亦非可獨立存在，而是彼此相依觀待。

上一頌說，若生起等三者為實有，則可各別成異；然若各別成異的話，則不可能具有為之功用，且三者亦無相連、相依之關係。如是有違常識、常理。

有為法之體性，諸行無常、諸法無我、寂靜涅槃，是為「三法印」。其無常者，以諸行為生、住、滅之相續故。此為識境心識對有為諸法之認知，是即從相依緣起而建立「有」。此「有」非為真實，成立此「有」之生、住、滅，亦非真實。

14

故無相及相之基
如是悉無可成立
有為既無可成立
焉可而成立無為

【釋】：於修道而言，行者所緣境之「相」與「無相」都不應住。此處所言「基」者，指行者之「心」。行者唯心所自見，見其如如，不持「有相」、亦不作意「無相」。落於「相」執，即落有為邊；落於「無相」執，即落「無為」邊。如是始為大乘之中道。《楞伽經．偈頌品》言：

> 當行成為可見時，能相所相都遣除，一切推斷皆遠離，唯自心而見世間；
>
> 行者得入唯心時，即停分別外世間，由是得安住真如，從而超越於唯心；
>
> 由於得超越唯心，彼亦超越無相境，若安住於無相境，是則不能見大乘；
>
> 無功用境為寂靜，由本誓故究竟淨，此最殊勝無我智，以無相故無所見。[5]

經中所說，即同此頌義。

15

汝之教說如獅子
是即猶如獅子吼
高山大象之語聲
於其憍慢可清除

【釋】：如是「無住」之教法，引導行者不住於「空」或「不

---

5 談錫永譯《入楞伽經梵本新譯》（台北：全佛文化，2005），頁260。

空」，不住於「有相」或「無相」，亦不住於「有為」或「無為」，都無所住而生其心，是為行者本智境界的法爾顯露，亦即對「如來藏」的現證。如此深法，大乘經中喻之為「獅子吼」（siṃhanāda）。佛典中亦每以大象之笨拙來比喻無明。此謂猶如獅子吼之教說，能清除高山大象之憍慢語聲，其義即謂由對本智之現證，即能根除無明。

16

入道者並不依止
種種損害及惡見
由依止於汝之故
不復依於有無有

【釋】：由依止此無住、離功用之智境，即不復落於「有」、「無」等戲論邊見。一切損害與惡見，基礎悉為戲論。入道者能觸證如如本性，故亦不復依止此等戲論。

17

任誰能如是了悟
汝所說之深密義
無復需更作了悟
汝說彼等深密義

【釋】：上來說以無住、無分別為道而現證本具之法身智境，即為如來教法之離言密義，方便即名為「如來藏」。此為如來教法中最深密者，更無其餘密義需作了悟。

18

如是任誰之心識
一切等同於涅槃
云何於此之時際
尚有我執之生起

【釋】：如此現證，即已證入「無住涅槃」，於此時際，即如上引《楞伽》偈頌所言，行者依本智（本誓）證得寂靜之無功用境，是為「最殊勝無我智」，是則不復尚有「我執」之生起。「我」等戲論悉於此無功用智境中自然消融，而非由行者作意斷除「我執」。

19

由是以我之福德
讚頌汝了知真實
如是正殊勝覺知
願世間通達最勝

【釋】：此為論主之結頌回向。由「福德」讚頌如來對真實之了知（證智），是亦即「二諦」見：依世間福德（世俗）而入出世間證智（勝義），亦為本論讚嘆

（世俗）超越讚嘆之如來證智（勝義）的論旨。由二諦雙運，而得「正殊勝覺知」，卻亦同時生起對世間之大悲，願有情皆能如是通達最勝，此由「二諦」的抉擇引入「智悲雙運」之修持，是為對此讚歌開首兩頌之呼應。

三、《出世間讚》釋

【釋】：依據甘露庫《四讚歌總釋》的說法，此篇《出世間讚》所說，為七地菩薩的現證。也可以說，此篇讚嘆的對象雖未如來，然其立足點卻為七地的證境。「七地」名為「遠行地」，乃過渡至無學位的重要次第。《解深密經》云：「能遠證入無缺無間無相作意，與清淨地共相鄰接，是故第七名遠行地」，復云：「於第七地有二愚癡：一者微細相現行愚癡。二者一向無相作意方便愚癡；及彼麤重為所對治」[1]；至於月稱於《入中論》的說法，則謂「此遠行地於滅定，剎那剎那能起入，亦善熾然方便度」[2]。總結二者，可理解七地證量，能剎那入滅盡定（nirodha-samāpatti）而證得無間的無相作意。傳統說法，謂於滅盡定中，菩薩能住無相三昧而滅除一切心、心所法；依龍樹《中論》的說法，此即能善滅諸戲論之定境。以是之故，乃說為「出世間」，以此為超過世間戲論之證境故。

1 T676: 704.

2 此依法尊法師譯，下同。

1

能證真實之本智
出世間汝敬頂禮
汝為利益有情故
為具苦者恆大悲

【釋】：論主於此讚歌開首，先明「智悲雙運」，以此作為下來各頌的基礎。

此讚歌雖名「出世間讚」，然論主讚嘆的，實為如來既出世間、亦不捨世間，如是始為究竟「出世間」。此為究竟的菩提心，亦即如來之法身及其法爾功德。

2

汝許實無有有情
而可離於五蘊聚
勝尊致志為有情
汝安住於大悲性

【釋】：此頌仍說「智悲雙運」，以上一頌說本智之不離大悲，而此頌則說大悲之不離本智。如來為有情而安住大悲性，然其智境則了知實無有有情。此即如《金剛經》所言：「如是滅度無量無數無邊眾生，實無眾生得滅度者」[3]。有情悉為色、受、想、行、識等五蘊，此外更無有「我」（ātman），故實無有

3 T8: 235.

有情；然而有情由無明而幻起之種種執著與苦，於受煩惱蓋障之有情而言，卻似實有。如來為此等如幻有情能於虛妄遍計為實之痛苦中解脫，故安住於由本智法爾現起之大悲。

3

具慧者汝說五蘊
為如幻亦如陽焰
如尋香城亦如夢
為諸慧者作善說

【釋】：所謂「**五蘊**」，亦非為實。由智境觀照，悉為如幻、如陽燄、如尋香城、如夢。此為具慧者依據現證境界而作之善說，而非凡愚由其概念而據佛典所作之臆度。

4

凡諸生起皆由因
若無此便即無有
此即如同影像性
云何不願明乎此

【釋】：一切法皆由因緣聚合而成幻有，猶如影像。智者觀照諸法緣起緣滅，彷如具慧者見影像，如其體性而決定，而不執取為實有，或以為有「生、「滅」、「常」、「斷」、「一」、「異」、「來」、「去」等。

此復可參《六十正理論》頌40：「因生不孤起， 非緣則無起；離緣生不住，云何達認知」，談錫永釋云：「若說因生，則法不孤起，不能只有一個因，非同時有緣不可，離緣則雖有因生亦不成顯現，由是決定一切法若所依的因與緣不能成立，則法亦不能成立為有」[4]，如此抉擇，可視為本讚歌此頌決定一切生起猶如影像之基礎。

5

大種非為眼對境
於眼如何有實事
色性外境極遮撥
汝即如是說色性

【釋】：上來二頌總說五蘊體性，由今頌開始則別說五蘊。先說色蘊。

此頌前半，引自佛陀經教，故結句謂「汝即如是說色性」。

地、水、火、風等四大種，非為眼所能見（非眼之對境），由四大種所成之諸色法，如何得為眼所見？於此所遮撥者，為具真實色性（rūpa-dharma）之外境。此亦如《中論・觀五陰品》所言：「若離於色因，色則不可得；若當離於色，色因不可得」[5]。

4 談錫永《龍樹二論密意》（台北：全佛文化，2014），頁128-129。

5 T1564: 6.

6

彼無有故無覺受
覺受無有我之性
復於覺受之自性
汝已說之為無有

【釋】：次說受蘊。

《七十空性論》頌55云：「三非有自性，不住無和合，則無彼性觸，是故受亦無」[6]，是說根、境、色三者非為實有，不住故而無和合，由是觸不成有自性，如是受亦為無有。此中之次第抉擇，亦可視為本讚歌此頌決定覺受為無有之基礎。

於此頌，行者依之決定：以所緣色境已決定為無有故，由彼生起之覺受，亦為無有，故覺受無其實有自性。

7

名與境若非不同
火字即可焚於口
然不同則無了悟
汝即如是說真實

【釋】：繼說想蘊。

6 依法尊法師譯。

所謂「想」，即是對「受」加以認知，如《增壹阿含經》言：「云何名為想？所謂想者，想亦是知，知青、黃、白、黑、知苦樂，故名為知。」[7]於此決定行者依「受」而起之認知「想」亦為無有，以「想」之內容，無非「名」而已；「名」與所緣境之關係若非為異，則說「火」時即會燒於口，然若為異則不能依言說表示外境。由是「名」與「境」二者，非一非異，是故行者之「想」即不可如其對外境之認知而執為實。其所認知，非即外境，卻依對外境之「受」而起。色境非實有，由根、境、色而起之「觸」與「受」亦非實有，故依「受」而起之「想」固亦非為實有。

8

作者與所作獨存
汝依名言而說之
然而汝實欲建立
彼此相互而觀待

9

無有作者無受者
福德有無依緣生
依緣生者為無生
言說主汝之所說

7 T2: 125.

【釋】：上來二頌說行蘊。

「行」乃指內心對所起之認知，加以審決，由是引發身語諸業。因此，「行」的本質就是造作。是故，此二頌即決定「作者」及「所作」二者之真實。

能造作之心，與所作之心理活動，僅為名言有，實則二者唯是互相觀待而成立。因此，究竟而言，實無有「作者」，是亦即無有「受者」、「想者」。由造作而引生業，於世間成福德或無福德，唯依緣生。然已決定凡緣生者悉為無生，故福德之有無亦為無生。

10

無知即無所知境
無此便亦無有識
是故能知及所知
汝亦說為無自性

【釋】：最後說識蘊。

「識」者，指了別識，亦即行者內心之「能知」。無能知便無所知之境；然若無所知境，則亦無有能知之了別。是故「能知」與「所知」之名言建立，乃可由二者相依有而決定為「無自性」。

11

能相與所相為異
所相可成無能相
若非異則皆無有
此汝澄明之教說

【釋】：上來頌3至頌10，說「人我空」；由此頌起，說「法我空」。

「能相」者，亦即「性相」；「所相」者，亦即「名相」。凡夫因戲論分別而執諸法為「我」、為實有、為不空，此中之戲論分別，即為「能相」，而由是而起之執諸法實為有，則為「所相」。

《七十空性論》頌27云：「能相與所相，相待非自成，亦非輾轉成，未成不能成」，如是說明能相與所相相依而成立。二者非一非異，若異則「所相」能獨立存在，由是「所相」即可無性相（能相）而成立，此非應理；若非異則二者皆為無有，此對相依之決定，說為如來「澄明之教說」，如「內」與「外」為相依而成立，若內外非異則無有內外。

12

遠離能相與所相
亦復捨離於言說
從於汝之本智眼
諸趣皆令得寂靜

【釋】：承接上頌而言，若能決定「能相」與「所相」實為無有，是則已悟入「相對緣起」，即落於執持能相所相之雜染境與離雜染之清淨境二者之相對。由是，住於「相對緣起」而現證「相依緣起」為空，故得遠離能相與所相，亦得遠離心識依名言對外境之虛妄分別（內識與外境同樣由相依而建立）。世間諸趣依此觀修而得本智眼觀照，皆能證得寂靜。此復可參考《楞伽・偈頌品》頌255：「當行成為可見時，能相所相都遣除，一切推斷皆遠離，唯自心而見世間」。[8]

13

實有之事無生起
或無有及有無有
非由自亦非由他
此二亦無云何生

【釋】：此說無生。《中論・觀因緣品》有頌云：「諸法不自生，亦不從他生，不共不無因，是故知無生」[9]，所說與此頌義理相近。實有之法非由自生，非由他生，非由自他共生，亦非無因生，故云無生。然此頌更云，無有之法、及亦有亦無之法，亦復頌文簡約，實旨在決定有、無、亦有亦無、非有非無四邊皆無生。

8 依談錫永譯，頁260。

9 T1564: 2.

14

有而成住此成理
而其壞滅則為非
至於無有如馬角
云何可得其壞滅

【釋】：若實事為有，以具自性故，則此有恆住可成理，然其壞滅則為非理。至於如馬角之「無有」法，說其壞滅則更不成理。如是有法與無有法，都無可「壞滅」。《中論・觀三相品》亦說此義：「若法是有者，是即無有滅，不應於一法，而有有無相；若法是無者，是則無有滅，譬如第二頭，無故不可斷」[10]。

15

壞滅與有非為異
且亦不可為非異
然若為異則恆常
若非為異則無有

16

如若與有實為一
壞滅則非為如理
如若與有實為異
壞滅亦非為如理

10 T1564: 11.

【釋】：上來二頌繼續抉擇「壞滅」。

「壞滅」與「有」，不可為異、亦不可為非異。若為異，則「壞滅」根本與「有」無涉，是則「有」便成恆常；若為非異，則「有」即等同「壞滅」，故即無有。

復次，若為「有」，則不可能與「壞滅」為一，否則即成非理；然若為異，亦已抉擇為非理。

17

首先從於壞滅因
而可生果非如理
或從未壞滅亦然
汝說生起猶如夢

【釋】：若謂果乃從已壞滅之因生起，是為非理，以因既已壞滅故，云何能生起果？然若謂果從未壞滅之因生起，亦為非理，以果生起時因仍未消滅，如何可說之為因？是故「果」之生起，實猶如夢。

18

非由壞滅非壞滅
種子之芽得生起
汝說一切之生起
悉為如幻之生起

【釋】：是故芽從種子生起，卻非關種子之壞滅或非壞滅。

此如《中論・觀業品》所言：

> 業不從緣生，不從非緣生，是故則無有，能起於業者；
>
> 無業無作者，何有業生果，若其無有過，何有受果者；
>
> 如世尊神通，所作變化人，如是變化人，復變作化人；
>
> 如初變化人，是名為作者，變化人所作，是則名為業；
>
> 諸煩惱及業，作者及果報，皆如幻與夢，如炎亦如響。[11]

此說一切生起悉為如幻，即同《中論》頌義。於此雖以種子與芽為喻，其抉擇者實為「作者」與「業果」，由此引伸，「人我」與「法我」亦皆為如幻。

19

是故汝於諸種趣
悉由計度而生起
由遍智而於生起
說為無生亦無滅

【釋】：輪迴世間諸種趣，即為「業果」。其生起，僅為依於戲論與計度之如幻生起。由智境以觀此如幻生起，則無生亦無滅。《中論・觀三相品》亦言：

11 T1564: 23.

「法已滅不滅，未滅亦不滅，滅時亦不滅，無生何有滅」[12]。

上來大段抉擇「壞滅」，以本讚歌的主題為「無相」及「滅盡定」，兩者皆易落於「壞滅」邊見，由是而成曲解，無可得七地之「出世間」證智。唯若證悟「人我」與「法我」皆為無生，則一切緣生亦為無滅，由是現覺諸法如夢、如幻，無定相可取，諸受亦自然得盡，始得悟入「無相」與「滅盡定」。

20

於輪迴無有恆常
於輪迴亦無無常
如是汝以最勝解
教說輪迴實如夢

【釋】：一般說輪迴無常，然「無常」亦為相依於「常」而建立，故亦為戲論。智者亦不落世間言說而認知輪迴為「無常」，而以其最勝解如實觀其如幻。

21

乾慧者認為痛苦
為由自作或他作
或兩者作或無因
然汝教說依緣生

12 T1564: 11.

【釋】：淺智者以「業果」（痛苦）或由自作而生，或為他作而生，或為自他俱作而生，或無因而生，如是四邊，上來已予遮撥。智者觀照「業果」，唯由「緣生」。此即《中論・觀苦品》所言：「自作及他作，共作無因作，如是說諸苦，於果則不然」[13]。

22

依於緣起而生者
汝教說之為空性
汝之無等獅子吼
說無獨存之實事

【釋】：諸法緣生，如來假說為「空性」。《中論・觀四諦品》頌：「眾因緣生法，我說即是空，此為是假名，亦為中道義」[14]，亦同此義。如是而說中道，為如來之無等獅子吼。

23

為令捨除諸遍計
故作甘露空性說
然若有等執於彼
如是汝即極呵責

【釋】：此即重申「空用」（śūnyatā-proyojana），亦即假說

13 T1564: 16.

14 T1564: 33.

「空性」之目的，唯在於善滅戲論、捨除遍計。能如是理解「空性」，始為甘露教法。否則，若執「空」為見，則為如來所極呵責。是如《中論．觀行品》所言：「大聖說空法，為離諸見故；若復見於空，諸佛所不化」[15]。

24

無作依他及空性
如幻以及依緣起
怙主汝說一切法
悉開示為無自性

【釋】：如來開示諸法無自性，以於其智境中，如實而見一切法無作、依他、空性、如幻及依緣而起故。此為依於證智之決定，而非從識境推度而得。

25

汝不曾生起稍微
亦未作任何遮撥
前後際真如為何
即以心證入真如

【釋】：凡有所生起或遮撥，皆為造作、皆落戲論。如來唯是如如而證，而真如於前後際皆不動、無變易。行

15 T1564: 18.

者之心，亦本具同樣體性，是故如來「**以心證入真如**」，即是以心法性融入法性，如水入水。《寶性論釋》第一品頌51云：「**過失似客塵，本性應功德，本初及後際，法性不變異**」[16]，法義相近，以此中所說之客塵過失，於見地而言即戲論分別、於觀修而言即功用造作，然而行者心本具法性而不變異，此心之本性常與其功德相應，若能不作稍微生起或任何遮撥，任運自然，則心即能證入前後際皆無變異之法性真如。

26

若不依於諸聖者
而入於彼之觀修
無論如何於世間
無可生起無相識

【釋】：對無相之現證，唯有依於如來之教授而觀修。若離觀修，則無論如何不能悟入。

27

若不證入於無相
已說無可得解脫
是故汝於大乘教
無餘演說其真實

16 談錫永《寶性論梵本新譯》（台北：全佛文化，2006），頁84。

【釋】：上來兩頌，總結七地之觀修次第，非說究竟。究竟證智，無復「有相」與「無相」之分別（見《超讚嘆讚》），此處只及「無相」為止，是即七地菩薩之證量，「能遠證入無缺無間無相作意，與清淨地共相鄰接」。行者落於世間言說戲論，則已着相，無可證入無相。

28

我以所得之福德
讚頌汝為應讚器
願無餘諸有情眾
於相縛中得解脫

【釋】：此處點出「於相縛中得解脫」，就是對「無相」的現證。本讚歌的論旨，還是環繞着七地的證智而言。

四、《無可喻讚》釋

【釋】：甘露庫的《四讚歌總釋》，謂此《無可喻讚》說八地的現證。菩薩八至十地，名「清淨地」。《解深密經》云：「由於無相得無功用，於諸相中不為現行煩惱所動，是故第八名不動地」，復云：「於第八地有二愚癡：一者於無相作功用愚癡；二者於相自在愚癡；及彼麤重為所對治」[1]；而月稱《入中論》則謂：「數求勝前善根故，大士當得不退轉，入於第八不動地，此地大願極清淨。諸佛勸導起滅定。淨慧諸過不共故，八地滅垢及根本，已淨煩惱三界師，不能得佛無邊德。滅生而得十自在，能於三有普現身」[2]。此即謂七地仍落功用行，欲求勝前之勝根而數數修習，需作意始得悟入無相境以得滅定；至登八地，不復與諸煩惱共住，得滅微細人法我執，無功用而證無生法忍，任運而得十種自在，包括受生自在及壽命自在，能隨緣於三有現意生身以饒益有情。故此八地之重點，為無功用、任運、相自在、極清淨，是亦為理解此讚歌之重點。

1 T676: 704.

2 依法尊法師譯。

1

精勤利世間
諸受邪見者
了悟無自性
讚禮汝無喻

【釋】：此如前讚歌，仍以讚嘆如來之「智悲雙運」為往後歌頌之基，以「了悟無自性」為菩提心之智分、以「精勤利世間諸受邪見者」為菩提心之悲分。

所謂「精勤」，實為法爾而無間斷之意，無功用而自然不捨諸世間有情。

2

汝及汝佛眼
無甚可見者
然汝無上見
觀見真實義

【釋】：此以無見而見，是為「無上見」。是即離分別而分別、無生而生一切，其中之關鍵，即在於無作意、離功用，由無生而法爾生起一切；於觀修次第而言，則是無所緣而緣；其修證果，則為如來法身自然現起法身功德。

3

依於勝義有
無覺無所覺
稀奇勝領悟
佛證之法性

【釋】：「勝義有」者，指如來現證之如如法性。對法性之現證，無覺亦無所覺，是為稀奇之殊勝領悟。若着意於「覺」或「所覺」，皆落作意，都非任運。

4

無有汝生起
或遮斷之法
由見平等性
證得無上位

【釋】：凡有生起或遮斷，都落作意和功用；凡落作意，即不平等。如作意生起涅槃之現證、作意遮斷輪迴之迷惑，即對涅槃與輪迴有所取捨，是即不平等。證得無上位者，即無作而現證清淨大平等性。

5

輪迴若斷除
不許為涅槃
輪迴無所緣
怙主證寂靜

【釋】：作意斷除輪迴，所得即非涅槃。此為大乘法教，若於小乘則不然，彼二乘行人唯許斷除輪迴始為涅槃。

於大乘中道，不落輪迴、亦不着涅槃，輪涅無二、清淨大平等。於輪迴無所緣而緣，是已自然證得涅槃寂靜，非有作意於取捨。

6

雜染及清淨
證悟為一味
法界現無別
周遍之清淨

【釋】：「雜染」與「清淨」，即「輪迴」與「涅槃」之性相（能相），悉證悟為一味。如此一味之大平等性，周遍清淨；此一味之法界，即無分別境界。

7

從於主尊汝
未曾說一字
調伏趣無餘
法雨令滿足

【釋】：如來之現證境界，離於言說，是故由此境界流出的大悲教法，於《楞伽》即說為「宗趣法相」（siddhānta-nayalakṣaṇa），「謂內所得境界，其性相面貌為離語言、離分別、離文字，由是導入無漏境界」；然為方便導引行者證入此離言境界、調伏無餘諸趣有情，教法喻為「法雨」，此即「言說法相」（desanā-nayalakṣaṇa），「此即九部教法中之種種，此令人離有無二見，離於一異。先以善巧方便，導有情得知覺，由是凡傾向彼者，皆得受教」。[3] 此等言說教法，非即如來證境，不可執為究竟，故云如來「未曾說一字」。

8

汝心如虛空
於蘊界及處
無復有貪戀
不依一切法

【釋】：此說八地之證境，無着、無住，心如虛空，故亦離諸作意，任運自然。於人我（蘊、處、界），無復貪戀；於法我（一切法），亦無復依持。

9

怙主想有情
而無不遍入
有情之痛苦
堅固汝悲性

3 見談錫永譯，《入楞伽經梵本新譯》（台北：全佛文化，2005），頁132。

【釋】：現證人法我空之甚深智，同時亦法爾現起廣大悲心。此為無緣大慈、同體大悲，非為有作意之悲心，否則即不能廣大周遍。

10

樂苦我無我
及常無常等
如是諸分別
汝心皆無着

【釋】：小乘法教言「無常」、「苦」、「無我」，「不淨」，大乘法教則言「常」、「樂」、「我」、「淨」，如是皆為「言說法相」，悉為次第方便而已，都為戲論。又，「無常」等標示輪迴、「常」等標示涅槃。如來現證都離此等分別，無着亦無住。

11

諸法無去來
是如來之說
以無諸積聚
如是知勝義

【釋】：既離輪涅分別，則亦離希疑，無復對涅槃之希冀及離輪迴之疑慮。是故，八地菩薩即可任運於輪迴世間示現，而於心則不受世間雜染所垢，如如不動。就此等示現而言，實無「去來」，亦無諸業之積聚。

12

周遍得相隨
而無諸生起
生及法與身
大聖不思議

【釋】：此說八地菩薩任運而起之意生身（manomaya-kāya）。《楞伽經・無常品》，說有三種意生身，八地所證者，名「覺法自性意生身」（dharmasvabhāva-bodhamanomayakāya），「謂於八地妙觀察一切法而覺知其自性如幻、非無相，心即轉依，得如幻三摩地及餘三摩地。由入三摩地，得具種種力神通自在身。依心意而動移，疾如花開，此類如幻、如夢、如鏡像，此非由四大種所造，而苑然如四大種造。雖具色世界一切種種嚴飾，而能隨諸佛土中大眾。此身了知法自性，故名為此意生身」[4]。此意生身不可思議，周遍相隨而無生。

13

捨離諸一異
諸趣如回響
捨流轉壞滅
汝無有譏毀

4　談錫永《入楞伽經梵本新譯》，頁123。

【釋】：八地之覺法自性意生身，離諸一異，於諸趣示現，猶如回響，不落於世間有情之流轉生滅，亦無有譏毀。

14

離於常與斷
捨能相所相
猶如夢幻等
決定證輪迴

【釋】：決定現證輪迴，現覺實相如夢如幻、證得無生法忍，必須超過常斷、能相所相等雜染。

15

汝除雜染惡
習氣究為根
雜染之本性
汝修成甘露

【釋】：雜染之本性，即為習氣。能無作而除諸雜染惡，非依禁戒可得，否則即落作意取捨。其關鍵，在於把習氣轉化成甘露。是即如《維摩經》所言：「若須菩提不斷淫怒癡，亦不與俱；不壞於身，而隨一相；不滅癡愛，起於解脫；以五逆相，而得解脫；亦不解不縛，不見四諦，非不見諦」[5]。藏傳佛教甯

5 T475: 540.

瑪派，有「不捨三毒自解脫」、「習氣自解脫」等法門，亦同此決定。

16

勇者見諸色
無能相無色
然為色界見
汝具熾身相

【釋】：「勇者」（dpa' po）指如來。如來智眼所見諸色，無有能相、亦無所相（色）。然而，如來於色界為有情所見，則具熾燃照耀之色身相。

17

見色實無見
而說名為見
善現而見法
即不見法性

【釋】：如前所說，由無見而見，始能得見法性；若見法則不見法性。

18

汝無空洞身
亦無肉骨血
汝身作演示
如虛空彩虹

【釋】：此說意生身之體性，如《楞伽》所言，「如幻、如夢、如鏡像，此非由四大種所造，而苑然如四大種造」[6]，故非為血肉之軀。若不依八地證量而讀此讚歌，則難以理解何以此中會忽然出現此類偈頌。

19

身無病無垢
亦無餓渴生
為世間隨者
作示世間行

【釋】：八地菩薩證得之意生身，既非業感之身，故無病垢餓渴等，然為有情作世間示現而有病垢等，如《維摩經》言：「以一切眾生病，是故我病。若一切眾生得不病者，則我病滅。所以者何？菩薩為眾生故入生死；有生死則有病。若眾生得離病者，則菩薩無復病。... 又言是疾何所因起？菩薩疾者，以大悲起」[7]。

20

業障諸過失
遍除汝無惡
汝為隨行眾
善教授離業

6 談錫永《入楞伽經梵本新譯》，頁123。

7 T475: 545-546.

【釋】：《入中論》云：「八地滅垢及根本，已淨煩惱三界師」，故於「不動地」菩薩，已遍除諸煩惱過失，而能為隨行有情善授離業執縛之教法。

21

故法界無二
乘根本無別
汝說之三乘
為令有情入

22

常堅固寂靜
汝之法性身
勝者為化度
故汝說涅槃

【釋】：上來二頌，近代西方學者如 David Seyfort Ruegg 和 Drasko Mitrikeski，皆認為所說即「如來藏」教法。當中說無二法界為「一乘」之教法基，而「三乘」僅為引導有情的說法，而方便為彼說有「涅槃」可證，即為《法華》思想，而經中之「衣珠喻」，即為如來藏思想之雛型。此中說「法性身」恆常（nitya）、堅固（dhruva）、寂靜（śiva），亦與佛典中所說法身如來藏之賦性無異。

讚歌至此，忽然筆鋒一轉，乃為強調無作、無功用故。若離輪迴別有涅槃可證，則有希疑之作意；若有情非本具「常堅固寂靜」之法性身（如來藏），則無可離功用而令本智顯露。

23

無量諸世間
虔敬眾見汝
覺知生與死
信解脫輪迴

【釋】：此對八地菩薩及如來之證智及大悲，虔申敬仰。

24

怙主不具思
無分別欺誑
世間汝自然
入於佛事業

【釋】：「不具思」、「無分別」、無「欺誑」，即是離作意；自然而作佛事業，即是離功用。此由八地之證量來讚嘆如來。

25

善逝功德無量不思議
如是證得福德花莊嚴
彼等有情無餘皆成就
殊勝難證能仁之法器

【釋】：八地尚未圓滿如來無量功德之現證，故《入中論》乃說此地「不能得佛無邊德」，是故於此，特別讚嘆如來功德之無量不思議，於世間顯現猶如花鬘莊嚴之福德。由是乃回向無餘有情，願彼皆得成就難證之能仁法器。

「法器」既可喻為堪能領受甚深教法之根器，亦可視為盛載如來甘露教法之器皿，後者具「藏」義，是故所謂「能仁之法器」，即亦可理解為「如來之藏」。

五、《不思議讚》釋

【釋】：此篇所讚，為九地菩薩的證智，本篇註釋，即以此為綱。《解深密經》說九地云：「於一切種說法自在，獲得無礙廣大智慧，是故第九名善慧地」，復云：「於第九地有二愚癡：一者於無量說法，無量法句文字，後後慧辯，陀羅尼自在愚癡，二者辯才自在愚癡；及彼麤重為所對治」[1]。至於月稱《入中論》則只有一句：「第九圓淨一切力，亦得淨德無礙解」[2]。是故，辯才無礙為九地菩薩的證量。此篇即以無礙之辯才解說離諸言詮、不可思議之證智境界。

1

凡諸種種緣生事
悉皆說為無自性
無等不思議本智
無可譬喻我頂禮

【釋】：說種種緣生之法為「無自性」，為不思議本智境界之現證，而非邏輯推理之結論。論主對此無與等、無可喻之法身境界作頂禮。

---

1 T676: 704.

2 依法尊法師譯。

2
此如汝於大乘教
現證諸法無自性
如是各各具慧者
依大悲力作教示

【釋】：對諸法無自性之現證，乃建基於大乘教法之觀修。此等大乘法，為如來之大悲流露，而彼等依此修習而得證量之具慧者，復由其證智自然生起大悲力而對輪迴有情作教示。

上來二頌，說「智悲雙運」。以此為基，乃有下來對「緣生」、「空性」等之無礙辯解。

3
依諸緣而生起者
汝已說之為無生
非由自性而生起
是故善說為空性

【釋】：緣生諸法，行者依大乘之「空」教法得以離戲論而觀照（空用），現覺為如夢如幻、體為無生，而非具實自性之生起，如是說為善說空性。

《瑜珈師地論》中，亦有說及「善取空」，其實亦同此意，論云：

「云何復名善取空者？謂由於此彼無所有，即由彼故正觀為空；復由於此餘實是有，即由餘故如實知有，如是名為悟入空性如實無倒。謂於如前所說一切色等想事，所說色等假說性法，都無所有，是故於此色等想事，由彼色等假說性法，說之為空。於此一切色等想事何者為餘，謂即色等假說所依。如是二種，皆如實知，謂於此中實有唯事、於唯事中亦有唯假，不於實無起增益執、不於實有起損減執，不增不減、不取不捨，如實了知如實真如離言自性。如是名為善取空者，於空法性能以正慧妙善通達，如是隨順證成道理，應知諸法離言自性」[3]。

引文中提及之「唯事」（vastu-mātra），即指「如實真如離言自性」，亦即諸法法性。所謂「善取空」，即是由於「此」一切色等想事（由分別而假立之色法）所依之法性（即「唯事」或「離言自性」），而正觀「彼」色等假說想法為「空」，復由於「此」離言法性如其本然而有，即為所空之色等想事之餘而如實知有。如是，對色等假說想法不作增益、對離言法性不作減損，是為「善取空」。

此與龍樹之中觀，其實理路一致，唯所用名言不同而已。

對於緣生諸法而起「實有」之執，須以空性教法之用（空用）來善滅此等戲論；然而由滅除戲論所得

3 T1579: 484.

之無分別智（空性），則能正觀真如（空義）。此中，空性與空義即《瑜珈師地論》所說之「如實真如離言自性」，亦即「唯事」，亦即引文中之所謂「此」；至於凡夫所執之戲論分別，則等同「色等想事、色等假說性法」，亦即引文中之所謂「彼」。謂由於無分別智及現證之真如境界，而對戲論分別正觀為空，而緣生諸法亦皆正觀為無生；復由於「空用」不遮無分別智與真如，是故為「餘」，而行者亦由於此「餘實是有」，即由「餘」故如實而知本具、本然之法性，「如是名為悟入空性如實無倒」。是亦即本頌之法義，而非謂一切緣生法皆無實「自」性，故亦無自性之生起，而推斷為「無生」，由是便說為善說空性。

4

依於此間之音聲
乃有迴響之生起
如是諸有之生起
悉如幻事與陽燄

5

若乎幻事及陽燄
乾闥婆城及影像
以及夢境皆無生
無可成立見等等

【釋】：佛說「此有故彼有，此無故彼無」，於此則以「此間音聲」故而有「迴響生起」為例，說明依正智以觀輪迴間諸有之生起，體性皆如迴響，悉如幻事與陽燄。此等猶如幻事與陽燄之諸有，復亦猶如乾闥婆城、影像、夢境等，皆決定為無生。

6

此如因緣所生者
彼皆許為假安立
如是一切緣生者
怙主如說為世俗

【釋】：上來決定為無生之輪迴諸有，猶如陽燄夢境等，此乃就體性而言；若從現象來說，則種種皆為假安立，亦即假名而有，是為世俗名言之「有」，若執為實，即成戲論。此假名有，復由其餘假名而有之「緣」成立，故所謂「緣生」，非謂諸緣具實有自性。此如《中論．觀有無品》頌1云：「眾緣中有性，是事則不然，性從眾緣出，即名為作法；性若是作者，云何有此義，性名為無作，不待異法成」[4]。

7

一切所作皆為有
是為童蒙之所說
此即猶如手空空
是義實非為善說

4 T1564: 19.

【釋】：於此比喻落於戲論者為「童蒙」，以彼視一切造作而成之法為實有故。然實際而言，卻猶如手握空拳，當中一無所有。所以所謂「一切所作皆為有」實非善說。

8

若假立事皆無生
如何而能於今際
凡諸已成過去者
如何觀待未來際

【釋】：此為對外人對論主的問難：若一切假名而有之事皆為無生，則如何而能於今際顯現？而且既已成過去之無生法，與未來際又有何關聯？

對此，其實龍樹於《中論．觀時品》已有所闡釋：

> 若因過去時，有未來現在，未來及現在，應在過去時；
>
> 若過去時中，無未來現在，未來現在時，云何因過去；
>
> 不因過去時，則無未來時，亦無現在時，是故無二時；
>
> 以如是義故，則知餘二時，上中下一異，是等法皆無；
>
> 時住不可得，時去亦叵得，時若不可得，云何說時相；

> 因物故有時，離物何有時，物尚無所有，何況當有時。[5]

若因過去而有現在與未來，那麼所謂現在與未來，都應存在於過去；然而若謂過去時無現在與未來，則何以能說因過去而有現在未來？行者又如何能建立過去因與現在或未來果之關聯？

論主解說三時乃相依而成有，故實不可得；所謂「因物故有時」，合乎近代物理學中的廣義相對論所說；而如諸物皆為無有、無生，則何有時耶？

以此而觀緣生諸法，即不對時執實為有。此如《六十正理論》頌18云：「諸法如陽燄，以智現見者，則不為前際，後際見所損」[6]。

9

物事非由自生起
亦非由他或二俱
有或非有有非有
何者由何可生起

【釋】：此亦即《中論・觀去來品》著名的論頌：「諸法不自生，亦不從他生，不共不無因，是故知無生」[7]，一切物事並非由自生、非由他生、非由自他共生，

5 T1564: 25.

6 依任杰譯，見《龍樹六論》（北京：民族出版社，2000），頁143。

7 T1564: 2.

亦更無可能為無因生，由是遮撥一切有「生」之可能性，故唯一結論即是諸法無生。此頌仍然貫徹上來所說，抉擇諸法無生。以無生故，即無有實事為「有」、為「非有」、為「有非有」、為「非有非非有」，而實無有生起。

10

無生者無有自性
云何可由自生起
既成立無自性事
故亦無可由他起

【釋】：此無生諸法之體性，無實自性，故無任何實事可生起，更遑論此生起為自生抑或他生。

11

無自有故無他有
若乎他有則自有
彼由觀待而成立
說如此岸與彼岸

12

不與任何成觀待
如何能得成生起
若非與長成相對
短亦無可成為有

【釋】：「自有」與「他有」之假名安立，唯由「觀待」始得成立，亦即由相對關係來建立。此如此岸與彼岸、輪迴與涅槃、長與短、大與小等，若缺一則另一亦無可如其名言而得成立。此為對「假名有」之觀察。

13

當具有即具無有
於具短時亦具長
以具有即具無有
是故兩者皆非有

14

此即猶如一與多
過去與未來等等
雜染清淨正與邪
如何獨自而成立

【釋】：由上來的抉擇，則可進一步理解，由觀待成立「相對有」之兩者，如有或無有、長或短、一或多、雜染或清淨等，都無可獨自存在。是故種種相對有，悉非真實，體性皆為如夢如幻。

15

事物若非自成有
是時一切亦非有
所謂他者亦無有
以其亦無自性故

16

若然無有他實事
種種事即無自性
爾時何者依他執
尚可成為邪執道

【釋】：若以事物具實自性而自成為有，即為「遍計自性」（parikalpita-svabhāva）；若以事物依他條件而成為有，則為「依他自性」（paratantra-svabhāva）。然而，上來已抉擇諸法無實自性且無生，故一切事皆為非有；至於所謂「依他」之「他」，同樣不具自性、亦為無生，是故即使依他而起之種種事，亦為非有。若以「依他」為實，則屬邪見。由此可見，即使「清淨依他」，亦不可抉擇為「有」，以「清淨」與「依他」皆非可獨存之實事故。

17

汝之教言說諸法
無始以來即平等
依其自性而涅槃
於真實中為無生

【釋】：由超越「遍計」與「依他」，是即悟入「圓成自性」（pariniṣpanna-svabhāva），即是法性真如之境界，無始以來一切平等而無生，悉為以法性為本性之「自顯現」（rang snang）；一切「自顯現」皆如其本性而「自解脫」（rang grol），亦即「依其自性而涅槃」。

18

汝具慧者於色等
說為無有其自性
猶如泡沫幻事等
復如陽燄與芭蕉

【釋】：由證入法性（圓成自性）而現見諸法真實，對於種種色等顯現，皆如其本性而觀見，是故即不以諸法具有自性，而視之如泡沫與幻事、如陽燄與芭蕉。

19

若依諸根之所緣
已得成為真實有
童蒙當已證真實
則正知尚有何用

【釋】：凡夫未能依證智如實觀照事物，唯依受戲論蓋障之心識、妄執能所二取，而以能取之自我攀緣所取之外境，是即為「諸根之所緣」，由妄計而執為實有。若一切事物實如彼所攀緣計度，則凡夫由戲論分別執取的，已為真實，是則無須證智，亦即正知亦無意義。此頌出於《楞伽．偈頌品》136頌：「一切有相於凡愚，成為分別而見取，若一如其所見者，人人都應見真實」[8]。論主於《六十正理論》頌4，亦有另一法義相近的論頌：「如愚者分別，法若成實有，法無則解脫，何因不允許」[9]。

20

種種根皆為愚鈍
抑且無有理量規
彼亦非如經教說
汝已說之為邪知

【釋】：凡夫依眼、耳、鼻、舌、身、意等六根，執取外境。由於所執為實的，皆與理量相違、亦非如佛陀經教所言，故說諸根「愚鈍」，而其執取則說為「邪知」。

21

如實無倒之證悟
任誰皆無有領會
是故世間之無明
汝已說之為障覆

8 談錫永《入楞伽經梵本新譯》，頁246。

9 依任杰譯，《龍樹六論》頁142。

【釋】：具「邪知」的輪迴界有情，對如實無倒的證智無有領會。此即所謂「無明」，而論主於此則強調無明為「障覆」，所障覆者即本然之如如法性。

22

所謂有乃恆常見
所謂無乃斷滅見
是故離於此二邊
汝已演說為佛法

【釋】：離無明障覆而現覺本具智境，即不見諸法為「有」、為「無」，是亦不落常斷二邊。《中論・觀有無品》云：「定有則着常，定無則着短，是故有智者，不應着有無」[10]，所說同此義。

23

是故諸法於四句
汝已說為皆離繫
彼非心識之所作
且亦非為言說境

【釋】：上一頌說離有無，實際而言，證智境界離一切戲論分別。印度佛家傳統，把一切戲論歸納為「四句」，即有、非有、有非有、非有非非有，如是等

10 T1564: 20.

悉為凡夫心識之造作，而智境則離言說、不可思議。是故《觀涅槃品》頌24云：「諸法不可得，滅一切戲論，無人亦無處，佛亦無所說」[11]。

24

如夢亦如幻化事
亦如看見二月等
諸趣大種等實事
汝即如實見無生

【釋】：眼翳之人，望月時幻見第二月，然實際當然無有。論主以此比喻輪迴中之六道以及四大種等，凡夫執為實有，然智者則見為無生、非真實存在，故說如夢如化，亦如第二月。

25

猶如夢中之兒子
有其生住以及滅
汝亦演說此世間
非有真實生住滅

【釋】：夢中之人觀夢，視其為真實，故夢中之兒子亦可有其生住滅；凡夫見其輪迴世間亦如是，見一切本來無生之諸法似有真實之生住滅。此頌出自《楞伽·

11 T1564: 36.

偈頌品》頌37：「凡愚以其愚癡見，故說有生亦有滅；若由如實而見者，實既無生亦無滅」[12]。

26

此如夢中之所見
皆依業因而生起
一切事物之生起
及其壞滅皆如是

27

如是貪慾等苦受
及輪迴苦與雜染
圓滿資糧與解脫
汝皆說為如夢境

【釋】：於此假設夢境種種，如事物之生住滅，悉循因果法則發展；同理，輪迴界中之一切樂受苦受、貪嗔癡三毒與圓滿資糧、雜染與解脫等等，皆猶如夢境。

28

如是於生及無生
又或於來以及去
受縛以及解脫智
許有二故無正解

12 談錫永《入楞伽經梵本新譯》，頁235。

【釋】：說雜染與解脫等猶如夢境、不可執之為實有，以彼等皆落於相對（「二」）之觀待故，如「生」與「無生」、「來」與「去」、「受縛」與「解脫」等，凡落於「二」即非正解。

29

於彼無有生起者
云何能得入涅槃
以其猶如幻象故
依其本義而寂靜

30

此即猶如幻化象
雖生起實無生起
如是一切之所生
於真實中實無生

【釋】：諸法無生，一切有情亦為無生；既然無生，如何得入涅槃？答曰：如其幻象之本性而得涅槃。此即上來說「自顯現」、「自解脫」之義。一切幻化事，雖有顯現而非實有；一切所現，於真實中皆無生。

31

無量數世間怙主
度脫無量有情眾
一一皆入於涅槃
然實無有得滅度

【釋】：現證無生，須依菩提心的圓熟。此頌即說菩提心之兩份：無數如來（「世間怙主」）度脫無量有情、令入涅槃，即說大悲；正見實無有情得滅度，則說智慧。此即《金剛經》所言：「所有一切眾生之類，... 我皆令入無餘涅槃而滅度之。如是滅度無量無數無邊眾生，實無眾生得滅度者」[13]。

32
大能仁於諸有情
汝作澄明之教說
此以法爾無生故
無人得以滅度誰

【釋】：「實無眾生得滅度者」，以一切有情皆法爾無生故，既無能滅度者、亦無得滅度者。

33
此如幻師之所作
實為空無之物事
餘外一切並作者
汝皆說之為空事

【釋】：諸法悉如幻師之所作，幻起之事皆為虛妄。此以幻師喻雜染心識、以幻師所作喻諸根所緣境，故謂作

13 T235: 749.

者與所作一切皆為空事。

34

作者若為他所作
是即成為受作者
又或以其之所作
墮於作事之過失

【釋】：此續說「作者」為空。若「作者」為他者所作，則上來已說一切所作皆如幻且非真實。如是對於作者與所作事，落於「有生」之戲論，即成過失。

35

此等一切皆唯名
汝已頌揚此教法
除於詮說義之外
其所詮者實無有

【釋】：此頌出自《楞伽・無常品》頌78：「於不共之經典中，於分別作不共說，不同名相義不同，離言則義不可得」[14]。此謂一切諸法唯是名言之表義，離開名言以外即不可得。以名言為分別，故此亦即謂一切法離分別即不可得。

14 談錫永《入楞伽經梵本新譯》，頁162。

36

以是之故一切法
汝已說為唯分別
依分別成之空性
是亦說之為無有

【釋】：《楞伽・偈頌品》頌10云：「別別諸境不堅牢，唯由思量而生起，以能計已本然空，故其所計亦然空」[15]，與此歌頌之義理相近，唯於此處則強調所謂「空性」，亦為分別，是即以「空性」為「見」（dṛṣṭi）。近代流行把「空性」定義為緣起無自性，即落分別。

37

超越實事無事二
未有過於彼岸處
無能知亦無所知
非無有且亦非有

38

非為一亦非為多
非二俱亦非俱非
無有基亦無顯現
不可思議無與等

---

15 談錫永《入楞伽經梵本新譯》，頁231。

39

其為無生亦無滅
亦為非斷亦非常
此即猶如虛空際
非言語智之行境

40

即此便是為緣生
亦即汝所說之空
如是亦為微妙法
為與諸如來相應

【釋】：上來第37至39為連頌，都是闡明頌40所說「緣生」及「空」，亦即超越實事與無事二者、亦非落於涅槃邊，其證悟既無能知亦無所知而都成一味，非有亦非無有、非一亦非多、非一多二俱亦非一多俱非，無有實有之生起基亦無真實顯現，無生無滅、非斷非常，如是離言之行境，猶如虛空、不可思議，無可與等。緣生諸法實為無生，行者由「空」教法悟入離戲論智境而證得無生法性，是故此「微妙法」說為與諸來相應，而不是簡單為「緣生」與「空」劃上等號。

41

於彼開許為真實
勝義如如與實有

彼為真實無謬誤
圓證彼者名佛陀

【釋】：對法性之現證，如來開許為「真實」、「勝義」、「如如」、「實有」，是為無倒真實，能圓證者即名為「覺者」。

42

佛陀以及有情界
是故無有何差別
於我以及餘他眾
汝乃說彼為平等

【釋】：如如法性周遍輪迴涅槃，無有差別。是故《中論·觀如來品》頌16即有云：「如來所有性，即是世間性，如來無有性，世間亦無性」[16]，以此說大平等性，是亦即此歌頌之義。

43

諸事無異於空性
而無彼即無有事
是故於諸緣生法
汝已開示皆為空

16 T1564: 31.

【釋】：一切法皆以法性為本性而顯現，而法性之離戲論智境則須依「空」之觀修才得現證，故可方便名其為「空性」。由是，一切法即無異於此「空性」法性，若無法性則無一切緣生諸事。是故諸緣生法皆說為空，由「空性」（無分別智）可觀見諸法實相。

44

由因以及緣而生
世俗抑且為依他
由是善說為依他
勝義則為無造作

45

亦名自性及本性
真實實性事與有
計度之事為無有
然而依他則成有

【釋】：緣生諸法，依因緣而生，故為世俗，其成立則屬依他。由依他的層面，即可觀見一切「遍計有」為空，是為善說依他。至於勝義法性，則恆時無作（akṛtrima）。此為諸法之真實，是故可名為「自性」（svabhāva）或「本性」（prakṛti），亦可名為「真實」（tattva）、「實性」（dravya）、「實事」（vastu）、「有」（sad）等。對於近代「中觀」學人而言，對此恐怕難以理解，因為他們已習慣把

「自性」、「實事」等視同禁忌，每逢見到這些名詞即予以遮撥否定，以為即是「空性」、「法性」。如此解讀，即受困於名言概念的範圍內，難以由修證來認識法性。

《楞伽・集三萬六千一切法品》頌191-194云：「無有所謂遍計有，由依他則見其有，當人遠離於分別，增益減損皆受壞；若然依他相為有，遍計相則為無有，是則有法離於有，有法得從無有生；依止遍計分別故，可得依他相為有，依止於相及名言，遍計自性得生起；遍計自性若不成，實無所有得生起，若知勝義諦之義，則其自性得清淨」[17]，所說亦與上來二頌法義相近：由建立依他為有，方可證知遍計無有；復由建立勝義為有，方可證知依他亦僅為世俗。

46

所謂計度事為有
汝已說之為增益
所謂作事斷而無
汝亦說之為斷滅

【釋】：由遍計成立者，必落有無二邊。計度事物為「有」，即成增益；計度事物為「無」，則成減損、落「斷滅」邊。

17 談錫永《入楞伽經梵本新譯》，頁117。

47

汝依真實智而言
無斷滅亦無恆常
情世間事皆為空
許之猶如陽燄等

48

此即有如陽燄水
非斷滅亦非恆常
如是一切情世間
說為非斷亦非常

【釋】：若依勝義真實智觀照，則見諸法不生不滅、不常不斷、不一不異、不來不去、不垢不淨、不增不減等，猶如陽燄、泡影等，是為「空」之觀照。

49

於實事成斷滅者
如此等見生怖畏
許世間為有邊際
又或許為無邊際

【釋】：計度諸法為實有，即有執受，由是即生對諸法壞滅之怖畏，或計世間為有邊際或無邊際等。此如《中論・成壞品》頌14-15所云：「若有所受法，即墮於斷常，當知所受法，為常為無常；所有受法者，不墮於斷常，因果相續故，不斷亦不常」[18]。

50

既有知即有所知
有所知時亦有知
然若二者皆無生
爾時云何有領悟

【釋】：行者之證悟，即是「知」。然而，若落於有能知之心智與所知之諸法空性，則非真知，談不上領悟。能所二者皆為無生，唯觀待成有，其體性如幻如陽燄，如《七十空性論》頌56云：「依止內外處，而有心識生，是故識非有，如幻如燄空」[19]；此外，《菩提心釋》頌39亦言：「知者了知所知境，無所知即無了知，如是何以不開許，無所知亦無能知」[20]，是即上來頌37亦已言及。

51

如是以幻化等喻
殊勝藥師作善說
教授勝妙之教法
治癒所有一切見

18 T1564: 28.

19 依法尊法師譯。

20 拙譯，見《菩提心釋密意》（台北：全佛文化，2015），頁57。

【釋】：世間能仁猶如殊勝藥師，所作種種譬喻及教法則猶如妙藥，所根除之病為「一切見」。「見」者，即戲論分別，是故佛家修持，以無分別為要。

52

教說無有實自性
即彼真實之勝義
於執實事魔魘者
是為無上之醫方

【釋】：說諸法無實自性，亦為對執實事者離彼分別執之「醫方」而已，即使說為「勝義」，亦不過是一種「方便」（upāya）。實際而言，真實勝義不可說、不可思議，具如上來頌37至39所言。

53

是故法之供施者
反覆供施常相續
三世間中作法施
無有障礙無阻隔

【釋】：「法之供施者」出自《維摩・菩薩品》：「法施會者，無前無後，一時供養一切眾生，是名法施之會。...謂以菩提，起於慈心；以救眾生，起大悲心；以持正法，起於喜心；以攝智慧，行於捨心；以攝慳貪，起檀波羅蜜；以化犯戒，起尸羅波羅蜜；以無我法，起羼提波羅蜜；以離身心相，起毗梨耶波羅蜜；以菩提相，起禪波羅蜜；以一切智，起般若波羅蜜。教化眾生，而起於空；不捨有為法，而起無相；示現受生，而起無作；護持正法，起方便力；以度眾生，起四攝法；以敬事一切，起除慢法；於身命財，起三堅法；於六念中，起思念法；於六和敬，起質直心；正行善法，起於淨命；心淨歡喜，起近賢聖；不憎惡人，起調伏心；以出家法，起於深心；以如說行，起於多聞；以無諍法，起空閑處；趣向佛慧，起於宴坐；解眾生縛，起修行地；以具相好，及淨佛土，起福德業；知一切眾生心念，如應說法，起於智業；知一切法，不取不捨，入一相門，起於慧業；斷一切煩惱、一切障礙、一切不善法，起一切善業；以得一切智慧、一切善法，起於一切助佛道法。如是善男子，是為法施之會」[21]，是即以六波羅蜜多、四攝法、無諍法等，以度應機有情。頌云於「三世間中作法施」，即指對種種不同根器之有情，以對機之法作教導，如經中所說；至於「無有障礙無阻隔」，亦出自經中所言「斷一切煩惱、一切障礙」。

54

汝演說此稀有法
無我之獅子吼聲
斷除執實之怖畏
令諸外道鹿驚怖

---

21 T475: 543-544.

【釋】：此處以鹿不斷追逐陽燄而死之無明來形容外道。以其牢牢執實之戲論與習氣故，聞如來離分別之稀有法即覺驚怖。此亦如《菩提心釋》頌52所言：「由空性獅子吼聲，諸言說眾皆畏懼，不論彼住於何處，於此於彼空性轉」[22]。「無我」之稀有法能驚醒無明眾，故喻為「獅子吼」。

55

空性以及甚深法
汝敲打起其大鼓
且亦吹響大法螺
無自性之響亮聲

【釋】：大乘之甚深法，如「空性」等，如來由其大悲而為有情開演，形象化即喻如敲打大鼓、吹響法螺，其音聲所教化的，都是離「自性」分別之教言。

56

汝亦演說佛法財
佛陀教法之甘露
更作開示了義法
一切法皆無自性

【釋】：所謂「佛法財」，一般稱為七法財，亦有譯為七聖

22 拙《菩提心釋密意》，頁63。

財者，此即信財、戒財、聞財、慚財、愧財、捨財及慧財。依談錫永上師所傳，西藏甯瑪派有不共之七聖財，則為身、語、意、功德、事業、智慧、大悲。

如是佛法財，為佛法甘露，所開演之了義教法，即是遠離諸法具實自性之戲論分別。

57

若乎生起壞滅等
以及有情命者等
彼悉世俗貧乏義
怙主汝亦作演說

【釋】：所謂「命者」，乃梵語jiva的繙譯，是為婆羅門教與耆那教的見地，其義約相當於西方宗教之所謂「靈魂」（soul）；所謂「貧乏義」，則相對上頌所說了義而言。此處以常見之世間謬誤，謂器世間有生有滅、情世間有命者等，作為戲論之舉例。

58

誰已根本到彼岸
般若波羅蜜多海
怙主功德波羅蜜
福德功德寶資財

【釋】：由般若波羅蜜多海而根本到達彼岸，即指圓證佛位，是時功德得到圓滿（功德波羅蜜多），本具之法身及法身功德圓滿顯露，而得無盡福德功德寶資財。

59

如是無等不思議
有情怙主之讚歌
由我證得之福德
願諸有情皆如汝

【釋】：此為論主回向，願一切有情皆證得怙主不思議之法身本智，以及圓證法身功德。

六、《勝義讚》釋

【釋】：此為《四讚歌》的最後一篇，名「勝義讚」，所讚者為十地菩薩的證智。本篇註釋，即依佛家經論對十地的描述為指引。《解深密經》說十地云：「麤重之身，廣如虛空，法身圓滿，譬如大雲，皆能遍覆，是故第十名法雲地」，復言：「於第十地有二愚癡：一者大神通愚癡。二者悟入微細祕密愚癡；及彼麤重為所對治」[1]。至於月稱《入中論》則有長頌云：

十地從於十方佛，得妙灌頂智增上，
佛子任運澍法雨，生長眾善如大雲。
菩薩時能見百佛，得佛加持亦能知，
此時住壽經百劫，亦能證入前後際。
智能起入百三昧，能動能照百世界，
神通教化百有情，復能往遊百佛土。
能正思擇百法門，佛子自身現百身，
一一身有百菩薩，莊嚴圍繞為眷屬。
如極喜地諸功德，如是住於無垢地，
當得功德各千種，餘五菩薩得百千。
得百俱胝千俱胝，次得百千俱胝量，
後得俱胝那由他，百轉千轉諸功德。

1 T676: 704.

住不動地無分別，證得量等百千轉，
三千大千佛世界，極微塵數諸功德。
菩薩住於善慧地，證得前說諸功德，
量等百萬阿僧祇，大千世界微塵數。
且說於此第十地，所得一切諸功德，
量等超過言說境，非言說境微塵數。
一一毛孔皆能現，無量諸佛與菩薩，
如是剎那剎那頃，亦現天人阿修羅。[2]

十地所證，法身周遍而圓滿。何謂「法身圓滿」？此即《入中論》頌之所釋，說十地菩薩「此時住壽經百劫，亦能證入前後際」，並能「一一毛孔皆能現，無量諸佛與菩薩，如是剎那剎那頃，亦現天人阿修羅」，此即超過時方之礙，如《華嚴經》所言：「知無量劫即是一念；知一念即是無量劫」[3]、「一毛孔中悉明見，不思議數無量佛」[4]，如是現大神通，「所得一切諸功德，量等超過言說境」。

1
無生亦復無所住
極為超過世間喻
無有言語之行境
如何敬禮怙主汝

2 依法尊法師譯。

3 T9: 278.

4 T9: 177.

【釋】：此以十地菩薩的證智來讚嘆如來。如來的行境，即是由其法身觀照世間之行境，亦即由智慧自然現起的大悲境界，亦是「智悲雙運」。輪涅皆為「無生」，是故如來「無所住」，不住輪迴、不住涅槃，法身「周遍圓滿」，是為超過世間一切言喻之究竟中道。

2

真如義之行境中
姑亦無論其為何
依於世間之施設
我亦恭敬作禮讚

【釋】：此法身周遍之離言行境，雖超過言說，唯如來仍依有情根器、應機施設，此即如來之「言說法相」。對此大悲教法，論主亦作讚禮。

3

無有生起之體性
以汝亦為無生故
怙主無去亦無來
於無自性敬頂禮

【釋】：如來之體性，即一切法之體性；如來之現證，亦如一切法之體性而證。諸法無生、無去來，如來亦無生、無去來。若認為如來或諸法有「生」、有「去來」，即落「自性」想。於此論主對「無自性」之證智頂禮。

4

汝非有亦非無有
汝非斷滅亦非常
汝非常亦非無常
於無二者敬頂禮

【釋】：此中非謂離「有」與「無」，即為「無二」。

如來體性無生，且離四邊，是故說為非有、非無、非亦有亦無，非亦非有亦非無；亦非斷、非常、非亦斷亦常、非亦非斷亦非常。凡落四邊，即落戲論；凡落戲論，即有所住，由是便起輪涅分別。是故唯有盡離四邊，始證「無二」。

5

無紅綠或茜草色
亦無黃黑抑或白
於汝無有所緣色
於無顏色敬頂禮

【釋】：「無顏色」者，即無色相。此為七地之現證無相、八地之現證無功用、九地之現證無礙等基礎上，無作現證諸相非相，離諸相縛而見諸相，此即《金剛經》所言：「不可以身相得見如來。何以故？如來所說身相，即非身相」、「凡所有相，皆是虛妄。若見諸相非相，則見如來」、「若以色見我，以音聲求我　，是人行邪道，不能見如來」[5]。

6

汝非為大亦非小
汝非為長亦非圓
汝既證得無量境
於無量者敬頂禮

【釋】：所謂「無量境」，亦即超越言說思量的境界。凡夫為戲論所障，而有「大小」、「長短」、「方圓」等分別，是為識境。智境離戲論分別，其境界即「無量境」。

復次，十地證境「所得一切諸功德，量等超過言說境，非言說境微塵數，一一毛孔皆能現，無量諸佛與菩薩，如是剎那剎那頃，亦現天人阿修羅」，毛孔「非小」、佛土「非大」，芥子納須彌、須彌納芥子，此為究竟離礙之證智境界。

7

汝非為遠亦非近
汝非虛空亦非地
汝非輪迴非涅槃
於無住者敬頂禮

---

5 T235: 749-752.

【釋】：此說「無住」，不住於任何戲論分別、不住於任何證境，故亦不住輪迴、不住涅槃，是為「無住涅槃」（apratiṣṭhita-nirvāṇa）。

此外，涅槃為遠、輪迴非近，涅槃非往虛空尋、輪迴亦非即為地面環境。

8

汝非住於一切法
汝亦已成就法界
汝證甚深之最勝
於汝甚深敬頂禮

【釋】：由究竟無住而得「成就法界」，是為無作而成就、無成就而成就，是亦如《解深密經》所言之「廣如虛空，法身圓滿」，現證甚深之最勝義。

9

如是讚禮復讚禮
然則云何為所讚
一切諸法皆為空
誰作讚禮誰受讚

【釋】：此應為論主特別提示行者而造之讚頌，點出於誦唱讚歌之時，實無能作讚禮者、亦無所受讚禮者；行者依「空用」而觀一切法，遠離顛倒夢想（戲論）、究竟涅槃（無住涅槃）。

10

捨離種種生與滅
抑且離邊亦離中
無有外境以執持
於具力汝敬頂禮

【釋】：《寶積經》云：「常是一邊，無常是一邊，常無常是中，無色無形，無明無知，是名中道諸法實觀。我是一邊，無我是一邊，我無我是中，無色無形，無明無知，是名中道諸法實觀」[6]，然此說離「生、滅」兩邊為中，僅為方便說法而已。究竟而言，不但應以離四邊為中，而且連「中」亦不住，故云「離邊復離中」。如是證得「法身周遍」，亦更無內識、外境之分別，於一切皆無住、無作，如其本性而現覺。

11

敬禮無去之善逝
無有來亦無有去
從於諸世間福德
願往善逝之住處

【釋】：「逝」者，去也；然「善逝」則「無去」，抑且「無來」。既離「去」、「來」，即亦不住於「去」、

6 T310: 633.

「來」，故「**善逝之住處**」即是「無住」。此證境卻須依世間福德而證，此即能讓行者顯露本具法身及法身功德之世間福德資糧。若僅以理論而不依實修觀點來讀這些讚歌，則難以體會這類為修行人而造之讚頌深意。

七、《三身讚》釋

頂禮聖文殊師利

【釋】：論主先頂禮文殊師利，以文殊為智慧的表徵故。「文殊」此名號，梵文為Mañjuśrī，意為「妙吉祥」，是亦即三身的表義：以「妙」表義法身、「吉祥」表義二色身。此亦即如來法身及法身功德，以如來法身為證智境界、由此證智境界法爾現起的功德即為色身。是故讚禮法、報、化三身，其實亦即讚禮法身及其法爾功德。大乘經教以此三身為有情本具，唯因煩惱蓋障而不顯露，此義理即說為「如來藏」。

1

非一亦非多　大殊勝利益自他之基
非事非無事　難證自性一味如虛空
無染復無動　寂靜無等周遍無戲論
自證諸勝者　法身無可譬喻我頂禮

【釋】：此讚法身。

「法身」（dharmakāya）者，亦名為「自性身」（svabhāvakāya），或兩者合稱成「自性法身」

（svābhavika-dharmakāya）。此如《攝大乘論》頌云：「此中自性身者，謂諸如來法身，一切法自在轉所依止故。」[1]

「法身」為佛所現證，卻非由佛生起，而是一切有情所本具。是故「法身」亦名為「自性身」，其意即謂此為有情本具的自性，體性無為，無待依緣生起。

《攝大乘論》頌「此中有二頌：我執不有故，於中無別依；隨前能證別，故施設有異。種姓異非虛，圓滿無初故，無垢依無別，故非一非多」[2]，可說總攝了《三身讚》此句讚歌的義理：前頌說凡夫由戲論分別而成我執，若能超脫，即心不復依於分別，而得現證無分別。此證智即為「法身」。然所謂佛身有法、報、化之別，亦唯是依世間言說施設而說有差別；至於後頌，則說由行者的根器（種姓）不同故，其修習之加行以及所積資糧亦為不同，是故佛亦應機施教，不可因有三乘之分而謂其不圓滿，亦不應以為生死流轉有「初」。如是等皆為說明法身「非一」義，若有「初」即以此為「一」，由「一」則無世間賢愚根器之別、所作加行亦皆相同，並以此「一」方為「圓滿」，是皆實為戲論。復次，由法身所證為「無分別」故，乃可作為「無垢依」，是即以無垢法界為所依，故亦「非多」。

1 T1594: 149.

2 T1594: 149.

由此可見，讚歌說「**大殊勝利益自他之基**」即為「無垢依」，此境界非一非多。為利益種種不同根器有情而應機示現，故為「**非一**」，然所謂「**自他**」之別，唯是依世間言說施設而已；復以一切皆依此本來無垢的法界現起，故亦為「**非多**」。此「非一非多」之境界本來如是，恆常、清淨，故說為「**大殊勝**」。

此「**大殊勝**」之無垢依，非可抉擇為實事，如近代批判「如來藏」教法者般說之為「真常本體」；然亦不可以斷滅見而否定其存在，故云「**非事非無事**」。「法身」既亦名「自性身」，此「自性」所指即其本性與諸法一味，猶如虛空，無可名之，唯可自證。勉強依世俗名言說之，可施設為「空」，然亦只是名言而已，不可但以「空性」即等同法身。有情心性雖本具法身，唯雜然粗重，故難「**自證**」。

《華嚴經・如來現相品》有頌云：「**佛以法為身，清淨如虛空**」[3]，以法身清淨，是故「**無染**」、「**無動**」（如如不動）、「**寂靜**」、「**無戲論**」；以法身猶如虛空，是故「**周遍**」且「**無等**」。

《理趣般若》則說法身：「**非相亦非無相，自性清淨，無染無着，甚深無量，無有變易，難解難知，微妙寂靜，具無邊真常功德，絕諸戲論，唯佛證知，非餘所及，亦非譬喻之所校量**」[4]，即同上來對

3 T279: 31.

4 T261: 866.

法身之抉擇。

讚歌最後總括：如是法身，無可譬喻，唯由自證，是故對能證得法身之「勝者」敬禮。

2

出世不思議　自和合妙善百行之果
具慧者之樂　眷屬中生起種種示現
恆常勝義法　於諸世間普發大音聲
圓滿受用身　住於法之勝境我頂禮

【釋】：此讚報身。

「報身」者，為如來法爾功德所現起的圓滿色身，故以名為「圓滿受用身」。其梵名Sambhogakāya，當中之sam-，有積聚、匯集之意，故讚歌乃說為「自和合妙善百行之果」；至於bhoga，則為享用、受用之意，世親論師於《佛地經論》解說報身之「受用」義云：「如是淨土眷屬圓滿，於中止住，以何任持？廣大法味喜樂所持」[5]。是故讚歌乃說為「具慧者之樂」，且同樣強調於「眷屬中生起種種示現」，是亦為sam-之集聚義。藏文把sam-譯作 rdzogs pa（圓滿），乃為意譯，於此漢譯從之。

於《理趣般若》說：「佛報身者，謂諸如來，三無數劫，修集無量福德資糧，所起無邊真實功德，常住不變，諸根相好，智慧光明，周遍法界，皆從出

5　T26: 295.

世無漏善根之所生故，不可思議，超過世智，純熟有情，為現茲相，演無盡法，廣利無邊」[6]，亦同此義。

「報身」唯於向菩薩摩訶薩於淨土示現，故對穢土有情而言，為「出世不思議」。此可視為方便建立，無需鑿實。由觀修角度而言，「報身」為現證清淨光明的境界，讚歌則說為「住於法之勝境」。行者由自證本具「法身」，亦由是證悟法爾的「法身功德」，此即所謂「色身」。就「色身」的光明分而言，說為「報身」；就「色身」的大悲分而言，則說為「化身」，此於下來再說。如來法身功德的光明境界，即為淨土；能證之勝者，即為菩薩。是為「報身唯於淨土向菩薩示現」之密意。由此密意，於密乘修習，乃有「報身成就」、「化身成就」等法門建立。

此清淨光明為法爾，故為「恆常」；其體性為本智法身，為此「無垢依」之相分、「從出世無漏善根之所生」，故為「勝義法」。若以如來法身為殊勝究竟菩提心之智慧分、以如來法身功德為大悲分，是即可形容此周遍大悲為「於諸世間普發大音聲」。

6 T261: 866.

3

為成熟有情　寂靜顯現猶如熾燃火
復於餘他眾　現為證覺法輪及寂滅
以種種方便　諸相入於三有除怖畏
周遍於十方　一切能仁化身我頂禮

【釋】：此讚化身。

「化身」為如來色身的大悲分，《理趣般若》釋云：「為彼有情隨所應化故，現無量阿僧企耶諸佛化身」[7]，此所應化，以如來法身此「無垢依」為基，故說「寂靜」之法身顯現大悲猶如熾燃火。如來隨緣救度、令除怖畏，無分親疏、應機而化，是故以種種方便及諸相，周遍十方以入於欲界、色界、無色界等三有以成熟有情，令得證覺法輪並悟入寂滅。

4

脫三世間行　諸事自性平等如虛空
清淨而寂靜　行者證自性真實勝寂
難以得現證　難察自他利遍證無相
離繫唯一身　勝者無等樂身我頂禮

【釋】：此總讚三身無別，非如法賢譯本所言此段僅為「迴向」。

7　T261: 866-7.

三身無可分割，是即如來法身與如來法身功德之無可分割、菩提心之智慧與大悲兩分之無可分割。三身同時現證，始為圓滿無上正等正覺。分三身而說此究竟正覺境界，亦唯是依世間名言之方便施設而已。

此施設卻非理論的建立，而為實修而設。密乘無上瑜伽法門中的生起次第、圓滿次第、生圓雙運等觀修法門，都是依此建立。甚至於藏密甯瑪派的無上法門「大圓滿」，亦有「三句義」的教授，同樣是配合三身而安立：體性本淨、自相任運、大悲周遍（ngo bo ka dag / rang bzhin lhun grub / thugs rje kun khyab//）。

此讚歌的初三句，亦依三身無別而造頌：

首句讚法身為一切法之本性，是故諸事自性悉皆平等、猶如虛空；所言諸事之呈現，亦涉報身義；至於超脫三世間行，則涉化身義。如是可抉擇為「法身之法身」、「法身之報身」、「法身之化身」。

此句讚報身光明境界之清淨而寂靜；說其自性即為真實殊勝寂靜，涉法身義；說行者自證，涉化身義。如是可抉擇為「報身之報身」、「報身之法身」、「報身之化身」。

末句讚化身大悲之二利事業，應機而化故為無相，行者依觀修法門由此大悲分而入，若不善加抉擇，則易落於以指為月，或以法門為究竟、或為「悲心」所縛，難以現證由如來法身法爾現起的大悲應化。言遍證，涉法身義；言無相，涉報身義。如是可抉擇為「化身之化身」、「化身之法身」、「化身之報身」。

三身無別，即是「**離繫唯一身**」，亦即勝者無等大樂之唯一身。

有關三身中復有三身的抉擇，參甯瑪派事業洲尊者（Karma gling pa）的《寂忿密意自解脫》（*Zhi khro dgongs pa rang grol*）法彙中《祈願三身廣大自解脫》（*gSol 'debs sku gsum kong yangs rang grol*）一篇。[8]

8 漢譯收談錫永譯《六中有自解脫導引》（台北：全佛文化，2011），頁54-56。

八、《法界讚》釋

頂禮妙吉祥童子

【釋】：論主先敬禮妙吉祥童子，以「妙」表義離戲論之法身智境、以「吉祥」表義由智境法爾現起之色身功德、以「童子」表義生機及堅固恆常，所說即是「法界」義。

1

任誰由於無明故
於諸三有中輪迴
於諸有情決定住
對此法界敬頂禮

【釋】：本來清淨之法身境界，法爾離垢而恆具法身功德，周遍一切，是即「法界」。然此境界卻非經由修持而新得，而是本住於有情心識。此即「如來藏」之本義。論主於此論開首，先此如來藏義作決定，並向之頂禮，以諸佛所證之無上正等正覺，與有情本具之如來藏，實無有差別。若有情因受戲論分別所障，故對自心之本來清淨不如實知見，亦即「無明」，由是乃於欲界、色界、無色界等「三有」中流轉輪迴。

2

何者成為輪迴因
即從於彼作淨治
清淨自性即涅槃
亦即法身之自性

【釋】：「無明」即是「輪迴因」，然種種無明煩惱，非有自性，亦非有情心之實相，僅為「客塵」而已。能淨治成立無明之戲論分別，亦即淨治「輪迴因」，是則現起本來清淨之涅槃境界，此亦即為恆常清涼之不變法身自性。若依《不增不減經》所言，頌1說的即是「如來藏未來際平等恆及有法」，本頌所說，前半為「如來藏本際不相應體及煩惱纏不清淨法」，而後半則為「如來藏本際相應體及清淨法」[1]，義理一貫，詳見經中闡釋。

下來，論主以六喻解說此如來藏義理：此中頌3、4，為乳酥喻；頌5、6、7、8，為瓶燈喻；頌9、10，為吠琉璃寶珠喻；頌11，為金界喻；頌12、13，為米穀喻；頌14、15， 為芭蕉喻。

3

此如混雜牛乳中
酥油精華乃不現
如是與煩惱混纏
法界故亦不能見

1 T688: 467.

4

此如牛乳得清淨
酥油精華成無垢
如是淨治諸煩惱
法界亦成極無垢

【釋】：於此合解上來二頌。

「酥油」為牛奶中之乳脂，需經提煉始成「醍醐」（酥油精華），否則即混雜於奶中而不見。以此為喻，本來清淨之「法界」即猶如「醍醐」，「煩惱纏」則如「牛乳」，故凡夫只見煩惱纏而不見本具之法界。提煉牛乳而得醍醐，不復與牛乳相雜，故稱為「無垢」。同理，行者淨治戲論所成之煩惱而得見本具之法界，此現證之法界亦為無垢。

談師譯本，頌3首句意譯作「乳中本固有酥油」，而為僅視如來藏為方便之不了義說的藏土教派攻訐，認為是曲解龍樹本意、強把如來藏思想加於《法界讚》中。其實牛乳中本來就有乳脂，何來大驚少怪？乳酥喻所說，實為如來藏無疑，可見《央掘魔羅經》所言：「復次文殊師利，如知乳有酥故方便鑽求而不鑽水，以無酥故。如是文殊師利，眾生知有如來藏故，精勤持戒淨修梵行...復次文殊師利，若無如來藏者空修梵行，如窮劫鑽水終不得酥」[2]。

2 T120: 540.

5

此如油燈瓶內住
少分光明亦不見
如是煩惱瓶內住
法界故亦不能見

6

從其任何之一隅
寶瓶之上鑽孔洞
即從此隅之本身
光明自性即生起

【釋】：上來二頌，說法界雖為本具，卻因煩惱所障而不見，猶如瓶內之油燈。然而，若於瓶上如何一處鑽孔，內裏之油燈光明即自然從洞中透出。行者能穿破煩惱之網罩，本具之法界光明亦同樣自然生起。此如《大法鼓經》所言：「如瓶中燈焰，其明不現，於眾生無用。若壞去瓶，其光普炤。如是諸煩惱瓶，覆如來藏燈，相好莊嚴則不明淨，於眾生無用。若離一切諸煩惱藏，彼如來性煩惱永盡，相好照明施作佛事，如破瓶燈眾生受用」[3]。由此可見，乳酥喻所說為如來藏義，瓶燈喻所說，亦為如來藏義。餘喻不贅。

3 T270: 297.

7

於金剛喻定之時
是即能破彼寶瓶
於爾時際之虛空
窮盡邊際光明現

【釋】：所謂「金剛喻定」，即成佛前之三摩地，盡離煩惱分別而證果，是故已不是鑽破寶瓶而令光明從中透出之道上現證，而是整個寶瓶破掉，光明無礙遍照。是如《大乘莊嚴經論》所言：「修位二僧祇，最後得受職，入彼金剛定，破諸分別盡」[4]。

8

乎法界者為無生
抑且恆時為無滅
一切時無諸煩惱
初中後際都離垢

【釋】：此說法界體性，恆時無生、無滅。是故，有情經修習而現證法界，此「法界」亦非依修習力而新生，且法界亦不因有情之煩惱而壞滅。法界殆為行者內心之本性，一切煩惱則不過是幻起幻滅之客塵、無有自性，是故就有情心性而言，「初中後際都離垢」。

4 T1604: 226.

9

此如吠琉璃寶珠
於一切時光明現
然若置於礦石中
此光不復得顯明

10

如是雖受煩惱障
法界亦為極無垢
光明不於輪迴現
涅槃則成光顯明

【釋】：上來二頌，以礦石中之吠琉璃寶珠，比喻煩惱所障之法界。此中所說，同《寶性論釋．序分》所引《陀羅尼自在王經》（*Dhāraṇīśvararājasūtra*）之「不清淨大毘琉璃寶」喻，經中說有善巧寶師於摩尼寶山取得寶石，以嚴灰水、礬液、大藥汁等清洗，間以髮布、毛氎、細軟衣作揩摩，如是始離銅鐵礦垢，名為大毗琉璃摩尼寶。此喻說不淨有情本具「清淨種姓」及「如來性」，故如來以無常、苦、無我、不淨等教法，繼以空、無分別、離欲諸法，最後以清淨能所及諸行法門、三輪體空，令有情入如來界，使法界光明顯露。此頌說寶珠光明卻因置於礦石之中而不得明顯，而法界光明則因困於煩惱而不能見其光華。

11

若為具界而作業
所見轉成清淨金
若不具界而作業
唯有生起遍煩惱

【釋】：所謂「界」（dhātu），亦可譯作「性」，實語帶雙關。此既可指器世間之「大種」，如地大、火大、水大、風大等四大種，亦可專指「法界」或「真如本性」。是故，此頌之意，謂掘寶者唯可於藏有金界之地取得金，而經淨冶而成清淨金，否則一切所作皆徒勞無功，唯生煩惱。同理，若有情不具法界，則一切修持皆為徒勞，亦唯起煩惱。此例亦見於《寶性論釋‧序分》所引頌：「譬如礦中金，不淨即不現；於一切眾生，見佛亦如是」[5]。復次，上引《央掘魔羅經》亦有言：「復次文殊師利，如知山有金故鑿山求金而不鑿樹，以無金故。如是文殊師利，眾生知有如來藏故，精勤持戒淨修梵行，言我必當得成佛道」[6]。

12

此如米為殼裏蔽
是即非為所欲果
如是為煩惱遮蔽
是即不名為覺者

5 談錫永《寶性論梵本新譯》，頁31。

6 T120: 538.

13
此如脱離穀殼時
米即顯現成可見
如是離於煩惱時
法身殊勝光明現

【釋】：上來二頌，以米為殼裹蔽與米離穀殼兩種狀態，比喻為煩惱障蔽之有情與離煩惱而法身光明自然顯露的凡聖兩種境界。為煩惱遮蔽時即為凡夫，不名覺者，卻不等於說凡夫不具法身。此如稻米為穀殼裹蔽時，非為可作食用，然稻米固在，離殼時即為所欲果。此穀米之例，類如《如來藏經》之九例。《寶性論》亦有頌云：「果實為殼掩，無人能得食，凡欲食其實，先須去皮殼；有情如來藏，為煩惱所雜，不離煩惱染，三界不成佛；米埋未去殼，食之無滋味，法王住煩惱，有情無法味」[7]。

14
芭蕉樹中無有實
是以譬喻此世間
然而彼果之精華
以其甘甜故可食

7 談錫永《寶性論梵本新譯》，頁109。

15
從於輪迴無有實
若得脫離煩惱殼
彼果是即為精華
一切有情之甘露

【釋】：佛家傳統，以芭蕉樹比喻諸法無實。此如《雜阿含經》第265經所言：「諸比丘！譬如明目士夫，求堅固材，執持利斧，入於山林，見大芭蕉樹，𦢊直長大，即伐其根，斬截其峰，葉葉次剝，都無堅實，諦觀思惟分別。諦觀思惟分別時，無所有，無牢，無實，無有堅固。所以者何？以彼芭蕉無堅實故」[8]。以是之故，《月燈三昧經》（即《三摩地王經》）乃有頌云：「如濕芭蕉樹，人折求其堅，內外不得實，諸法亦復然」[9]。然而無實之芭蕉樹，其果甘甜，可作享用。如是，輪迴雖然無實，有情卻可從中證得脫離煩惱殼之證果。

以上六喻，第三世大寶法王（Karmapa III）自生金剛（Rang byung rdo rje, 1284-1339）的《法界讚釋》，說第一乳酥喻，所說之酥油乃指法界之本性，而牛乳則譬作雜染；第二瓶燈喻，所說之燈乃指本智，而罩燈之瓶則譬作所知障；第三吠琉璃寶珠喻，所說吠琉璃寶乃指大圓鏡智，而掩蔽寶石光華之礦石則譬為行者「心」（citta）；第四金界喻，所說之金乃

8 T99: 68.

9 T639: 557.

指平等性智，而地界則譬作為「意」（manas）；第五米穀喻，所說稻米乃指妙觀察智，而穀殼則譬作無明習氣；第六芭蕉喻，所說芭蕉果實乃指成所作智，而芭蕉樹則譬作執着及分別想。此說可作參考。

16

如是一切之種子
撒播此因生起果
具智者何可成立
無有種子而有果

17

種子亦即為界性
是為一切法所依
循次第而作淨治
即能成就佛果位

【釋】：上來以六喻說明如來藏義，今繼而說如來藏即成佛因。此義種子為喻，若無種子即無有果，是故種子可視為成果之因；同理，若無如來藏（或言本具法界），則一切淨治修持皆無可能成就佛果，是故如來藏可說為成佛之因。

18
日與月雖為無垢
五種障礙能掩蔽
如雲與煙以及霧
羅睺面及塵等等

19
如是心雖光明顯
五種障亦成掩蔽
貪慾與嗔及懈怠
以及掉舉與疑法

【釋】：日月無垢，卻可為雲、煙、霧、羅睺面及塵等五種障礙掩蔽。有情心性，亦本自光明，則為貪欲、嗔恚、懈怠、掉舉與疑法等所障蔽。此中日月所表，為行者之心性，本來無垢；五種障礙，貪欲如雲、嗔恚如煙、懈怠如霧、掉舉如羅睺面、疑法如塵。雲煙等皆為一時之掩蔽，非恆時與日月相俱，亦非具實自性，而障蔽心性光明之貪嗔等，亦僅為客塵。《增支部》所說：「心極光淨，而為客塵煩惱雜染」[10]即為此義。龍樹活躍於印度南部安達羅，亦即《勝鬘》結集之處、是故他取此心性本淨說，亦合乎史料與法義。

10 pabhassaram idaṃ bhikkhave cittaṃ tañ ca kho āgantukchi upakkilesehi upakkiliṭṭhan ti /

20

此即猶如火浣布
若具種種之污垢
如置之於火焰內
燒盡其垢而非布

21

如是心雖光明顯
而具貪欲等諸垢
本智火焚燒污垢
而非彼之淨光明

【釋】：此把「心性本淨，客塵所染」之見，納入修持而說。此所具例，為具種種污垢之火浣布（即石棉），經火焚燒，便能把污垢燒成灰燼，而火浣布則不為所燒，由是抖淨灰燼，布即清淨如新。行者依修習而現起本智，本智力用如火，盡焚貪嗔等垢障，卻不毀心性之本淨光明。

22

教授空性之契經
勝者如何作解說
止息彼等諸煩惱
而不於界作減損

【釋】：上頌所言之本智力，依「空性」教法而現起，此即

《中論》所謂之「空用」（śūnyatā-prayojana），其目標在於止息戲論及其所起之煩惱，卻不對法界作任何減損。若着空為見（dṛṣṭi），由是抉擇法界非法爾、非行者本具，是即為對法界之減損。

23

藏於深深地下水
如此住而無有垢
故煩惱中之本智
亦如是住而無垢

【釋】：經過頌18、19對心性的抉擇，頌20、21、22把抉擇納於觀修，於此即為對心性之決定，所具之清淨本智於煩惱中安住而無垢，猶如藏於深處之地下水，無論地面如何污染，仍住於地下而無垢。

24

以法界非為我故
既非為男亦非女
離於一切外境時
焉可建立說為我

25

於一切法無貪欲
不見為女或為男
然為調伏貪欲惱
演示般若於男女

【釋】：如是所說本具於雜染惱亂心中之本淨法界，不可執實為「我」（ātman）、亦不可立為「外境」，此離「似二顯現」；亦不可執為「男」為「女」，此離「名言顯現」。離於二取與名言，則無可建立自我。

行者本具之清淨法界，若不為貪欲等客塵所染，即不落二取名言等分別而執有外境為「男」或「女」等。然對於受貪欲所惱之有情，如來為調伏他們，則仍方便說有男女，隨順世間名言而施教。

26

所謂無常苦及空
能以此三淨治心
最殊勝之修心法
是為無有實自性

【釋】：上來已說無我，於此繼說無常、苦及空。無常、苦、空、無我，為「四諦十六行相」中之苦諦四相，於小乘部派佛教之修證，用於觀察輪迴有境之體性。然而此等觀修，僅為淨治自心雜染之方便。最殊勝之修心法，則為現觀諸法無自性，亦即離一切戲論分別以直觀諸法。

27

此如孕婦腹中兒
雖為有卻不可見
如是煩惱覆障時
法界亦不可得見

【釋】：此即《如來藏經》所舉的如來藏九喻中貧醜婦人懷轉輪王胎之喻。

28

我與我所之分別
皆由名想為其因
由此生起四分別
輾轉生起復生起

【釋】：一切有關我與我所之分別，悉由「名想」而建立。所謂「名想」，即是名言分別；由此更生起的，就是「四分別」，此為：以無我為我，以無常為常、以苦為樂、以空為實有。復由此乃有輪迴受生。

29

一切佛陀之願力
無顯現亦無性相
各各自證之相應
諸佛恆常之法性

【釋】：諸佛得證恆常法性，以其願力無有上來所言之「我與我所」顯現，亦無分別為其性相故。由得捨離名想與分別，乃可與各各之自證相應，證入法爾清淨之法界。以其體性法爾，是故恆常，非待緣具而生起、緣散而壞滅。

30

此如兔子頭上角
唯是分別實無有
如是一切法亦然
唯是假立而成有

【釋】：「三自性」（trisvabhāva）非瑜伽行派的一家之言，而是《般若經》的教法。於《二萬五千頌般若》（*Pañcaviṃśatisāhasrikāprajnāpāramitāsūtra*）的第72章（亦即所謂「彌勒所問章」*Byams shus kyi le'u*）中，有云：「彌勒當知，遍計執色，是名無體。諸分別色中，當知有體，以諸分別是有體故，非自在生。諸法性色，當知非有體、非無體，是由勝義之所顯故」[11]。此即「三自性」說之根據，而「遍計色」（parikalpitaṃ rūpam）、「分別色」（vikalpitaṃ rūpam）與「法性色」（dharmatā rūpam），亦即《解深密經》及瑜伽行派所言之「遍計自性」（parikalpita svabhāva）、「依他自性」（paratantra svabhāva）和「圓成自性」（pariniṣpanna svabhāva）。

此頌所說，即是「遍計」義。兔子無角，唯由名想計度而成有。凡夫遍計之一切法，亦如兔角，唯由名想假立而成有。

11 此依法尊法師譯，見其《西藏教義編集(二)》，台北：大乘出版社，頁260。梵本原作：yan maitreya parikalpitaṃ rūpaṃ idaṃ adravyaṃ draṣṭavyaṃ/ yad vikalpitaṃ rūpaṃ sadravyatāṃ upādāya sadravyaṃ draṣṭavyaṃ na tu svatantra vṛttitaḥ/ yat dharmatā rūpan tan naivādravyaṃ na sadravyaṃ paramārtha probhāvitaṃ draṣṭavyaṃ// 見Ian Harris, *The Continutiy of Madhyamaka and Yogācāra in Indian Mahāyāna Buddhism*, 頁104。

31

由極微塵之體性
黃牛之角亦無有
如過去故亦未來
於此何所作分別

【釋】：此頌所說，則為「依他」義，亦即分別義。

兔角為子虛烏有，唯依計度而成立，是故不許為實有；然而，對於眼前現見、可觸可聞之事，如牛角，亦不許為實有，此如「牛角」，只是極微之假合，非有實體；即使極微，亦非實有。是故牛角乃依於極微為緣而成有，是為「外緣起」。復次，於行者心所起之「牛角」概念，亦即對極微假合成立之現象而認知為「牛角」，則為皆依於分別而成立，是為「內緣起」。如是即為兩重「依他」義，其中以後者亦涉「分別」義，故較前者深入。

內外兩重緣起，見《楞伽經》：「世尊答言：此有兩種緣起，一切法以此而成存在，謂外與內。大慧，外者，謂由泥團、木桿、陶輪、繩線、水及人工等諸緣和合以成瓶。即如此瓶由泥團造，片布由線、草蓆由香草、種芽由種子、乳酪由人工搖酸乳，故即如是，大慧，屬於外緣之一切法，一一相續成就現起。至於內緣，大慧，此如無明、愛、行等，構成我等（所說）緣起法，由此而生，大慧，即有蘊處界顯現。此等非成別別，唯由凡愚分別而成別別。」[12]

12 見談錫永譯《入楞伽經梵本新譯》，頁80。

32

此由能依而生起
復由能依而壞滅
此如無一為實有
愚者焉可得了悟

【釋】：愚者難以理解無一法為實有，以彼不了知如來所說「此有故彼有，此生故彼生」、「此無故彼無，此滅故彼滅」之緣起義。

33

以兔牛角為譬喻
此如如來種種法
悉以成立為中道

【釋】：此頌於藏譯本為三句。

兔角喻與牛角喻，出自《楞伽》。此說由此二喻成立中道，是即《楞伽》所言：「離於有與非有者，更不作兔無角想，以相對故，彼不想兔無角；亦不作牛有角想，以觀察牛角，至極微亦不可得，故無究竟實法。如是即聖智現證境界，離有與無」[13]。經中所言，謂由「角想」而生分別，由是執兔無角、牛有角為「實相」。如來建立的種種法，悉為引導行者離於「角想」、離於有無二見，究竟離於戲論

13 見談錫永譯《入楞伽經梵本新譯》，頁56。

分別，由是現證中道。

離於兔角、牛角想，亦可說為即超越遍計自性與依他自性，而悟入圓成自性。

34

此如日月星之色
於淨器皿之水中
觀見所成色影像
恰如彼圓滿性相

【釋】：智者見一切法空，悉由緣起而有，如《維摩經》所言：「譬如幻師見所幻人，菩薩觀眾生為若此，如智者見水中月、如鏡中見其面像、如熱時焰、如呼聲響、如空中雲、如水聚沫、如水上泡、如芭蕉堅、如電久住、如第五天、如第六陰、如第七情、如十三入、入十九界。菩薩觀眾生為若此」[14]，是即一切法雖顯現而不見為實有，恰如見日月星映於淨水。以智者如其本性而見諸法，是故照見的即為圓滿性相。亦可以說，智者離於遍計自性與依他自性而觀照諸法，所見者即為圓成自性。

14 T475: 547.

35

初中後際之善德
無欺誑抑且堅固
凡諸如彼悉無我
云何成立我我所

【釋】：如來法身功德（「善德」），不論於凡夫（「初際」）、道上行人與菩薩（「中際」）以及圓證正等正覺之佛陀（「後際」），皆無顛倒（「無欺誑」）且無變異（「堅固」），以其法爾且無為故。如來法身與法身功德，即是法界，上來已決定為「無我」。既然「無我」，何來可成立我與我所？法界中一切法，能成顯現而非實有，此即法界之「善德」。若依圓成自性觀照諸法，則不落於依他（「我所」）與遍計（「我」）。

36

是即猶如春時水
是可説之為溫暖
然而彼於寒天時
則可説其為寒冷

37

若為煩惱網遮蔽
是可説之為有情
然而彼離煩惱時
則可説其為佛陀

【釋】：同樣之水，春天時說為暖、冬天時則說為冷；同理，同樣之如來藏，受煩惱障蔽時說為有情、離煩惱時則說為佛陀。此說有情本具法界（如來藏）受障與離障之分位差別。

如是上來諸頌，已抉擇本淨法界如來藏之體性。下來即依此體性而說觀修。

38

當依於眼以及色
無垢顯現即生起
從於無生及無滅
是可善覺知法界

【釋】：眼根緣色境而生起眼識，此所見色，若離於名想分別，則色雖顯現而不對之作增益或減損而謂有「生」有「滅」，但如其本性而見，由是觀見的即是「無垢顯現」、「無生及無滅」，是即如論主於《中論》歸敬頌所言之「善滅諸戲論」、「不生亦不滅」。如是由眼觀色以作觀修，即可善覺知法界。

於實際觀修而言，此即「無所緣而緣」，亦如《金剛經》所言「應無所住而生其心」，由此所觀見的，是為「現空雙運」的境界，行者即由此悟入法界。下來所說耳、鼻、舌、身、意等識之觀修，亦同此義。

39

當依於耳以及聲
三種清淨之覺知
法界無有其性相
以具分別故成聽

【釋】：耳所聞聲，若離於名想分別，即離生、住、滅而覺知，而法界本亦無有生、住、滅之性相，是故離此分別性相之覺知乃名為「三種清淨」，而落於分別則分別所聽之聲具實有之生、住、滅。

40

嗅者依於鼻與香
是為無色之譬喻
如是若依於鼻識
即對法界作分別

【釋】：鼻所嗅香，而香則無有形色。然若依於鼻識之了別（明分）而對香作增損或標籤，是即為對法界作分別。

41

舌之自性為空性
且亦遠離於味界
以法界自性而言
此中無有識住處

【釋】：舌之自性，與眼、耳、鼻、身、意等其餘五根一樣，都為空性。就舌而言，其自性亦不為味覺境界所染；所生起之味界，亦如色界、聲界等一樣，為「現空雙運」的境界，是亦即為法界自性，當中無有雜染識之住處。無所住而生其心，則從舌識生起味界，亦可悟入本淨法界。

42

由清淨身之自性
以及觸緣之性相
若可離於一切緣
是即可名為法界

【釋】：清淨身之自性即空性，由身緣觸而起之覺受，若離於能緣所緣之二取、冷暖硬軟之名言等，即離於一切攀緣，是即悟入法界。

43

種種法以意為本
遠離分別與伺察
諸法悉無有自性
是即觀修為法界

【釋】：色聲等一切法，悉以意識為本。意識若落於分別與伺察，即執諸色聲等法為實有；若離於分別與伺察，則如諸法之本性而覺，是即無有自性。如上所言，此即為觀修法界，亦即觀修本具之清淨心性。

44

於見與聞以及嗅
於嚐與觸及諸法
瑜伽行者如是知
所具性相悉圓滿

【釋】：對於色、聲、香、味、觸、法，行者若如實而見、聞、嗅、嚐、觸、覺，是能圓滿而覺知其性相。此所悟入的，即是圓成自性、即是法界體性。以此清淨境界為行者本具，是故所悟入的，亦為如來藏。

45

眼處耳處鼻處等
舌處身處如是意
種種六處皆清淨
此即真實之本性

【釋】：「處」（āyatana）的本義為「生」，即指由六根緣六境所起之六識。頌說所生起之六種識，自性皆為清淨，亦為真實之本性。此為大乘教法與小乘教法的根本差異：小乘以捨輪迴而取涅槃為道，且以六處為不清淨，故需作意捨離，入滅受想定以求清淨；大乘則抉擇輪涅無二、煩惱即菩提，是故不作取捨、無有希疑，如實現觀諸法實相，直證六處悉為「現空」境界，是即如如實相之本性。

46

觀見心性有二種
即世間及出世間
執為我即成輪迴
各各自證此真實

【釋】：由上來所言，可知心性其實有兩面：落於戲論分別、落於名想取着、落於自我執實的，即受困於輪迴的世間心性；若能各各自證心性顯現之真實，離諸戲論妄執而現觀諸法為「現空雙運」，「色即是空、空即是色；色不異空、空不異色」，是即為出世間心性。

47

貪欲盡時即涅槃
嗔與癡盡此亦然
彼等滅時即為佛
一切有情之皈依

【釋】：「涅槃」的字義，即是「滅盡」。貪、嗔、癡三毒盡時，即是涅槃境界。然此非如小乘之作意捨離以求三毒盡。大乘法教之「盡」，乃指「無捨離而盡」、「無捨離而捨離」，非有功用於取捨。有關此「盡」義，詳見談錫永演示之《無邊莊嚴會密意》。

能離諸戲論、不落分別而現見緣起諸法，即是「現空」境界，亦即無功用而得貪、嗔、癡盡的涅槃境界，是為一切有情之皈依。

48

了知以及無了知
一切皆從於此身
受縛於自諸分別
由知我性得解脫

【釋】：凡夫由虛妄分別而自縛、由離分別而解脫。由離分別，即可了知「我」之本性，亦即此身本具法爾清淨之法界（如來藏）。《入無分別總持經》述說之次第離分別，所說即由盡離分別而令本具法界顯露之過程。「由知我性得解脫」，乃指由了知離於自我、戲論之本淨法界，而得解脫。此亦即重申，心性可有二種：執着自我、戲論、貪嗔癡等，為世間心性，對此身之「我性」無所了知，故受縛於輪迴；能自證真實、得貪嗔癡盡時，為出世間心性，本淨法界此「我性」自然顯露，故得涅槃解脫。

49

菩提非遠亦非近
抑且非去亦非來
於此煩惱牢籠中
或觀見或不觀見

【釋】：菩提非遠，以此身之雜染心已本具故；菩提非近，以心之分別與雜染可成重重障蔽。此外，有情心識無論如何污染，菩提亦未曾離去；行者經觀修淨治自心，菩提亦非新來。凡夫受困於煩惱牢籠，與如來之差別，唯是觀見菩提與不觀見菩提而已，亦即上頌所言了知與無了知之別。

50

若然住於般若燈
能得最勝之寂靜
應思擇我而安住
是為經藏之所宣

【釋】：觀見菩提之道，為安住於般若燈照亮之自心，而得最殊勝之寂靜。此為經藏教法所言，由思擇「我」而得安住於法界。

51

十力加持諸童蒙
加持如上娥眉月
具煩惱之諸有情
不能觀見於如來

【釋】：有關如來十力，可參《大寶積經・無邊莊嚴會》中之《出離陀羅尼品》，文繁不贅。《瑜伽師地論》卷四十九有總結云：「云何如來十力？一者、處非處智力，二者、自業智力，三者、靜慮解脫等持等至智力，四者、根勝劣智力，五者、種種勝解智力，六者、種種界智力，七者、遍趣行智力，八者、宿住隨念智力，九者、死生智力，十者、漏盡智力。如是十種如來智力，當知廣如十力經說」[15]。

所謂「十力」，就是十種智力，亦即十種如來法身功德。依如來藏思想，十力為一切有情本具，然受客塵覆障而不顯。所謂「十力加持諸童蒙」，即是由上來所說離分別之次第觀修而令十種本具之智力漸漸顯露，雖則於童蒙而言，此顯露僅如上娥眉月之少。然而被煩惱垢障之有情，以住於名想分別等故，完全不能觀見如來，猶如《大乘莊嚴經論．菩提品》所言：「譬如水器壞，月像不現前，如是眾生過，佛像亦不現」[16]。

此頌法義，亦如《楞伽》所言：「大慧，於住殊勝處時，菩薩摩訶薩將見大乘中之所建立及其出生，以十力增上，隨宜應化，與如性相應而說法，且善知有情根器。諸法之如性者，為無變異真實性，無來亦無去，息滅諸戲論，是名為真性」[17]。

52

此如所有餓鬼眾
見大海猶如旱地
如是受無名蓋覆
由是妄計無諸佛

15 T1579: 569.

16 T1604: 603.

17 談錫永《入楞伽經梵本新譯》，頁169。

【釋】：餓鬼因其業障，見大海如旱地；受無明覆障者，亦同樣不見諸佛而妄計為無。

53

下劣福德下劣眾
世尊亦有何可作
此如置殊勝珍寶
於生盲者之手中

【釋】：對於福德下劣之眾，世尊亦無可奈何，殊勝教法於彼而言，猶如置珍寶於生盲者之手。有情本具之法界（如來藏），為下劣眾所減損和遮撥，亦如生盲擎珍寶於手上，卻妄言為枯石。

54

積集福德諸有情
具有吉祥光明耀
三十二相光熾盛
佛陀住於彼跟前

【釋】：至於具福有情眾，則可現見具足三十二相之如來色身，光明熾盛。然所謂見如來現前，不過表義而已，其理實指具福有情經觀修而令本具之法界光明顯露，如《寶性論》所言：「同理諸有情，見無垢信等，於彼心影像，能見佛示現；... 然此佛影像，無分別無心，諸世間示現，卻具大義利；凡夫縱不知，佛乃心影像，以見佛色身，亦能得滋長；次後依此見，而入於大乘，漸開智慧眼，見內妙法身」[18]。

55
彼等怙主之色身
已然安住諸多劫
然為調伏化機故
即此界而成差別

【釋】：如來色身大悲調伏應機者，亦如《寶性論》所言：「此即如牟尼，其法身無動，於諸具福者，任運現化身」[19]，復言：「佛日恆時悉周遍，遍於法界若虛空，光華先射受化眾，依彼德行喻為山；大日千光照世間，依次照山高中低，勝者之日亦如是，先照菩薩後有情」[20]。此說能仁（牟尼）恆時利益有情，實無分別且無作，唯任運依應機者而化現，由是而似有差別。

56
決定了知心所緣
由此令覺知趣入
各各自證若清淨
諸地自性我安住

18 談錫永《寶性論梵本新譯》，頁162。
19 談錫永《寶性論梵本新譯》，頁168。
20 談錫永《寶性論梵本新譯》，頁170。

【釋】：此頌及下來四頌，為漢譯本《讚法界頌》所無。

「心所緣」者，指上來所說之「六處」，由六識所緣而令覺知趣入，並自證其清淨本性。如是深入，即是通往安住菩薩各地之道。

57

大自在天勝住處
莊嚴之色究竟天
以及心識此三者
我說可合而為一

【釋】：有關「色究竟天」，佛典中有不同解釋。龍青巴尊者之《十方除暗》（*Phyogs bcu mun sel*），總結「色究竟天」之種種義，其中即有提及色究竟天為金剛持之剎土，亦即法身佛之智境；此外，「色究竟天」亦說為「法界」之同義詞。至於「大自在天」，亦有多種說法，既可指外道信仰創造一切萬物之神祇，亦有說為即為波旬，但也有大乘法典說其為住於淨居天之十地菩薩。

此頌出自《楞伽》，經中《現證品》有偈頌云：「自現證與極清淨，此即是為我之地，此亦大自在天界，色究竟天光閃耀；光輝熾焰如火聚，具足明麗種種色，是能悅意且清涼，吉祥化現此三界」[21]。大乘法教，視「大自在天」為十地之現證，而「色

21 談錫永《入楞伽經梵本新譯》，頁185。

究竟天」則指法界，是故《楞伽》偈頌說言「**自現證**」即指大自在天、「**極清淨**」即指色究竟天，而「**我之地**」當即心識。此三者可合為一，即謂凡夫雜染心識、菩薩證智與如來正等正覺三者，可合為一。

58

遍知一切諸愚蒙
聖者內之各種性
大自在天無量壽
何者而為劫壽因

【釋】：能將凡夫心識、菩薩證智與本淨法界合而為一，即究竟現證如來藏，是能遍知輪迴涅槃。然則，對於大自在天界之無量壽，何者而為其因？

59

外界有情之賢者
無可計量劫波中
云何而能作守護
一切有情住其命
彼即無窮盡之因

【釋】：此頌於藏譯本為五句。

有情之命無有窮盡（akṣara），是為歷劫守護有情之因。此中所說，亦即「生機」之義。此生機遍輪涅二界而無窮盡。

60

明亮果不窮盡者
由無顯現之分別
為般若故而善入

【釋】：此頌於藏譯本為三句。

「不窮盡」之證果（「明亮果」），即輪湼無二之現證，亦即對「法界」之現證。此現證由體悟「無顯現之分別」之般若而悟入，亦即由觀修「無所緣而緣」以悟入。

61

不思菩提於遠方
然亦不作思為近
六所緣境無顯現
如是即為見真實

【釋】：上來頌49已言：「菩提非遠亦非近，抑且非去亦非來」，此處重申「不思菩提於遠方，然亦不作思為近」，即為決定；「六所緣境無顯現」亦為行者觀修「無所緣而緣」之決定。能證悟至此，始為現見真實。

62

此如牛乳混於水
而皆同處一器皿
鵝唯飲用其牛乳
水則依然如是住

63

如是煩惱障本智
而皆同住於一身
瑜伽行者唯取智
而於無明作捨棄

【釋】：頌言「ngang pa」，可譯為「鵝」，亦可譯為「鸛」，據說若把牛乳混水而置一器皿讓其飲用，彼能但飲其牛乳而濾出餘水。此說出自《正法念處經》，經言：「譬如水乳同置一器，鵝王飲之，但飲乳汁，其水猶存」[22]。以此為例，行者之觀修，即對自身如是決定：本具法界（本智）雖為煩惱所障，卻唯取其本智而遺無明煩惱，如是不為所障。

64

執持我與我所時
由是妄計諸外有
若能觀見二無我
是即能滅有種子

22 T721: 379.

【釋】：凡夫遍計外境為有，以執持我與我所故。執持「我」，成「人我執」；執持「我所」，則可成「法我執」。若能觀見人法二無我，即能滅除三有種子。

65

是故佛陀之涅槃
清淨恆常善之基
童蒙假立而為二
瑜伽行者住無二

【釋】：佛陀現證之涅槃，為清淨、恆常、善法之基，以所證即如來法身，而常、樂、我、淨為法身功德故。法身周遍而唯一，童蒙卻依戲論而假立輪涅為「二」，故瑜伽行者之觀修，即以住於「無二」為要，故亦不住輪迴、不住涅槃，是為「無住涅槃」。

66

種種難行之布施
攝受有情之戒律
利益有情之安忍
依此三者界增長

67

精進於一切教法
心得趣入於禪定
恆常堅固般若智
此亦令菩提增長

68

具有方便之般若
且發願極為清淨
力則決定住本智
令界增長之四法

【釋】：上來三頌說十波羅蜜多：布施、持戒、安忍、精進、禪定、般若、方便、願、力、智。《華嚴經》釋此云：「是菩薩於念念中。具足十波羅蜜。及十地行。何以故。是菩薩。於念念中。大悲為首。修習佛法。一切迴向大智慧故。十波羅蜜者。菩薩以求佛道所修善根。與一切眾生。是檀波羅蜜。能滅一切煩惱熱。是尸波羅蜜。慈悲為首。於一切眾生。心無所傷。是羼提波羅蜜。求善根無厭足。是毘梨耶波羅蜜。修道心不散。常向一切智。是禪波羅蜜。忍諸法不生門。是般若波羅蜜能起無量智門。是方便波羅蜜。求轉勝智慧。是願波羅蜜。諸魔外道不能沮壞。是力波羅蜜。於一切法相如實說。是智波羅蜜。如是念念中。具足十波羅蜜。是菩薩具足十波羅蜜時」[23]。

此中可留意的是，所謂「界增長」，乃指增長本具法界之顯露；「菩提增長」，乃指增長對法界之證覺。

23 T237: 561.

69

所謂不敬菩提心
此說實為下劣說
倘諸菩薩不成就
即法身亦不現起

70

若壞甘蔗之種子
而欲得嚐蔗糖味
然則既無甘蔗種
蔗糖亦無可現起

【釋】：唯下劣之大乘行者，始會對菩提心不敬，如是即不能成為菩薩。若菩薩位不能成就，則無可現起無垢法身之圓滿證智。此如欲嘗蔗糖滋味者，卻不重視甘蔗種而作毀壞，則無甘蔗可長成，由是亦無蔗糖可得。

此以甘蔗種比喻菩提心、甘蔗比喻菩薩、蔗糖比喻法身。

71

若能守護甘蔗種
近處種植而得成
甘蔗以及種種糖
由此而可得生起

72

善加守護菩提心
近處安住而得成
聲聞緣覺以及佛
皆由此生而現起

【釋】：若能善加守護甘蔗種，並作培植，如是始得甘蔗長成及蔗糖；同理，若行者對菩提心善加守護且長養，種種證果皆由是生起。

73

此即猶如彼田家
守護稻穀種子等
如是信受妙乘者
導師亦悉作守護

【釋】：行者珍重一己之菩提心，至於導師則亦應對信受之學人善加守護，猶如田家之守護稻穀種子等。

74

此如十四下弦時
唯見微少之月光
如是信受妙乘者
現見微少之佛身

【釋】：下弦第十四日，即陰曆下半月之第十四日，也就是每月之二十九日，是為月球受地球影蔽最多、色最微少之時。此頌比喻初入門之信受大乘教法者，雖本具法身卻因煩惱障蔽，是故對本來清淨之法身（如來藏）僅有極微少之現證。

75

此即有如初月時
見其刹那刹那增
如是於諸入地者
次第次第而增長

【釋】：初月之時，即是上弦的首幾天，是時月球漸漸離開地球的陰影，而月色即漸漸增長。此頌以此比喻登入初地、二地等菩薩，對本具法身的現證得次第增長。

76

此如上弦十五時
此際月亮極圓滿
如是道地究竟時
法身明澈且圓滿

【釋】：上弦十五，即是月圓之時。此頌比喻究竟成佛之際，如來藏究竟離諸垢障，是故本具法身光明澄澈而圓滿。月亮本來即光輝圓滿，因受影蔽之故而現月缺；凡夫亦因煩惱分別障蔽而令本來光明澄澈之法身不顯露。

是故，各地菩薩之所修，即是離法身分別之過程。上來三頌之月喻，出自《寶雲經》（*Ratnamegha-sūtra*），經言：「菩薩身摩尼珠，及如來身摩尼之珠，雖復同是清淨法身，菩薩法身於如來身，畢竟清淨不可為比。所以者何？如來身者不可限量，齊眾生界徹虛空界遍照而住。何以故？最極清淨遠離一切諸塵垢故。而菩薩身摩尼珠明徹不爾。何以故？有餘垢故。善男子，譬如初月其光始顯漸漸增長，至十五日方乃圓明，俱得月名，而此初月，不可比於十五日夜。何以故？得法爾故。諸佛菩薩雖復同得法身之名，而菩薩身於如來身，光明遍照不可為比」[24]。

77

於佛與法以及僧
勝解恆常及堅固
唯於發起清淨心
屢次現起不退轉

【釋】：上來頌74至76決定菩提心體性，於此則強調發心之重要。行者唯有屢屢發起清淨菩提心，始能勝解佛法僧三寶之恆常堅固而不退轉。

24 T569: 264.

78

若能把黑基斷除
即能善守持白法
爾時乃可了悟彼
是即名為歡喜地

【釋】：下來十頌，各說菩薩十地之證德。依據論主於《寶鬘論》（*Ratnāvalī*, 即漢譯《寶行王正論》[25]）的說法，十地之現證可配合十波羅蜜多以理解。本釋依之，以此正合上來頌66及67所言。

於此先說初地，即「歡喜地」。頌言「黑基」，指具虛妄分別之雜染法；「白法」，指離諸戲論分別之清淨法性。捨離「法」而依得「法性」，於瑜珈行派稱之為「轉依」，是為觸證真如，即菩薩初地之現證。

《寶鬘論》云：「初地名歡喜，於中喜希有，由三結滅盡，及生在佛家，因此地果報，現前修施度，於百佛世界，不動得自在，於剡浮等洲，為大轉輪王，於世間恆轉，寶輪及法輪」，當中說以修持布施波羅蜜多為主以令「三結滅盡」，即是斷除黑基；而「生在佛家」，即是守持白法。所得之歡喜，為了悟本具清淨之歡喜。

25 下來所引，依真諦譯《寶行王正論》，T1656: 503-504。

79

種種貪欲等所染
恆常而具諸垢染
若能清淨離瑕垢
是即名為離垢地

【釋】：此說二地，即「離垢地」。《寶鬘論》云：「第二名無垢，身口意等業，十種皆清淨，自性得自在，因此地果報，現前修戒度，於千佛世界，不動得自在，仙人天帝釋，能除天愛欲，天魔及外道，皆所不能動」，依止持戒波羅蜜多而得離垢清淨。所離之垢，為覆障如來藏之客塵煩惱。

80

若能滅除煩惱網
無垢般若極明耀
清淨無量之黑暗
能除滅故名發光

【釋】：此說三地，即「發光地」。《寶鬘論》云：「第三名明焰，寂慧光明生，由定及神通，欲瞋惑滅故，因此地果報，現前修忍辱，於萬佛世界，不動得自在，作夜摩天帝，滅身見習氣，一切邪師執，能破能正教」，謂依止安忍波羅蜜多，由戒生定、由定生慧，如是現起無垢般若光明而滅貪嗔癡煩惱之黑暗，故名「發光」。

81

恆常清淨光明耀
捨離種種之散亂
本智光明極圍繞
故願證得焰慧地

【釋】：此說四地，即「焰慧地」。《寶鬘論》云：「第四名燒然，智火光焰生，因此地果報，精進度現前，多修習道品，為滅惑生道，兜率陀天主，除外道見戒，由得生自在，於十方佛土，往還無障礙，餘義如前地」，即由依止精進波羅蜜多而令三地證得之清淨本智更為光明閃耀，猶如智火，故名「焰慧」。

82

明以及工巧技藝
種種形式之禪定
煩惱極難作淨治
是即名為難勝地

【釋】：此說五地，即「難勝地」。《寶鬘論》云：「第五名難勝，魔二乘不及，聖諦微細義，證見所生故，因此地果報，定度得現前，為化樂天主，迴二乘向大」，即由依止禪定般若蜜多，對於魔與二乘不能超越之世間種種明及工巧技藝等諸極難煩惱，皆得以淨治，故名「難勝」。

83

由彼三種之菩提
攝受圓滿之一切
窮盡生起及壞滅
是即名為現前地

【釋】：此說六地，即「現前地」。「三種菩提」，指聲聞、緣覺、菩薩三種證覺，攝涅槃界之證智；「圓滿之一切」，則攝輪迴界之種種。《寶鬘論》云：「第六名現前，正向佛法故，由數習定慧，證得滅圓滿，因此地果報，般若度現前，他化自在天，能教真俗諦」，謂由依止般若波羅蜜多，於輪涅二界皆窮盡「生」、「滅」等戲論，圓滿證得戲論之寂息，令般若現前。

84

恆常光明遊戲網
由是而成莊嚴輪
渡過輪迴海泥濘
是即名為遠行地

【釋】：此說七地，即「遠行地」。《寶鬘論》云：「第七名遠行，遠行數相續，於中念念得，無生及無滅，因此地果報，方便智現前，得為大梵王，能通第一義，證方便勝智，六度生無間，於三乘世俗，為最第一師」，謂由依止方便波羅蜜多所現起之恆常光明遊戲網，而得渡過輪迴苦海之泥濘，由是通達第一義，故名「遠行」。

85

佛陀決定護持此
而得入於本智海
任運且離諸功用
是為魔眷所不動

【釋】：此說八地，即「不動地」。《寶鬘論》云：「童子地不動，由不出真觀，無分別難思，非身口意境，因此地果報，願度常現前，勝遍光梵主，淨土等自在，二乘等不及，於真俗一義，俱修動靜故，行二利無間」，謂依止願波羅蜜多，住於無分別智境而不為身口意之雜染所惱亂動搖，且因寂息戲論分別，故行持自在、任運而離諸功用，故名「不動」。

86

諸說法者之漫談
一切別別正知見
瑜伽行者達究竟
願能證得善慧地

【釋】：此說九地，即「善慧地」。《寶鬘論》云：「第九名善慧，法王太子位，此中智最勝，由通達四辯，因此地果報，力度常現前，為遍淨梵王，四答難無等」，謂由依止力波羅蜜多，而對各各次第之佛法皆通達究竟，由是而得辯才無礙，故名「善慧」。

87

此身即本智自性
等同虛空離垢染
一切諸佛之受持
周遍生起成法雲

【釋】：此說十地，即「法雲地」。《寶鬘論》云：「第十名法雲，能雨正法雨，佛光水灌身，受佛灌頂位，因此地果報，智度常現前，為淨居梵王，大自在天王，智慧境難思，諸佛祕密藏，得具足自在，後生補處位」，謂由依止智波羅蜜多，成就本智自性身，是為諸佛之秘密藏，猶如虛空而離垢染，且由其法爾之大悲功德，自周遍之法雲為有情降下正法甘露雨，故名「法雲」。

88

一切佛法之住處
圓滿受持之行果
當能住於轉依時
是即說之名法身

【釋】：此說究竟轉依（niṣṭhāśrayapaṛivrtti），而非證入初地、觸證真如之轉依。此為本具法身之圓滿顯露，是說為一切佛法之住處，以「法身」（dharmakāya）一詞之文意，即是對「佛法」（dharma）之「攝持」（kāya，即「身」）故。此為圓滿受持佛法之究竟行果。

89

習氣解脫不可思
輪迴習氣則可思
汝為遍不可思議
何者具力能知汝

90

超過一切語行境
亦非諸根之行境
心思所應通達者
何所合宜即讚禮

【釋】：上來二頌，讚禮法界之不可思議、超過言說之行境。此為習氣解脫之境界，非依諸根習氣之行境可知，是為行者應當通達之證智境。

91

由次第理趣而入
諸大名稱之佛子
依其所證法雲智
而得現見法性空

【釋】：「佛子」指菩薩，「大名稱之佛子」即為菩薩摩訶薩。彼等悉依次第修學和現證之理趣，漸次證得初地以至十地。由十地所證之法雲智，是能無作現見本來如是之法性空。

92

爾時心已極洗滌
輪迴牢籠已超過
由是得住殊勝位
是為大蓮花自性

93

於諸珍寶花瓣光
具有願求之花蕊
臆彼蓮花億萬千
圓滿圍繞諸一切

【釋】：上來二頌，讚嘆十地菩薩之證智境。菩薩次第證入本智，已得心性洗滌淨盡，超過輪迴牢籠的束縛。此時住入之殊勝位，於《十地經》說為「一切智智殊勝灌頂大三摩地」，是時有大寶蓮花現前，以蓮花表徵出淤泥而不染、極為清淨卻亦不捨淤泥，是為不捨世間而出世間之表義。

此蓮花寶座，以諸般珍寶為花瓣、其花蕊則表義行者願得之證果；如此大寶蓮花座，為億萬蓮花周匝圍繞。是如《十地經》所言：「此菩薩乃至百萬阿僧企耶三摩地後，名一切智智殊勝灌頂大三摩地而現在前。此三摩地纔現前時，有大寶王蓮花出現，其花量等百萬三千大千世界，以眾妙寶間錯莊嚴，超過一切世間境界，出世善根之所生起、如幻自性境界所成。依善成立法界影現，非諸天處之所能有。摩訶吠琉璃摩尼寶為莖，無比旃檀王以為其臺，碼瑙為鬚，閻浮檀金為葉，無量光明以眾名花之所晃耀。一切妙寶廁填其藏，以無邊際寶網彌覆，以滿百萬三千大千世界微塵數蓮花而為眷屬。爾時菩薩身相姝妙，與其蓮花正等相稱，即此菩薩一切智智殊勝灌頂大三摩地現在前故，示坐寶王蓮花座上。菩薩適坐於此座已，其大寶王蓮花妙座，所有若干蓮花眷屬亦有爾所菩薩眷屬來坐其上，周匝圍遶此大菩薩，恭敬瞻仰大菩薩身，一一菩薩各得百萬諸三摩地。是大菩薩并其眷屬，一切菩薩適入定時，一切世界咸大震動，一切惡趣皆悉休息，光明遍照一切法界，一切世界周遍嚴淨。諸佛剎中所有言音此皆得聞，所有一切同行菩薩靡不來集，一切世間人天音樂同時發聲，一切有情悉得安樂，一切諸佛正等覺前，不可思議供養承事同時而轉，十方一切諸佛眾會，皆有證知」[26]。

26 T287: 568.

94

從於十力之圓滿
真實無畏之飽足
不可思議之佛法
離戲論而無退轉

【釋】：此讚菩薩圓滿證得之法身功德，即十力、四無畏、十八不共法。上來已說十力。所謂「四無畏」，指正等覺無畏、漏永盡無畏、說障法無畏、說出道無畏。至於「十八不共法」，包括身無失、口無失、意無失、無不定心、無異想心、無不知捨心、欲無減、念無減、精進無減、智慧無減、解脫無減、解脫知見無減、身業隨智慧行、口業隨智慧行、意業隨智慧行、知過去無礙、知未來無礙、知現在無礙。《寶性論》說十力如金剛杵、四無畏如獅子王、十八不共法如虛空，可作參考。

95

由諸種種善行業
福德本智極積集
猶如眾星於滿月
種種形式而環抱

【釋】：此說三十二大人相，為福德圓滿之身相，故為轉輪王與佛陀所具之特徵。三十二相者，為足安平、足下相輪、手足網縵、手足柔軟、手足指纖、足跟充滿、鹿膊腸、鈎鎖骨、陰馬藏、平立垂手過膝、一一孔一毛生、毛生右旋、身黃金色、皮膚細軟、兩肩齊亭、胸有萬字、身長倍人、七處平滿、身長廣等、頰車如師子、胸膺方整如師子、口四十齒、方整齊平、齒密無間、齒白鮮明、咽喉清淨、廣長舌、梵音清徹、眼紺青色、眼如牛王、眉間白毫柔軟細澤、頂有肉髻。如是圓滿德相，得清淨眷屬圍繞，猶如眾星簇擁明月。《寶性論》亦有偈頌以水月比喻三十二相：「恰如秋月碧天際，人望清池能見月，如是佛子於壇城，能見自在者示現」[27]。

96

於彼佛陀大日手
無垢珍寶光熾盛
為諸長子作灌頂
由是周遍賜灌頂

【釋】：此言「長子」，即謂佛之長子，指彌勒、普賢等菩薩摩訶薩，如《華嚴》所言：「此是大悲清淨智，利益世間慈氏尊，灌頂地中佛長子，入如來境之住處」[28]。至於讚頌所言佛陀手擎「無垢珍寶光熾盛」，即以無垢珍寶與熾盛寶光之不相離，來比喻如來法身之法爾現起法身功德，如《不增不減經》言：「舍利弗，如世間燈所有明色及觸不離不脫，

27 談錫永《寶性論梵本新譯》，頁153。

28 T293: 819.

又如摩尼寶珠所有明色形相不離不脫。舍利弗，如來所說法身之義亦復如是，過於恆沙不離不脫不斷不異、不思議佛法如來功德智慧」[29]。此中以大日比喻佛手，即取其周遍平等之義，為諸灌頂位之十地菩薩作灌頂。

97

住於彼之大瑜伽
乃由天眼而得見
一切世間無明眾
受諸痛苦與怖畏

98

從其身之諸光明
無有功用而現起
入於迷亂黑暗者
為彼打開諸門扉

【釋】：所謂「大瑜珈」，非指金剛乘無上瑜珈（Anuttarayoga）中之大瑜珈（Mahāyoga），而是指甚深廣大之十地瑜珈，住於其中能以清淨天眼觀見一切世間有情，因無明而受諸痛苦怖畏，乃由其身無功用而現起光明，為諸無明眾破除黑暗迷亂。是為菩薩大悲之展現。

29 T668: 467.

99

得有餘依涅槃者
悉願無餘依涅槃
然得成就無垢心
於此方許為涅槃

【釋】：依據第三世大寶法王自生金剛的註解，此中所謂「有餘依」，應理解為二乘行人之習氣未得清淨而昏住三摩地，如龍樹《菩提心釋》言：「以具兩種習氣故，習氣即說為種子，種子者為事聚集，輪迴苗芽由是生」、「直至佛陀未勸誡，彼等聲聞仍安住，昏沉勝轉三摩地，乃至具其智慧身」。彼等唯依菩提心修習，始得究竟證得無餘依涅槃，如《菩提心釋》復言：「既勸誡則以諸相，成為躭着有情事，積聚福德與智慧，由是證得佛菩提」[30]。能成就無垢心，即令本具法界如來藏離垢，方許為涅槃。

100

一切有情無實事
此自性即所行境
見彼為菩提薩埵
是即極無垢法身

【釋】：一切有情非實有，而其煩惱亦非實事。此自性即為

30 上來所引《菩提心釋》，見拙譯頁79及81。

法界智，能以此為心行境者，即為菩提薩埵，而此境界即為究竟超過人我與法我之無垢法身。

101

無有垢染之法身
住於本智之大海
此即猶如諸寶珠
利益一切有情眾

【釋】：無垢法身住本智大海，如水入水，一味而無分別；而此智境則無功用而法爾現其功德，利益一切有情，如摩尼寶珠、如天鼓法音、如日與日光。

聖龍樹阿闍黎造《法界讚》圓滿
此由印度親教師古薩那班智達及戒勝譯師繙譯

龍樹讚歌研究書目

龍樹讚歌研究書目

一、《心金剛讚》(*Cittavajrastava*)

藏譯：

1) *Sems kyi rdo rje'i bstod pa,* trans. Kṛṣṇa paṇḍit and Tshul khrims rgyal ba.
德格版 no.1121； 北京版 no. 2013；那塘版第1函，頁157-158；卓尼版第1函，頁175-176。

藏譯校訂：

1) Fernando Tola and Carmen Dragonetti. "Nāgārjuna's *Catuḥstava,*" *Journal of Indian Philosophy 13* (1985): 36-37.

英譯：

1) Karl Brunnhölzl, *Straight from the Heart: Buddhist Pith Instructions.* Ithaca: Snow Lion Publications, 2007: 17-18.

2) Fernando Tola and Carmen Dragonetti. "Nāgārjuna's *Catuḥstava,*" *Journal of Indian Philosophy* 13 (1985): 38.

法譯：

1） Louis de la Vallée Poussin, "Quatre Odes de Nāgārjuna," *Le Muséon*, vol. XIV (1913): 15-16.

二、《超讚嘆讚》（*Stutyatītastava*）

藏譯：

1） *Bstod pa las 'das par bstod pa*, trans. Tilaka and Nyi ma grags.
德格版 no.1129； 北京版 no. 2020； 那塘版第1函，頁173-175；卓尼版第1函，頁196-198。

英譯：

1） Karl Brunnhölzl, *In Praise of Dharmadhātu*. Ithaca: Snow Lion Publications, 2007: 315-317.

2） Drasko Mitrikeski, "Nāgārjuna's *Stutyatātastava* and *Catuḥstava*: Questions of Authenticity", in *A Journal for Greek Letters, Pages on the Crisis of Representation: nostalgia for Being Otherwise*, vol. 14 (2010): 187-192.

三、《出世間讚》（*Lokātītastava*）

梵本校訂：

1） Chr. Lindtner, *Master of Wisdom*. Berkeley: Wisdom Publications, 1997: 158-162.

2） Fernando Tola and Carmen Dragonetti. "Nāgārjuna's *Catuḥstava*," *Journal of Indian Philosophy 13* (1985): 10-12.

藏譯：

1） *'Jig rten las 'das par bstod pa*, trans. Kṛṣṇa paṇḍit and Tshul khrims rgyal ba.
德格版 no.1120； 北京版 no. 2012； 那塘版第1函，頁150-153； 卓尼版第1函，頁172-175。

藏譯校訂：

1） Chr. Lindtner, *Master of Wisdom*. Berkeley: Wisdom Publications, 1997: 2-10.

2） Louis de la Vallée Poussin, "Quatre Odes de Nāgārjuna," *Le Muséon*, vol. XIV (1913): 7-10.

3） P. Patel, "Catustava," *Indian Historical* Quarterly 8 (1932): 703-705.

英譯：

1） Chr. Lindtner, *Master of Wisdom*. Berkeley: Wisdom Publications, 1997: 3-11.

2） Fernando Tola and Carmen Dragonetti. "Nāgārjuna's *Catuḥstava*," *Journal of Indian Philosophy* 13 (1985): 20-24.

法譯：

1） Louis de la Vallée Poussin, “Quatre Odes de Nāgārjuna,” *Le Muséon*, vol. XIV (1913): 10-14.

日譯：

1） 酒井真典，「龍樹に帰せられる讚歌 -- 特に四讚について」，收『日本仏教学会年報 』24 （1959）：6-9。

四、《無可喻讚》（*Niraupamyastava*）

梵本校訂：

1） Karl Brunnhölzl, *Straight from the Heart: Buddhist Pith Instructions*. Ithaca: Snow Lion Publications, 2007: 14-17.

2） Carmen Dragonetti. “Niraupamyastava y Paramārthastava: dos Himnos del *Catustava* de Nāgārjuna conserveados en sanscrito,” in *Oriente-Occidente*, Ano III, Numero 2 (1982): 258-266.

3） Fernando Tola and Carmen Dragonetti. “Nāgārjuna’s *Catuḥstava*,” *Journal of Indian Philosophy* 13 (1985): 12-14.

4） G. Tucci, “Two Hymns of the Catuḥstava,” *Journal of Royal Asiatic Society* (1932): 312-320.

5） 酒井真典，「龍樹に帰せられる讚歌 -- 特に四讚について」，收『日本仏教学会年報 』24 （1959）: 10-16。

藏譯：

1） *Dpe med par bstod pa*, trans. Kṛṣṇa paṇḍit and Tshul khrims rgyal ba.
德格版 no.1119； 北京版 no. 2011； 那塘版第1函，頁148-150； 卓尼版第1函，頁170-172。

藏譯校訂：

1） Louis de la Vallée Poussin, "Quatre Odes de Nāgārjuna," *Le Muséon,* vol. XIV (1913): 1-3.

2） P. Patel, "Catustava," *Indian Historical Quarterly* 8 (1932): 319-323.

3） G. Tucci, "Two Hymns of the *Catuḥstava*," *Journal of Royal Asiatic Society* (1932): 312-320.

英譯：

1） Min Bahadur Shakya, trans. "Two Hymns of Catuḥstava of Nāgārjuna," *Buddhist Himalayas*, vol. 1 no. 2 (1988).

2） Fernando Tola and Carmen Dragonetti. "Nāgārjuna's *Catuḥstava*," *Journal of Indian Philosophy* 13 (1985): 24-27.

3） G. Tucci, "Two Hymns of the Catuḥstava," *Journal of Royal Asiatic Society* (1932): 313-321.

法譯：

1） Lilian Siburn, *Le Bouddhisme*. Paris, Fayard: 1977: 201-209.

2） Louis de la Vallée Poussin, "Quatre Odes de Nāgārjuna" *Le Muséon*, vol. XIV (1913): 4-7.

日譯：

1） 酒井真典，「 龍樹に帰せられる讚歌 -- 特に四讚について」，收『日本仏教学会年報 』24（1959）: 10-16。

五、《不思議讚》（*Acintyastava*）

梵本校訂：

1） Chr. Lindtner, *Master of Wisdom*. Berkeley: Wisdom Publications, 1997: 163-171.

2） Fernando Tola and Carmen Dragonetti. "Nāgārjuna's *Catuḥstava*," *Journal of Indian Philosophy* 13 (1985): 14-19.

藏譯：

1） *Bsam gyis mi khyab par bstod pa*, trans. Tilaka, Pa tshab nyi ma grags.
德格版 no. 1128； 北京版 no. 2019； 那塘版第1函，頁168-173； 卓尼版第1函，頁191-196。

藏譯校訂：

1） Chr. Lindtner, *Master of Wisdom*. Berkeley: Wisdom Publications, 1997: 12-30.

2） P. Patel, "Catustava," *Indian Historical Quarterly* 8 (1932): 694-701.

英譯：

1） Chr. Lindtner, *Master of Wisdom*. Berkeley: Wisdom Publications, 1997: 13-31.

2） Fernando Tola and Carmen Dragonetti. "Nāgārjuna's *Catuḥstava*," *Journal of Indian Philosophy* 13 (1985): 27-35.

日譯：

1） 酒井真典，「 龍樹に帰せられる讃歌 -- 特に四讃について」，收『日本仏教学会年報 』24（1959）: 29-33。

六、《勝義讚》（*Paramārthastava*）

梵本校訂：

1） Carmen Dragonetti. "Niraupamyastava y Paramārthastava: dos Himnos del *Catustava* de Nāgārjuna conserveados en sanscrito," in *Oriente-Occidente*, Ano III, Numero 2 (1982): 268-270.

2） Min Bahadur Shakya, trans. "Two Hymns of Catuḥstava of Nāgārjuna," *Buddhist Himalayas*, vol. 1 no. 2 (1988).

3） Fernando Tola and Carmen Dragonetti. "Nāgārjuna's *Catuḥstava*," *Journal of Indian Philosophy* 13 (1985): 19-20.

4） G. Tucci, "Two Hymns of the Catuḥstava," *Journal of Royal Asiatic Society* (1932): 322-324.

5） 酒井真典，「龍樹に帰せられる讃歌 -- 特に四讃について」，收『日本仏教学会年報』24（1959）: 39-41。

藏譯：

1） *Don dam par bstod pa*, trans. Kṛṣṇa paṇḍit and Tshul khrims rgyal ba.
德格版 no.1122； 北京版 no. 2014； 那塘版第1函，頁154-155； 卓尼版第1函，頁176-177。

藏譯校訂：

1） Louis de la Vallée Poussin, "Quatre Odes de Nāgārjuna," *Le Muséon*, vol. XIV (1913): 16-17.

2） G. Tucci, "Two Hymns of the Catuḥstava,"*Journal of Royal Asiatic Society* (1932): 322-324.

英譯：

1） Fernando Tola and Carmen Dragonetti. "Nāgārjuna's *Catuḥstava*," *Journal of Indian Philosophy* 13 (1985): 35-36.

2） G. Tucci, "Two Hymns of the Catuḥstava," *Journal of Royal Asiatic Society* (1932): 323-325.

法譯：

1） Lilian Siburn, *Le Bouddhisme*. Paris, Fayard: 1977: 201-209.

2） Louis de la Vallũe Poussin, "Quatre Odes de Nāgārjuna," *Le Muséo*n, vol. XIV (1913): 17-18.

日譯：

1） 酒井真典，「 龍樹に帰せられる讃歌 -- 特に四讃について」，收『日本仏教学会年報 』24（1959）：38-41。

七、《三身讚》（*Kāyatrayastotra*）

梵本校訂：

1） Mario E. Carelli, ed., *Sekodeśaṭīkā*. Gaekwad Oriental Series 90 (1941): 57.

2） E. Chavannes, "Les Inscriptions Chinoises de Bodh-gaya", in *Revue de L'Histoire des Religions* vol. 34 (1896): 17-21.

3） George N. Roerich, trans. *The Blue Annals*. Delhi: Motilal Banarsidass, 1976: 1.

4） Baron A. von Staël-Holstein, "Bemerkungen zum Trikāyastava", in *Bulletin de l'Académie Impériale des Sciences de St. Pétersbourg*, no. 11 (1911): 837-45.

藏譯：

1） *Sku gsum la bstod pa*, trans. Kṛṣṇa paṇḍit and Tshul khrims rgyal ba.
德格版 no. 1123； 北京版 no. 2015； 那塘版第1函，頁155-156； 卓尼版第1函，頁177-178。

英譯：

1） Karl Brunnhölzl, *Straight from the Heart: Buddhist Pith Instructions*. Ithaca: Snow Lion Publications, 2007: 18-19.

2） George N. Roerich, trans. *The Blue Annals*. Delhi: Motilal Banarsidass, 1976: 2.

漢譯：

1）法賢，《三身梵讚》（僅梵文音譯），大正・三十二，no. 1677。

2）法賢，《佛三身讚》，大正・三十二，no. 1678。

3）郭和卿，《青史》（一），台北：華宇出版社，1988，頁1-2。

八、《法界讚》（*Dharmadhātustava*）

梵本校訂：

1）Zhen Liu（劉震），*The Dharmadhātustava, A Critical Edition of the Sanskrit Text with the Tibetan and Chinese Translations, A Diplomatic Transliteration of the Manuscript and Notes*. Beijing-Vienna: China Tibetology Research Center & Austrian Academy of Sciences，即將出版。

藏譯：

1）*Chos dbyings bstod pa*, trans. Kṛṣṇa paṇḍit and Tshul khrims rgyal ba.
德格版 no. 1118； 北京版 no. 2010； 那塘版第1函，頁139-148； 卓尼版第1函，頁161-170。

英譯：

1） Karl Brunnhölzl, *In Praise of Dharmadhātu*. Ithaca: Snow Lion Publications, 2007: 117-129.

2） Donald S. Lopez, Jr. *Buddhist Scriptures*. London: Penguin Books, 2004: 464-477.

3） Jim Scott, trans. "In Praise of the Dharmadhātu," *Shenpen Ösel*, vol.3, no. 2 (1999): 6-16.

漢譯：

1） 不空，《百千頌大集經地藏菩薩請問法身讚》，大正・十三，no. 413。

2） 施護，《讚法界頌》，大正・三十二，no. 1675。

3） 談錫永，《法界讚》，收談錫永著《四重緣起深般若》，台北：全佛文化，2005: 435-447。

九、其他相關學術論著：

Brunnhölzl, Karl.

2008 *In Praise of Dharmâdhātu*. Ithaca: Snow Lion Publications.

de Jong, J. W.

1962 "La Madhyamakaśāstrastuti de Candrakīrti", *Oriens Extremus* 9: 47-56.

de la Vallée Poussin, Louis.

1913 "Les Quartre Odes de Nāgārjuna", in *Le Museon* (Paris: Nouvelle Serie 14): 1-18.

Eckel, Malcolm David.

1980 *A Question of Nihilism: Bhāvaviveka's Response to the Fundamental Problem of Madhyamika Philosophy*. Massachusetts: Cambridge University, Ph.D. Dissertation.

Grosnick, William H.

1989 "The Categories of *T'I, Hsiang, and Yung*: Evidence that Paramartha Composed the *Awakening of Faith,"Journal of the Association of Buddhist Studies*, vol. 12, no. 1: 65-92.

Harrison, Paul & Shogo Wantanabe.

2006 "Vajracchedikā Prajñāpāramitā," in Jens Braavig, et al., eds., *Buddhist Manuscripts in the Schøyen Collection*, vol. III. Oslo: Hermes Academic Publishing, pp. 89-132.

Lindtner, Christian.

1982 *Nagarjuniana*. Copenhagen: Akademisk Forlag.

1992 "The *Laṅkāvatāra Sutra* in Early Indian Madhyamaka Literature," Asiatische Studien XLV (1): 244-279.

Liu, Zhen.

2015 *The Dharmadhātustava, A Critical Edition of the Sanskrit Text with the Tibetan and Chinese Translations, A Diplomatic Transliteration of the Manuscript and Notes.* Beijing-Vienna: China Tibetology Research Center & Austrian Academy of Sciences.

Makransky, John J.

1997 *Buddhahood Embodied.* Albany: State University of New York Press.

McCagney, Nancy.

1997 *Nāgārjuna and the Philosophy of Openness* (New York: Rowman & Littlefield Publishers, Inc.)

Mitrikeski, Drasko.

2009 "*Nāgārjuna* and the *Tathāgatagarbha*: A Closer Look at Some Peculiar Features in the *Niraupamyastava*," *Journal of Religious History*, Vol. 33, No. 2 (June): 149-164.

2010 "Nāgārjuna's *Stutyatātastava* and *Catuḥstava*: Questions of Authenticity," in *A Journal for Greek Letters, Pages on the Crisis of Representation: Nostalgia for Being Otherwise*, vol. 14 (2010): 181-194.

Patel, P.

1932 "Catuḥstava," *Indian Historical Quarterly* 8: 316-331, 689-705.

Ramanan, K. V.

1971 *Nāgārjuna's Philosophy as Presented in the Mahāprajnāpāramitāśāstra*. Varanasi: Bharatiya Vidya Prakashan.

Seyfort Ruegg, David.

1971 "Le dharmadhātustava de Nāgārjuna." In *Études Tibetaines: Dediées à la Mémoire de Marcelle Lalou (1890-1967)*. Paris: Librairie d'Amérique et d'Orient, pp. 448-471.

Sherburne, Richard S.J.

1983 *A Lamp for the Path and Commentary*. London: George Allen & Unwin Ltd.

Siderits, Mark & Shoryu Katsura, trans.

2013 *Nāgārjuna's Middle Way: Mūlamadhyamakakārikā*. Boston: Wisdom Publications.

Schopen, Gregory.

1989 "The Manuscript of the Vajracchedikā Found at Gilgit," in L.O. Gomez and J.A. Silk, eds., *Studies in the Literature of the Great Vehicle: Three Mahāyāna Buddhist Texts*. Ann Arbor: Centers for South and Southeast Asia, pp. 89-139

Sprung, Mervyn

(in collaboration with T.R.V. Murti and U.S. Vyas, trans.)

1979 *Lucid Exposition of the Middle Way: The Essential Chapters from the Prasaanapadā of Candrakīrti*. Boulder: Prajna Press.

Tucci, Giuseppe.

1932 "The Two Hymns of the Catuḥ-stava of Nāgārjuna," *Journal of the Royal Asiatic Society of Great Britain and Ireland* (London): 309-325.

1956 *Minor Buddhist Texts Parts I & II*. Roma: Instituto Italiano per il Medio ed Estremo Oriente.

Wayman, Alex & Hideko Wayman.

1974 *The Lion's Roar of Queen Śrīmālā*. New York: Columbia University Press.

陳寅恪

2001 〈童受《喻鬘論》梵文殘本跋〉，收《金明館叢稿二編》，香港：三聯書店。

耿晴

2013 〈法身為真如所顯——論《能斷金剛般若波羅蜜多經釋》對於法身的界定〉，《臺大佛學研究》第二十六期：1-56。

黃家樹

2002 《中觀要義淺義》，加拿大：安省佛教法相學會。

劉立千

2000 《大圓滿虛幻休息論妙車釋等合編》，北京：民族出版社，2000。

劉震

2014 〈《讚法界頌》源流考〉，《世界宗教研究》1：14-25。

2014 〈《示所犯者瑜珈法鏡經》與《讚法界頌》〉，收《大喜樂與大圓滿 —— 慶祝談錫永先生八十華誕：漢藏佛學研究論集》（北京：中國藏學出版社），頁794-803。

釋如石

1997 《《菩提道燈》抉微》，台北：法鼓文化。

談錫永

2005 《四重緣起深般若》（增訂版），台北：全佛文化。

2005 《入楞伽經梵本新譯》，台北：全佛文化。

2009 《決定寶燈》，台北：全佛文化。

2012 《無邊莊嚴會密意》，台北：全佛文化。

2014 《龍樹二論密意》，台北：全佛文化。

談錫永、邵頌雄

2006 《如來藏論集》，台北：全佛文化。

2007 《如來藏二諦見：不敗尊者說如來藏》，台灣：全佛文化。

2015 《菩提心釋密意》，台北：全佛文化。

談錫永、沈衛榮、邵頌雄

2005 《聖入無分別總持經對勘及研究》，台北：全佛文化。

萬金川

1998 《詞義之爭與義理之辨：佛教思想研究論文集》，台北：正觀出版社。

吳汝鈞

1988 《佛教的概念與方法》，台北：商務。

印順

1981 《如來藏之研究》，台北：正聞出版社。

1992 《中觀論頌講記》，台北：正聞出版社。

1998 《攝大乘論講記》，台北：正聞出版社。

印順述義、昭慧整理

1992 《《大智度論》之作者及其繙譯》，台北：東宗出版社。

月輪賢隆

1933 〈龍樹菩薩の讚法界頌と百千頌大集經地藏菩薩請問法身讚と, 西藏文の "Dharmadhātu Stotra" と に就 て〉,《龍谷學報 》第306號：419 – 444；第307號 , 頁 516 – 543。

1934 〈法界讚內容考〉,《龍谷學報》第308號：29 – 51。

主編者簡介

談錫永，廣東南海人，1935年生。童年隨長輩習東密，十二歲入道家西派之門，旋即對佛典產生濃厚興趣，至二十八歲時學習藏傳密宗，於三十八歲時，得甯瑪派金剛阿闍梨位。1986年由香港移居夏威夷，1993年移居加拿大。

早期佛學著述，收錄於張曼濤編《現代佛教學術叢刊》，通俗佛學著述結集為《談錫永作品集》。主編《佛家經論導讀叢書》，並負責《金剛經》、《四法寶鬘》、《楞伽經》及《密續部總建立廣釋》之導讀。其後又主編《甯瑪派叢書》及《大中觀系列》。

所譯經論，有《入楞伽經》、《四法寶鬘》（龍青巴著）、《密續部總建立廣釋》（克主傑著）、《大圓滿心性休息》及《大圓滿心性休息三住三善導引菩提妙道》（龍青巴著）、《寶性論》（彌勒著，無著釋）、《辨法法性論》（彌勒造、世親釋）、《六中有自解脫導引》（事業洲巖傳）、《決定寶燈》（不敗尊者造）、《吉祥金剛薩埵意成就》（伏藏主洲巖傳）等，且據敦珠法王傳授註疏《大圓滿禪定休息》，著作等身。其所說之如來藏思想，為前人所未明說，故受國際學者重視。

近年發起組織「北美漢藏佛學研究協會」，得二十餘位國際知名佛學家加入。2007年與「中國人民大學國學院」及「中國藏學研究中心」合辦「漢藏佛學研究中心」主講佛學課程，並應浙江大學、中山大學、南京大學之請，講如來藏思想。

作者簡介

邵頌雄，祖籍廣東番禺，出生於香港，1990年移居加拿大，並隨談錫永上師學習佛家經論、修持及佛典繙譯。多倫多大學（University of Toronto）宗教研究中心（Centre for the Study of Religion）博士，曾任教於多倫多大學東亞研究系（Department of East Asian Studies）及宗教研究系（Department of Religious Studies）、及威爾弗瑞德・勞瑞爾大學（Wilfrid Laurier University）宗教研究系。現任教於多倫多大學新學院（New College）及伊曼紐爾學院（Emmanuel College）。

離言叢書09

《龍樹讚歌集密意》

主　　編　談錫永
著　　譯　邵頌雄
美術編輯　李　琨
封面設計　張育甄
出　　版　全佛文化事業有限公司
訂購專線：(02)2913-2199
傳真專線：(02)2913-3693
發行專線：(02)2219-0898
匯款帳號：3199717004240 合作金庫銀行大坪林分行
戶　　名：全佛文化事業有限公司
E-mail：buddhall@ms7.hinet.net
http://www.buddhall.com
門　　市　新北市新店區民權路108-3號10樓
門市專線：(02)2219-8189
行銷代理　紅螞蟻圖書有限公司
台北市內湖區舊宗路二段121巷19號（紅螞蟻資訊大樓）
電話：(02)2795-3656
傳真：(02)2795-4100

初　　版　2015年11月
初版二刷　2020年10月
定　　價　新台幣490元
I S B N　978-986-6936-89-0（平裝）

國家圖書館出版品預行編目資料

龍樹讚歌集密意 / 談錫永主編；邵頌雄著譯. -- 初版.--新北市：全佛文化, 2015.11
面；　公分. －(離言叢書；9)

ISBN 978-986-6936-89-0(平裝)

1.三論宗
226.12　　　104022290

Buddhall

Published by BuddhAll Cultural Enterprise Co.,Ltd.

BuddhAll

All is Buddha.

BuddhAll.

BuddhAll